读客文化

华与华
超级符号案例集5

华杉 华楠 著

同一个创意套路再诞生上百个经典案例，23年来不断助力各行业打造超级品牌

江苏凤凰文艺出版社
JIANGSU PHOENIX LITERATURE AND ART PUBLISHING

图书在版编目（CIP）数据

华与华超级符号案例集. 5 / 华杉，华楠著.
南京：江苏凤凰文艺出版社，2024.11. —— ISBN 978-7-5594-8949-4

Ⅰ. F279.23

中国国家版本馆 CIP 数据核字第 2024WC6467 号

华与华超级符号案例集 5

华杉　华楠　著

责任编辑	丁小卉
特约策划	华与华商学
特约编辑	吕颜冰
内容编辑	刘庆庆　尹开心
封面设计	贾旻雯
责任印制	杨　丹
出版发行	江苏凤凰文艺出版社
	南京市中央路 165 号，邮编：210009
网　　址	http://www.jswenyi.com
印　　刷	河北中科印刷科技发展有限公司
开　　本	890 毫米 ×1270 毫米 1/32
印　　张	15.75
字　　数	197 千字
版　　次	2024 年 11 月第 1 版
印　　次	2024 年 11 月第 1 次印刷
标准书号	ISBN 978-7-5594-8949-4
定　　价	119.00 元

江苏凤凰文艺版图书凡印刷、装订错误，可向出版社调换，联系电话：010-87681002。

▶▶ 2023年12月22日，第十届华与华百万创意大奖赛在上海静安香格里拉酒店隆重举行。经评委审议，董事长华杉先生宣布了本届创意大奖赛的前三名获奖项目。

△ 华与华董事长华杉先生发表2023年度演讲

△ 2023第十届华与华百万创意大奖赛第一名（鸭鸭羽绒服项目组）

△ 2023第十届华与华百万创意大奖赛第二名（喜多多项目组）

△ 2023第十届华与华百万创意大奖赛第三名（鱼你在一起项目组）

△　项目竞演·鸭鸭羽绒服·杨浚祥

△　项目竞演·喜多多·周云凤

华与华
超级符号案例集 5

△ 项目竞演·鱼你在一起·孙艳艳

△ 项目竞演·天星教育·孙艳峰

△ 项目竞演·牛大吉·刘扬

△ 项目竞演·N多寿司·任秀杰

△ 项目竞演·如水坚果·周庆一

△ 项目竞演·海底捞·于戈

前 言

自 2015 年起，华与华每年都会在内部案例中评选年度百万创意大奖，第一名的案例将获得 100 万元人民币。

有资格角逐百万大奖的案例必须满足三个标准：一是业绩第一，必须让客户的生意有明显增长，对品牌有重大的提升；二是因果明确，是找到了真因，找到了战略重心，投入在决胜点上，一战而定的关键动作；三是推动行业进步。

华与华在公司内部建立起评选"超级创意"的同时，也希望这套评选标准能够成为行业的"超级创意"标准。因此，2019 年我们首次将百万创意大奖赛进行对外公开售票，并在同年启动了《华与华超级符号案例集》的汇编工作，呈现华与华方法是如何在不同领域用同一套创意标准来持续输出超级案例的。

自此，《华与华超级符号案例集》系列书籍的出版，就成为华与华每年的重要事项之一。随着 2023 年 12 月第十届华与华百万创意大奖赛的结束，我们也同步启动了《华与华超级符号案例集 5》的编撰工作，本书对入围第十届华与华百万创意大奖赛的七个案例进行了详细拆解，详尽地展示了成功案例的形成过程。

一年一届百万创意大奖赛，一年一本案例集，我们将会秉持华与华滴水穿石的精神，年年不间断，将该系列书籍持续出版下去，让华与华方法传递给更多有需要的人和企业，使其正心术、立正学、走正道。

感谢以下每一位为本书出版做出巨大贡献的伙伴（按本书案例顺序）：

鸭鸭羽绒服项目组
陈俊　黄慧婷　杨浚祥　高洁　李江海

喜多多项目组
宋雅辉　周庆一　周云凤　梁洪滨　刘洋　马庆栋

鱼你在一起项目组
贺绩　冯雨　孙艳艳　杨婷婷　沈明礼　郑家慧

天星教育项目组
肖征　孙艳峰　张懿　唐进红　张斌麟　蔺斌

牛大吉项目组
许永智　刘扬　付洁　郭毅

N多寿司项目组
杨鹏宏　徐前程　任秀杰　吴宏普　王霞　唐进红

如水坚果项目组
宋雅辉　周庆一　陈远　唐进红　郑欣

总编室
冯臻

华与华商学
肖征　夏晓燕　刘庆庆

华与华商学

目　录

第1章　**鸭鸭羽绒服**
　　　　打造全人类品牌，让全世界每个人都穿鸭鸭

1. 找到关键成本，制定正确战略　/ 005
2. 用全球文化母体，打造全人类羽绒服品牌　/ 010
3. 产品开发就是创意购买理由　/ 021

华与华方法　科斯交易成本定律　/ 030

第2章　**喜多多**
　　　　进入民俗，成为民俗，打造百年品牌

1. 基于"喜"文化，创意超级符号和品牌谚语　/ 036
2. 四大品牌活动壮大母体　/ 046
3. 产品开发，营销先行　/ 058

华与华方法　文化母体四步曲　/ 082

第 3 章　鱼你在一起

为客户的客户服务，让加盟商更赚钱

1. 从小处着手，持续改善　/ *091*

2. 超级符号"亲嘴鱼"：超级门头释放超级能量　/ *101*

3. 营销教练，全员行动
   ——全国门店日均营收提升 14.75%　/ *110*

4. 鱼你在一起，全球好生意　一年两场大会，品牌治气　/ *118*

华与华方法　品牌设计三位一体　/ *124*

第 4 章　天星教育

营销价值观，冲破中国最大行业"内卷"

1. 从"明星产品"到"品牌明星"，完成品牌定型　/ *131*

2. 重新设计天星产品组合和购买逻辑　/ *143*

3. 全媒体化工程，让天星品牌无处不在　/ *156*

4. 战略定心"天星高考"，聚焦企业资源　/ *160*

华与华方法　营销的两种价值观　/ *166*

第 5 章　牛大吉

战略涌现，创业伙伴

1. 华与华订阅制咨询服务模式，
   咨询的价值在于管理客户战略形成的过程　/ 173
2. 社区店型探索，一企一策　/ 176
3. 品牌定型，构建顶层设计　/ 183
4. 产品开发，提升门店销售额　/ 190
5. 高速开店时期，推广一招"知胜"　/ 199
6. 战略涌现：一个品牌，三种门店　/ 203

华与华方法　迈克尔·波特五力模型　/ 208

第 6 章　N 多寿司

连锁加盟企业是超级品牌组织，
以品牌组织行为学，打造品牌领导力！

1. "不洗碗，做万店"——寿司界的"蜜雪冰城"　/ 214
2. 超级符号成就王者品牌，扩大规模效应　/ 218
3. 召开"组织生活会"，建立连锁品牌管理节拍　/ 235
4. 组织文化成就超级品牌组织，打造超级品牌领导力　/ 243

华与华方法　企业文化：打造习惯共同体　/ 254

第7章　如水坚果
工匠精神打造高端品牌

1. 用工匠精神和极致手艺打造高端品牌　/ 261

2. 找到第二金角产品，开发烘培新市场　/ 288

3. 进军礼品渠道，拉出品牌第二增长曲线　/ 293

华与华方法　华与华超级符号哲学模型　/ 308

附录1　华与华2023年度专项奖精选内容　/ 311

附录2　华杉2023年度演讲　/ 419

第 1 章

鸭鸭羽绒服

打造全人类品牌,让全世界每个人都穿鸭鸭

案例点评语

鸭鸭创造了巨大的商业奇迹，仅三年时间，GMV（商品交易总额）从收购前的8000万元提升到2023年的超200亿元，实现了惊人的飞跃！

鸭鸭案例的亮点，是将企业经营的本质真正落实到品牌战略上。企业的本质在于降低交易成本，包括内部交易成本和外部交易成本。鸭鸭将大部分内部交易转变成外部交易，从而降低了外部交易成本，并且通过设计一整套经营活动，减少了库存和尾货的问题，降低了企业的关键成本！

我觉得让全世界的人都穿鸭鸭是绝对可以实现的。因为羽绒服本身是一种功能性服装，但凡我们说到这种玩成本、讲效率、靠勤奋的生意，没有谁能干得过中国企业！

华与华营销咨询创始人　华杉

第 1 章　鸭鸭羽绒服

鸭鸭是创立于 1972 年的国民服装品牌，它生产出了中国人的第一件羽绒服。可以说鸭鸭的品牌发展史，就是中国半个世纪的羽绒服发展史。

提到鸭鸭，"60 后""70 后""80 后"的一些朋友非常熟悉，因其毕竟是"中国第一件羽绒服缔造者"。到了 20 世纪 90 年代，鸭鸭红遍全国，不仅创造了销售纪录，还被认定为行业标准！

1989 年，鸭鸭羽绒服还曾被作为国礼，赠送给前来访华的外宾，当时报纸头版报道"鸭鸭飞进克里姆林宫"，这让鸭鸭一跃成为中国家喻户晓的国民羽绒服品牌。

2000 年之前的鸭鸭，是一家拥有辉煌历史的老国货品牌，但在经历了上世纪八九十年代的巅峰后，和很多老字号品牌一样，21 世纪初的鸭鸭没能抗住外来品牌和本土新秀的冲击，品牌一度走向消沉，企业经营一度亏损甚至濒临破产。

直到 2020 年鸭鸭股份重组，新的管理团队在营收亏损的边缘二次创业，在保留原有线下业务的基础上，以线上为切入点进行了业务转型。重组当年，鸭鸭便实现了品牌 GMV 从 8000 万元到 35 亿元的高增长。2021 年鸭鸭与华与华签约，双方保持着良好的合作关系，携手创造了 GMV 从 2021 年的 80 亿元到 2023 年超 200 亿元的行业增长奇迹。

无论是企业自身的发展,还是对服装行业与电商行业的影响力,鸭鸭都堪称一个奇迹!鸭鸭的案例已成为近几年轰动整个服装界和电商界的传奇商业案例!而我们的志向也不仅是做国民品牌,还要打造全人类品牌,让全世界每个人都穿鸭鸭!

1
找到关键成本，制定正确战略

面对传统羽绒服市场的痛点，华与华为鸭鸭提出针对性的使命策略，要让鸭鸭成为"全人类品牌，让全世界每个人都穿鸭鸭"。使命决定战略，鸭鸭的企业战略就是"做羽绒服行业的超级性价比品牌"。

为什么要让全世界每个人都穿鸭鸭？因为它没有高低贵贱之分，就像可口可乐一样，普通人喝可口可乐，亿万富翁也喝可口可乐，没有人因为更有钱而喝到更好的可乐！

可口可乐是消费平权，鸭鸭也是消费平权。像华与华的标杆案例蜜雪冰城也是消费平权，它通过工业化和效率实现消费平权。

所以，要实现全人类品牌的经营使命，我们首先要降低服装行业的关键成本，最终实现让利给消费者！

库存成本决定服装行业盈利性的本质

研究任何一个行业，首先要看到影响行业盈利性的本质。对服装行业盈利影响最大的就是"库存成本"，也就是大家常说的尾货。

服装产品有两大特性：流行性和周期性。它与普通的标品不一样，如一袋薯片可以卖5年、10年甚至更久，而一件衣服的生命周期可能只有几个月。羽绒服则更为明显，它的核心销售周期只有3~4个月，库存备多了，卖不掉全部积压在自己手里，变成成本；库存备少了，旺季来临又会缺货。

所以服装企业的"库存压力"极大，而这恰恰是影响服装行业盈利性的第一要素！正是受到高库存和重资产的影响，服装行业的加价率普遍在2~3倍，因为卖不掉就变成了库存，变成了成本。

所以为什么买一件羽绒服"价格贵"？因为羽绒服制品本身的生产成本就高，加上行业普遍因"库存成本"导致的加价率，产品价格往往居高不下，很多海外大牌的产品甚至被网友调侃是"半个奢侈品"。价格贵已成为阻碍羽绒服普及的关键因素。

所以，要实现让全世界每个人都穿鸭鸭的使命，首先就要解决服装行业最大的难题——库存问题。如果鸭鸭可以做到低库存，那就可以把总成本降下来，让利给消费者。

战略定位是要设计一套独特的"经营活动"

企业的成功绝不是靠一个简单的"词语"定位,然后投入足够的传播资源,占领消费者心智就能达成的。对战略定位的正确理解,是设计一套独特的经营活动从而取得的成功。

这背后的原理是管理会计与作业成本法。每一套独特的经营活动,都为企业带来了独特的成本结构。管理会计要追求的,就是形成企业的最佳成本结构。只有设计出一套独特的经营活动,才能真正让企业实现独特的价值、总成本领先,从而让竞争对手难以模仿。

鸭鸭成功做对的第一件事就是重新设计鸭鸭企业的经营活动图,"鸭鸭模式"就此诞生!

传统羽绒服企业存在的问题是高库存，那我们就想办法做到低库存！传统羽绒服企业存在的问题是重资产，那我们就想办法做到轻资产！只有这样才能从"价格贵"做到"超级性价比"！

为此，鸭鸭基于自身的三大优势，重新设计了企业经营活动，搭建了 BTF 业务三角飞轮。

第一，掌握强大流量的电商销售渠道。除了自有经营店铺，鸭鸭还整合了国内头部电商分销商来销售鸭鸭羽绒服，建立了强大的电商销售渠道。

第二，除自有工厂外，鸭鸭整合国内头部上游服装生产商，实现自身对库存的管理。由于鸭鸭掌握着庞大的电商销售渠道，因此从销售端进一步整合上游供货商，提供稳定且巨大的销售通路。

第三，依托鸭鸭品牌的加持，提高产品的议价能力。面对电商行业，产品的性价比越高，渠道流量相对越大。而渠道流量越大，销量也随之越多，鸭鸭的产品在"上游羽绒原料集采"与"生产加工成本"方面就越具有优势，品牌的影响力也越强！

鸭鸭的销售优势、品牌优势、生产优势三者之间就像滚雪球一样，越滚越大，进而实现了一个强大的正向循环，最终实现总成本的领先。

为了更好地管理库存周期与产品快反能力，鸭鸭通过搭建数字化系统管理整个供应链，这两个系统把鸭鸭前后十几个环节全部打通，建立起鸭鸭在电商的"柔性快反供应链"，运用"数字化库存管理"等能力，来最大限度地消除库存问题，真正实现低库存、轻资产运营。

鸭鸭这套全新的经营活动的设计，以品牌为核心，与经销商、上游供应商搭建三方利益共同体，形成一个坚固的三角形。我们把它命名为鸭鸭 BTF 战略三角飞轮。

这就是鸭鸭这个服装行业"新物种"能够实现三年百亿元的增长，践行总成本领先，实现产品超级性价比，从而快速成功的关键真因之一！

中国企业会创造全球超级性价比品牌

在大规模的消费品行业中，未来一定是我们中国人来建立全球品牌。性价比拼的就是两个东西：一个是拥有的知识；另一个就是勤劳的品质。

而中国企业不论是在生产制造还是在研发创新上，都拥有全球一流的知识水平，而且中华民族的勤劳品质也是被世界所公认的。凡是要讲效率的，要提供更高性价比、更高品质和更高附加值的产品，最适合由中国企业来做。

所以鸭鸭一定会成为全球品牌，甚至是全人类品牌。华与华从一开始，就是按照全球品牌来打造鸭鸭的。

2

用全球文化母体，打造全人类羽绒服品牌

在为鸭鸭确立好企业战略后，华与华开始为鸭鸭的发展下第二步棋：品牌定型。打造全人类羽绒服品牌，让全世界每个人都穿鸭鸭！

第一步，就是要画品牌三角形。"产品结构""话语体系""符号系统"是构成品牌的三个基本面，也是华与华品牌三角模型的三条边。这三者不是相互独立的，而是三位一体的，品牌三角形是一个系统的思想。

△ 华与华品牌三角模型

第 1 章　鸭鸭羽绒服

中国品牌，世界符号

创意全世界都认识、都喜爱的全球品牌符号。

一个好品牌，首先要有一个好名字，鸭鸭的品牌名本身就让人很愉悦，因为它是叠词。而且鸭鸭（YAYA）的品牌名，是鸭叫声的拟声叠音词，中英文发音一致，外国人也读 YAYA。我们重新设计了鸭鸭的标志字体，作为鸭鸭建立全球品牌的起手式。

设计标志就是设计标字。品牌标志的本质就是降低品牌传播成本，让人们记住品牌名。

我们将鸭鸭的品牌字体由复杂改为简约，从有风格改为无风格的无衬线体。没有风格才能形成让所有人都接受的"风格"，也更符合鸭鸭羽绒服覆盖全年龄段人群的产品定位。用视觉标志的力量，突破鸭鸭品牌全球化沟通的屏障。

旧

新

经营服装品牌，更要经营符号

很多企业在与华与华签约之前，都是随机应变、见招拆招；在与华与华签约之后，就实现了品牌定型、企业定心、一以贯之、基业长青。

鸭鸭与华与华签约之前的符号，是一只红色的鸭子，没有母体，

没有私有化，也没有表达出鸭鸭品牌是做什么产品的。华与华超级符号对品牌的贡献，就是把品牌从不可言说变成可以言说。华与华要求的是看图说话，从众说纷纭变成定于一说。

对于鸭鸭超级符号的设计，我们也定了一个标准：要以有潜力成为世界超级 IP 为标准。只有这样的高标准，才能够支撑鸭鸭这样一家有 50 年历史的国民企业快速地发展。

创作品牌超级符号，我们一定要找到原力，挖掘品牌与生俱来的戏剧性，把公共文化符号进行私有化，通过私有化实现可注册，进而为我所用。

鸭子最大的特征是鸭嘴巴，我们首先将鸭鸭的英文字母"YAYA"中的 Y 字母与鸭嘴巴相结合，形成了"Y 嘴鸭"这样独特的创意，创意出专属鸭鸭印记的独一无二的特征。

最终诞生了鸭鸭的超级 IP ——"羽绒 Y 嘴鸭",成为有 50 年历史的国民羽绒服品牌鸭鸭的"超级符号代言人"。

创作品牌谚语,寄生品类最大文化母体

在品牌三角形中,品牌的符号系统,包含语言符号和非语言符号,语言是品牌最大的符号系统。海德格尔说过:"语言是存在之家。""说"是存在的基础,只有说出来的才是存在的。

华与华认为,一切品牌工作都是为了生产大众口语报道。要想成为大众的口语报道,品牌广告语就必须是口语的,必须和消费者基于共同的文化契约。

创作品牌谚语,首先要寄生文化母体,什么是文化母体?文化母体是人类生活中循环往复的规律,母体一旦循环至此,购买必将发生。

我们想要让鸭鸭迅速占领羽绒服品类最大的文化母体，结合羽绒服的品类属性，鸭鸭品牌寄生的文化母体必然和"天冷"有关，每年都会天冷，我们想要建立"每当天冷，就要穿鸭鸭羽绒服"的第一联想。

于是，我们创意出"天冷了，就穿鸭鸭羽绒服"作为鸭鸭的品牌谚语。这句话，是要"一口吃天"的广告语！因为"天冷加衣"是全人类共同的自然条件反射！所以我们的限制条件不一样，不是"耍帅耍酷，就穿鸭鸭"，也不是"不走寻常路，就穿鸭鸭"。

阿迪达斯的广告语是 Nothing is impossible，李宁的广告语是 Anything is possible，他们把这个叫作性格。但华与华认为，人和人的性格是不一样的，我们想让每种性格的人都穿鸭鸭，所以我们要的是"When it's cold, just put on YAYA!"，翻译过来就是"天冷了，就穿鸭鸭！"只有这句话，才配得上鸭鸭打造全人类品牌的战略！

鸭鸭将持续投资这句垄断性的话语，实现鸭鸭对羽绒服品类的"封锁"，持续拉高鸭鸭品牌势能。

全球文化母体，全球超级旋律

创作鸭鸭品牌醒脑歌曲，让世界记住鸭鸭！

有了"天冷了，就穿鸭鸭羽绒服"这句品牌谚语来统领品牌传播之后，我们还为鸭鸭创作了一首品牌醒脑歌曲，来开启品牌文化建设元年，积累鸭鸭品牌新资产。

华与华创作品牌歌曲的原则：只做改编，不做原创！用与蜜雪冰城相同的逻辑，如法炮制，复制鸭鸭醒脑歌曲！用华与华文化母体四步曲理论，创作品牌歌曲，把营销传播成本降到最低。我们只做改编，不做原创，从文化母体中寻找最易于传播的声音符号。找到了母体的流量，就找到了品牌文化的流量。

找到最能代表天冷的母体旋律。既然我们是"天冷了，就穿鸭鸭羽绒服”，那就要挑选一首最能代表冬天的歌曲，旋律要满足耳熟能详、足够经典、令人愉悦、国际通用。最终，我们选择了源自 16 世纪威尔士人的圣诞颂歌，改编传承 300 年的经典冬季歌谣 *Deck the Halls*，当“Deck the halls with boughs of holly, Fa la la la la la la la la”的音乐响起，大家就知道冬天来了。

改编源自16世纪的圣诞颂歌《Deck the Halls》

《Deck the Halls》，是一首传统圣诞节颂歌。其旋律源自16世纪威尔士，以及1794年的威尔士新年音乐Nos Galan。英文歌词则在1862年出版，由苏格兰音乐家Thomas Oliphant（1799 — 1873）创作。

Thomas Oliphant's original English words as they appear in *Welsh Melodies With Welsh and English Poetry* (volume 2), published in 1862

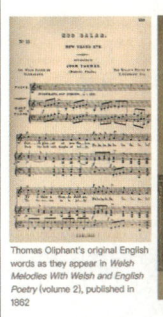

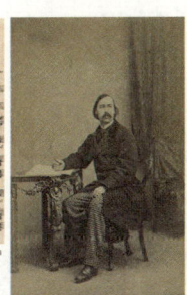

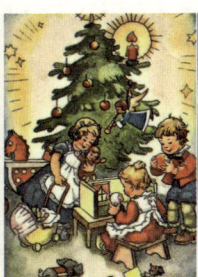

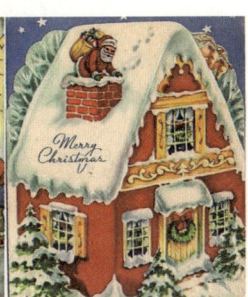

用鸭鸭歌曲卷入美好情绪：长腿的创意，自己会跑。

华与华的醒脑歌曲，是要把受众卷入，用朗朗上口的旋律，唤醒大众的集体潜意识和美好情绪，使其忍不住地传诵起来，让品牌传播达到事半功倍的效果。

鸭鸭歌曲的歌词，始终重复一句品牌谚语“天冷了，就穿鸭鸭羽绒服”，整首歌歌词重复品牌名共计 25 次，在美好欢乐的情绪中，加深了人们对品牌的记忆。

　　鸭鸭品牌歌曲是全世界熟悉的旋律，我们将鸭鸭的品牌歌曲歌词翻译成全球多国语言，让全世界唱响"天冷了，就穿鸭鸭羽绒服"。

△　鸭鸭中／英／日／韩，四国语言版歌曲

第 1 章　鸭鸭羽绒服

2023 年，鸭鸭登陆冰岛，采购全球最贵的"冰岛雁鸭绒"，制作出第一件冰岛雁鸭绒羽绒服，被冰岛三大官方媒体报道，同时连冰岛的小朋友也翻唱了鸭鸭的品牌歌曲。

△　鸭鸭品牌歌曲 MV

为什么华与华创作的品牌歌曲总能大获成功？

因为华与华的歌曲是战略，是品牌的音乐哲学！很多人只是随便拿一首歌去套，做一个音乐创意而已，而华与华对品牌歌曲的创作标准，和对超级符号、品牌标志的创作标准一样重要，而且创作的标准是要管用100年。

一首鸭鸭歌曲我们重复了4遍品牌谚语、25遍鸭鸭的品牌名，但是大家并不觉得枯燥，反而觉得很愉悦！为什么？一切现象都有理论解释！

叔本华在《作为意志和表象的世界》中这样谈论音乐："音乐的语言是如何内容丰富，意义充沛，即令是重奏符号以及'重头再奏'也可以证实。如果是在用文字写的作品中，这样的重复会令人难以忍受，而在音乐的语言中却反而是很恰当，使人舒适。"莱布尼茨说："音乐是人们在形而上学中不自觉的练习，在练习中本人不知道自己是在搞哲学。"

3

产品开发就是创意购买理由

产品开发就是洞察一个购买理由，提出一个词语，再用产品去实现它。所以我们认为，服装产品开发，就是创意购买理由。

用产品进一步落实企业战略

没有产品，就没有战略。一切战略都要落实到产品上来。

麦克卢汉曾说过，衣服作为肌肤的延伸，是社会生活中自我界定的手段。服装可以体现人的身份认同与审美素养。服装行业消费者的选择逻辑：第一是款式；第二是品牌；第三是信息价值。

服装行业的产品开发有三大特点：非标品、流行性、产品生命周期短！为什么很多服装品牌都是昙花一现？因为很多企业做服装产品开发，脑子里只聚焦一款大单品，很多时候就是在"押注"，押注某个款式、某个颜色、某个花纹能流行，一旦不流行就全部变成积压库存，押对了则是运气好。

产品开发要"先胜后战"，切忌"战中求胜"

服装企业的产品开发一直是在赌，或碰运气，就是"战中求胜"，这是兵家大忌。而企业的正确做法，是"先胜后战"。

"知胜"的思想源自《孙子兵法》中提到的"胜可知而不可为"，要"先胜而后求战"。意思是要在出手之前就知道自己有没有胜算，这样才能使每一招每一式都能始终服务于最终目的。产品开发及企业的任何事情，都要切记：不要"战中求胜"，要"先胜后战"。

反观市场竞争的现状，往往也是一人创新，万众模仿，如前两年兴起的韩版面包款式的羽绒服，有些品牌羽绒服卖1500～2000元，结果今年被一众追随者把价格直接打到199元、299元，红利转瞬即逝！

鸭鸭的产品开发策略：一切以数据为支撑，矩阵式的产品开发策略。别人做爆品，我们做爆品矩阵，用爆品矩阵思维，撬动更大的市场；而一切产品的开发思路，全部以数据为支撑，成为"服装界的奈飞"。

利用跨行业经验,提升服装行业产品开发效率

服装行业做产品开发的一大战略重心,是"快反效率"(即企业自身面对市场上突然出现的爆款产品或流行趋势新品的快速反应能力)。"快反效率"也是众多服装龙头企业的核心竞争力,这背后考验的是服装企业的两大核心能力:一是后端供应链端的快反生产能力;二是销售运营团队的营销创意快反效率。

尤其是羽绒服市场,短短 4 个月的核心旺季销售,产品的快反效率直接决定企业的营收数据。而随着"鸭鸭模式"的创新,凭借数字化系统建立起的数字化供应链,在产品生产效率上已经做到了极致。如何让鸭鸭的营销创意效率跟上鸭鸭的供应链生产速度,保持每个系

华与华 = 战略咨询公司 + 产品开发公司 + 广告公司

列产品的竞争力，是鸭鸭在产品开发上需要解决的核心问题。

华与华充分发挥咨询公司的跨行业经验，将华与华的"创意生产先进经验"导入"服装行业产品开发"中，提升产品开发效率，让鸭鸭在营销快反效率上同样做到了极致！所以，华与华不仅是企业的战略品牌营销咨询顾问，还是企业的管理运营顾问。

2010年华杉写了一篇《如何批量生产"创意"，创意型企业生产管理的12条华与华方法》，讲述了华与华是如何像制造业一样去管理创意的。去过华与华的都知道，华与华就是一个典型的创意生产车间！

那么华与华是怎么学来的呢？我们也是从华与华咨询顾问那里学来的。从2015年开始，华与华跟尚和管理咨询公司持续合作，华与华把学到的经验也用到了鸭鸭的产品开发中！

开发一件羽绒服，从"商品企划"到最终"上架销售"通常要2～3个月，需要市场部、产品部、视觉部等六七个部门紧密配合，如果一个部门出现效率问题，就会导致其他部门的工序延误，从而耽误整个产品的上市节奏与进度。因此，每年都会出现部分产品开发延期的情况。

所以提效第一步，先要"盘点业务流程"，再找到"浪费"在哪里！

2023年我们与鸭鸭一起开展了"产品开发流程"的战略引导力会议，系统性梳理了产品开发的关键动作，统计出4大环节、76个步骤，将原来那些看不见的"业务流程"进行可视化，实现各个部门的信息流动，打破部门墙，同时也盘点出了七大代表性浪费！

企业管理的7大代表性浪费 ⚠️

1 沟通的浪费　2 经验流失的浪费　3 决策不明的浪费　4 等待的浪费
5 临时赶工的浪费　6 返工的浪费　7 外乱的浪费

比如沟通的浪费，每件衣服的开发都需要多个部门进行跨部门合作，由于产品开发信息往往是单向传递的，经常出现因"前工序关键信息"传递不清而导致的"后工序返工"，产生大量"因沟通导致的浪费"。

所以，今年我们增加了"产品设计共识会""产品营销共识会""产品视觉共识会"三场会议，把原来各部门信息从前到后的"单向传递"改善为"集中传递"，从"串联沟通"改善为"并联沟通"，大幅减少因"沟通产生的浪费"，从而让所有人清楚所有事！

再比如经验流失的浪费，在产品拍摄阶段，拍摄的成功经验是电商流量转化的关键，但由于某些员工的离开而导致经验流失，所流失的经验没有转变为组织的知识资产，这就需要新员工重新摸索总结，产生了经验的浪费。所以我们需要把产品拍摄经验总结为教材模版，

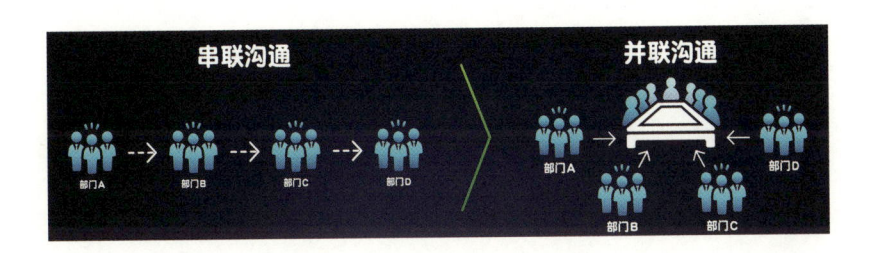

串联沟通　部门A → 部门B → 部门C → 部门D

并联沟通　部门A、部门B、部门C、部门D

> 隐性经验 → 显性知识
> 通过进一步操作，吸收新技术，熟能生巧，又经过重新编程形成隐性知识
> **知识经营 知识萃取**
> 公共技能 ← 培训
> 通过培训、训练形成肌肉记忆
> 组织培训、分享，将最佳实践案例复制全国区域

不断迭代，通过培训将总结的经验变成企业的公共技能，减少因经验流失导致的浪费！

所以为什么很多企业产品开发效率低？因为这些企业只做"结果管理"，没有做"过程管理"！先有过程才有结果！而过程管理的核心，就是让业务流程可视化，让所有人清楚所有事！排除一切浪费！

企业常常会因人才的流失而导致经验的流失！就如任正非所说："企业最大的浪费是经验的浪费！"要把经验像资产一样管理起来！

企业管理追求的不单是个人优秀，更是组织优秀！而企业要做的是把每个人脑海里的"隐性经验"变成"显性知识"，通过萃取变成教材，通过培训变成"公共技能"，让经验得以复制！其中的关键就是要梳理各项业务的标准流程！标准就是：一个新员工进来，按照这个流程，也能马上做出80分的产品！这才是企业管理的核心竞争力。

2023年，华与华和鸭鸭团队一起通过两年的产品开发总结，用"超级符号"与"爆品矩阵思维"，共同开发出首条"鸭鸭产品开发快反生产线"。

从"商品企划"开始,将"产品营销共识会""产品视觉共识会""产品营销方案""详情页设计""前端上架""数据监测""主推品加码期"等一系列业务流程系统性梳理出来,由华与华和鸭鸭产品部、视觉部、渠道部、品牌部等各个部门共同搭建出一条"鸭鸭产品开发快反生产线",每跑一次,记录一次,复盘一次,为鸭鸭在服装行业的产品开发效率不断提效。这也是企业经营从"结果管理"到"过程管理"的重大转变。

基于鸭鸭的产品开发流程,华与华与鸭鸭团队一起,以"行业数据"为前提,发现户外趋势服装类目的消费指数不断攀升,并达成共识,将户外风穿搭与羽绒服概念合二为一,做出了革命性产品创新,成功研发出鸭鸭冰壳系列三合一羽绒服!

△ 鸭鸭冰壳系列羽绒服户外拍摄素材

2023年10月,"冰壳系列"全网发售,能抗暴雨又透气的冲锋衣羽绒服就此诞生!这为近几年的户外热潮,提供了强有力的产品解决方案。

冰壳系列羽绒服,其中的"雁鸭绒线",是鸭鸭大手笔采购的被誉为"全球最贵羽绒"的冰岛雁鸭绒;该系列联合国际知名设计品牌博柏利(Burberry)设计总监Bram Vam Diepen设计,并亮相米兰时装周。

在米兰圣特蕾莎映像馆(Mediateca Santa Teresa),芭莎设计大赏携手鸭鸭,于米兰时装周期间发起"万象东方 奇艺之境·23FW新品时装秀",鸭鸭代表国货服装品牌登顶世界服装舞台,让鸭鸭羽绒服亮相全球!

除了鸭鸭冰壳系列羽绒服,两年时间内,我们和鸭鸭团队一起开发了8大品牌系列,共同完成了鸭鸭的多元化产品开发。

第 1 章　鸭鸭羽绒服

鸭鸭羽绒服8大系列

- 冰岛雁鸭绒　全球限量款
- 全球IP联名系列　宝可梦 Hello Kitty 乐事 吃豆人
- YAYA GOOSE 鹅绒系列
- 90+轻羽绒系列
- 冰壳系列　3合1羽绒服
- 基础款系列
- 设计师联名系列
- 轻运动系列

△　鸭鸭羽绒服 8 大产品系列

华与华方法

科斯交易成本定律

《华与华方法》一书归纳了企业三大定律：

- 企业第一定律：科斯交易成本定律
- 企业第二定律：德鲁克社会职能定律
- 企业第三定律：熊彼特创新利润定律

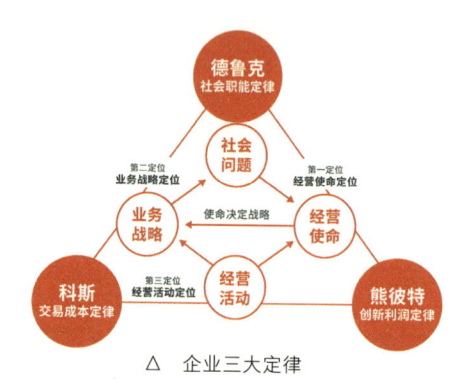

△ 企业三大定律

这里要特别强调一下科斯交易成本定律。企业所有工作都是为了降低两个成本：外部交易成本和内部交易成本。

- 企业之所以存在，是因为它降低了社会的交易成本。
- 当企业的内部交易成本大于外部交易成本时，企业的规模就会停止扩张。

交易成本定律是诺贝尔经济学奖得主科斯提出的。1937年科斯发表了一篇论文《企业的性质》，他主要讨论了两个问题：

第一，社会上为什么会有企业？科斯认为，企业的存在降低了社会的交易成本。

以服装企业为例，如巴黎最顶级的服装设计师在没有企业时只为国王和皇后设计服装，但有了企业后，消费者在Zara花200元就可以买到顶级设计师设计的服装。这就是为什么说企业降低了社会的交易成本。

第二，企业的规模发展到多大会停止？科斯认为，随着企业的规模越来越大，企业的内部交易成本会越来越高，当企业内部交易成本超过了企业外部交易成本，则企业规模就会停止扩张！

所以企业要做的所有事情，都可以分为这两类：一类是降低外部交易成本，比如说我们做品牌、做营销；另一类是降低内部交易成本，比如说我们做组织、激励、运营。

所以当我们面对一个企业时，首先就要找到它的关键成本在哪些地方，如果能把关键成本降下来，那总成本就能降下来，企业就具有强大的竞争优势，鸭鸭就是这样一家企业！

第 2 章

喜多多

进入民俗，成为民俗，打造百年品牌

案例点评语

我讲过"华板四句"——为自己立心，为员工立命，为全球往圣继绝学，为华与华客户开太平。我觉得喜多多就做到了"为华与华客户开太平"。

我把华与华的战略哲学称为"消极战略，不可撼动"。也就是说，不要积极地做大做强，而要消极地思考，先确保自己的"最小不可撼动势力范围"。喜多多案例中，我们通过扎根民俗文化，运用"喜多多"的品牌名，以及其产品本身和地方文化的联系，打造了品牌不可撼动的价值。

"喜神"的创作是巨大的成功。我们对于"福禄寿喜财"中的财神和寿神的形象是很清晰的，而"福禄喜"却没有标志性的符号记忆，直到今天喜多多创作了这个"喜神"。特别是在福建这种追神、游神的文化下，它确实可以成为百年品牌。

喜多多在产品开发上也是成功的。华与华方法认为，产品是购买理由，包装设计是放大购买理由，所以，先有购买理由，再有产品开发。喜多多的29个产品，既有老产品翻新，也有新产品创意。这也是客户能够和我们长期合作的一个重要原因。

华与华营销咨询创始人　华杉

第 2 章　喜多多

　　成立于 1997 年的喜多多，是福建知名老品牌。26 年前，喜多多董事长许庆纯先生洞察了闽南喜宴最后一道甜汤的需求，开创性地将什锦椰果从桌子上的一道菜，打造成大红罐包装，一举打开了喜宴市场。

　　通过 20 余年深耕，喜多多成为中国椰果行业的开创者和领跑者，也成为福建当地人从小到大都熟悉、有回忆的老品牌。但是 2017 年后，企业陷入增长缓慢的瓶颈期。

　　2021 年 9 月，许总带着团队抱着破局的期待找到了华与华。许总说："这几年我们走了很多弯路，现在想要重新思考喜多多品牌，包括喜多多的超级符号、品牌谚语，以及怎么解决我们品牌和产品投资不聚焦、增量缓慢的问题。"

　　所以，华与华面对的课题，就是如何运用超级符号的方法，擦亮这个几年不增长的地方老品牌，觉醒喜多多与生俱来的能量，让喜多多品牌再次发扬光大，重回快速增长路线！

1

基于"喜"文化，创意超级符号和品牌谚语

品牌的最高境界是什么？华与华追求"俗"，意思是让品牌成为消费者生活中的习俗、民俗、风俗。就像伏尔泰写世界史，书名为《风俗论》，品牌的最高境界，就是成为全人类的风俗。

什么是风俗呢？风俗，就是全体的、永远的流行时尚。风俗习惯有两个特点：第一，卷入所有人；第二，绵延上千年。

大家现在都说想成为流行时尚，传染所有人，但流行时尚往往是短暂的、会变的。而华与华做品牌最不抓时尚，最不追流行，我们要抓经典。只有成为经典，才能成为"永远的流行"，最高境界就是成为风俗。

成为百年品牌的关键，就是要进入民俗、成为民俗，把我们的品牌寄生到绵延千年的文化母体中，成为其中的仪式和道具。

福建老牌名企"喜多多"，其品牌名具有与生俱来的戏剧性，自带风俗品牌的"根"，自带文化流量。只要有人浇灌，给点儿阳光，

就能让这个地方名牌闪亮起来!

我们为喜多多建立的品牌战略目标,就是成为风俗品牌。从福建的风俗到中国的风俗,再到全世界的风俗,最后进入全人类的日常生活。

想要成为风俗品牌,关键就是运用人类文化契约的最大公约数,不可追新逐异,一定要在文化母体中寻找最普遍的共识和共情,最终实现最低的品牌传播成本。

通过挖掘品牌与生俱来的戏剧性,我们为喜多多找到了人类共同的文化契约——"喜"文化。过年、过节、结婚、生育、寿诞、乔迁、开业、参军、升学等,只要是值得高兴和恭贺的事,都是"喜"文化。

"喜"的文化母体,在中国足够强大,在全球足够广泛,是世界人民的精神体验,是人民历史感情的一部分,也是永驻人心的文化遗产,坚不可摧,历久弥坚。

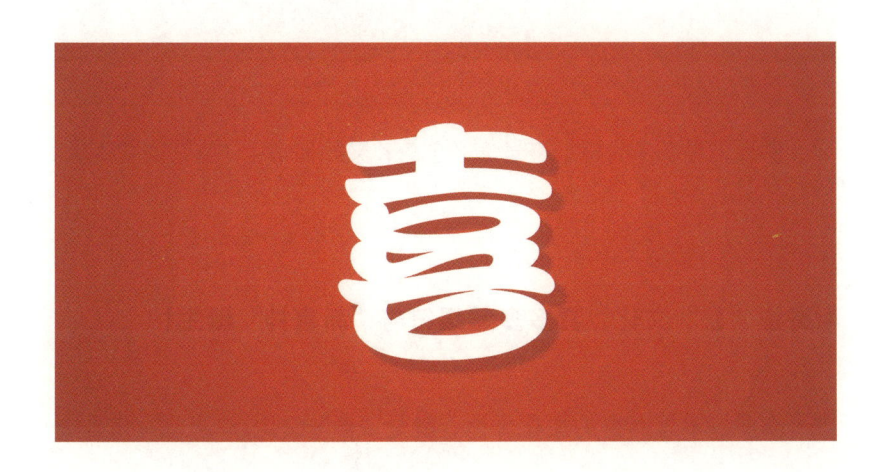

喜多多！喜多多！喜多多！这个当时从喜宴场景出发命名的名字，自带情绪和文化寓意，具有天然的品牌流量优势。

我们要做的就是用一个超级符号，去占尽人类文化的"便宜"，把人类文化的财富拿过来，为喜多多所用，让品牌顺理成章地进入喜事文化母体的循环。一夜之间获得母体能量，被亿万消费者所熟悉，实现哪里有喜事，哪里就有喜多多，哪里需要喜悦，哪里就有喜多多，万事皆可喜多多，最终实现风俗品牌。

那么，喜多多的超级符号怎么创意，又如何寄生"喜"文化呢？

▎寄生"喜"文化，喜多多超级符号"新喜神"诞生！

喜多多不思而得的文化母体，就是"喜"文化，"喜"文化是中国最为传统的一种文化,已经有几千年的历史,文化母体的生命有多久,寄生在它上面的品牌仪式就能延续多久。

我们还从中找到了中国传承千年的文化遗产"福、禄、寿、喜、财"五神中的"喜神",并把它作为文化原型。喜神是喜事文化的化身、喜悦情绪的文化印迹,与喜多多的品牌气质不谋而合。

△ 中国文化中的"福、禄、寿、喜、财"五神形象

正月初一的早晨,人们有祭祀喜神、迎接喜神的风俗仪式,能够为人们带来愉悦的体验。把喜多多寄生在喜神的文化原型里,就能获得人们对喜神的喜爱和信仰,以及喜文化背后的所有原力。

财神的形象比较清晰,喜神的形象还没有定型。但我们不难发现喜神的典型特征元素,如穿红袍、戴乌纱帽、手持卷轴或者如意。我们要用现成的"预制件"组装,发动人们的集体潜意识,为喜多多品牌所用。

经过华与华的设计创新,将喜神原型私有化,从此喜多多超级符号"新喜神"诞生了!

△ 华与华为喜多多创意的超级符号"新喜神"

喜多多"新喜神"的特点，就是帽翅上的表情会跟随面部表情同步变化，特征极具戏剧性！并且所有的视觉重心都在人物的脸上和帽子上，这样"新喜神"就有了显著的"娃娃脸效应"，高度拟人，令人感觉亲切、安全、萌、真实存在。

△ 喜多多"新喜神"帽翅表情会跟随面部表情同步变化

第 2 章 喜多多

就像圣诞老人一开始并不穿红衣服一样，1931 年，可口可乐为了解决冬季营销问题，就找到了在西方冬季最大的母体符号——圣诞老人。但当时的圣诞老人形象可谓五花八门，除了都有白色大胡子，全球并没有统一的形象。

除了统一的大胡子，全球没有统一的圣诞老人形象。

-第一个圣诞老人形象-　　-17世纪的圣诞老人形象-

圣诞老人最早的原型，是公元四世纪左右古希腊的一位大主教：圣·尼古拉斯（Saint Nicholas）。

在17世纪早期，当时为了庆祝冬至(Winter Solstice)人们会以常绿植物装饰自己的家，因为他们相信常绿植物拥有魔法能够抵御严寒，不至枯死，所以第一代的圣诞老人Father Christmas，其实是穿绿色外衣，喻意圣诞老人亦有evergreen这种魔力。

在可口可乐找到圣诞老人的母体后，伍德鲁夫聘请了画家，回到圣诞老人这个母体，提炼母体元素——大胡子，然后又因为可口可乐的品牌颜色是红色，所以圣诞老人被可口可乐私有化为穿红衣服的"新圣诞老人"，从而刮起了世界级流行风潮。

90多年来，可口可乐从产品、广告到终端营销活动，持续投资圣诞老人形象，逐渐成长并壮大圣诞老人这个母体。可以看到，这样的形象，已经出现在全球儿童绘本、电视节目和圣诞活动中，成为全球标准的圣诞老人形象。但是大家不知道的是，这个穿红色衣服的圣诞老人，可是可口可乐自己的商标。

甚至有意大利人公开说："圣诞老人并不存在，是可口可乐'发明'的。"

可口可乐案例就是典型的文化母体四步曲。它选择了圣诞老人这个母体，它成为圣诞老人，圣诞老人又把圣诞的文化扩大到全世界，最后可口可乐和圣诞一起成为全球的风俗习惯。

1931年，可口可乐重新定型了圣诞老人形象。2021年，喜多多则重新定型了喜神形象！寄生母体，成为母体。

到这里，喜多多品牌就有了一个强有力的"符号代言人"，这个符号所代表的一切母体文化价值，都可以直接为喜多多所用。将超级符号嫁接给品牌，就得到了超级创意、超级产品、超级品牌、超级企业。

寄生更强大的母体，打造可言说的品牌谚语

有了超级符号，另一个让品牌腾飞的资产就是品牌谚语。**品牌谚语就是品牌言说，能言说的才存在，不能言说的就不存在。**

品牌，一定是活在场景里的、长在消费者嘴上的、张口就能说出来的，只有这样才能形成"播传"，华与华称之为"消费者口语报道"。所以，我们的一切品牌工作，都是为了生产大众的口语报道。

口语对受众来说是最没有心理防线的传播语言，那么我们怎么设计喜多多的品牌谚语，才能让大家传播起来呢？

母体流量越大，品牌的文化流量越大，所以要找到喜文化母体中流量最大且最精准的词语。喜多多原先是"吃喜多多，欢喜多多"，我们把"欢喜多多"改成"喜事多多"，为喜多多创意了品牌谚语"吃喜多多，喜事多多"。

虽然"欢喜"和"喜事"都是流量很大的词语，但是"欢喜"不够精准。大家可以拿出手机搜索一下，就会发现"欢喜"这个词太空洞了，没有一个具体的场景。但是当我们搜索"喜事"的时候，马上跳入眼帘的是一个个具体的喜事场景，像人生有四大喜：久旱逢甘雨，他乡遇故知，洞房花烛夜，金榜题名时。

金榜题名的时候，我们可以说："来来来，大家吃喜多多，喜事多多。"

在洞房花烛夜，请大家吃喜宴的时候，我们可以说："吃喜多多，喜事多多。"

在他乡拜访老友的时候，送上一箱喜多多，我们可以说："吃喜多多，喜事多多。"

所以"欢喜"是一种情绪，而"喜事"则代表了中国流行千年的喜事文化和喜事场景。通过词语的重组，我们将喜多多的品牌寄生到了中国关于喜事的所有场景之中，融入大众的生活，获取了更大的母体流量，使这句话很容易就传起来了！

超级符号、品牌谚语让喜多多扎根到全人类都喜欢的文化里，放大了品牌能量，建立起品牌根基。华与华又推动喜多多抓住品牌元媒体，共同开展了一场元媒体工程，压倒性地投资于终端。

通过战略陈列物料开发、拳头产品再开发、主题堆头陈列、样板门店打造，喜多多品牌实现了在终端低成本、大规模地亮相，打造信号能量站，建立起在终端的强势排面，形成如雨后春笋般的生发气势。

没有执行，一切就等于0。在喜多多品牌元媒体工程铺天盖地全面亮相的背后，是喜多多人坚定不移的执行决心！

对于华与华提供的可执行方案，喜多多马上执行，很快收获成效，不仅带动了企业全线产品的销售增长，还降低了交易成本，形成了品牌资产，激发了企业全员的创造力！

第 2 章 喜多多

2
四大品牌活动壮大母体

超级符号"生"了就要"养",怎么样让它有生命力,真正成为风俗品牌?我们的核心抓手就是为喜多多打造四大品牌活动,也是华与华所说的营销日历。

通过营销日历,帮助喜多多建立起自己的"品牌习俗",形成企业内外部节拍,形成消费者生物钟。同时也让喜多多寄生母体,回到母体,成为母体,继而壮大母体,最后成为社会的风俗。

每年我们都要过春节、端午节和中秋节,在这些节日里会有各种各样的产品,各种各样的品牌寄生其中。一到中秋节我们就要吃月饼,在广州就会有莲蓉蛋黄月饼,这个就是产品,广州酒家的莲蓉蛋黄月饼就是品牌,寄生在中秋节这个节日上。

这些生活当中普遍的、重复的现象,就是品牌赖以生存的母体。在这些显而易见的现象中,我们继续观察就会发现,所有的商品都以各种各样的方式寄生在各种各样的母体上。

生活是普遍重复的戏剧，中秋节是一出戏剧，春节也是一出戏剧。戏剧有它的演员，有它的剧本，有它的仪式。

春节和中秋节的演员都是家人，它的仪式就是团圆，它的剧本就是这个时候所有人要从各个地方回到他们指定聚集的地方。这出戏剧里也需要有道具，需要有仪式，需要走亲访友赠送礼品，这就是人类生活的戏剧。

创意喜多多春节销售主题

我们抓住春节"送礼"这一信号能量最强的场景，打造了一款携带品牌祝福的春节礼盒，创意出"送喜多多，今年过年喜多多"这一销售主题，让消费者用这句话走亲访友，把美好的祝福和喜多多带入千万百姓家，并且实现品牌名的充分投资，最大限度发挥品牌名的戏剧性。

△ 华与华为喜多多创意的春节销售主题广告片

创意喜多多中秋节销售主题

我们通过"中秋团圆,送喜多多"这一销售主题,嫁接母体文化,把喜多多植入中秋节这个循环往复的时间节点,当人类戏剧进入这个环节的时候,喜多多就会出现。一句话将活动主题、节日愿望都融入其中,让顾客一听就懂,一听就动。

当我们为母体所做的开发,能够成功地寄生在母体上之后,当人类的戏剧进行到这一环节的时候,产品就会被唤醒,就会产生销售。一个产品如果能找到这样的母体,能够占有这样的母体,它就一定能够畅销。

新主题落地后,"春战活动"同期同比增长 11%,中秋节活动同期同比增长 16.7%。

除此两大品牌活动外,华与华又为喜多多实现了夏战、考试季两大品牌活动的开模,形成企业内部共同推广和销售的新节拍,形成品牌新资产。

创意考试季销售主题

我们创意出"喜神祈福，金榜题名"这一销售主题，寄生于广大考生希望考试考出好成绩的母体愿望，让喜神成为祈愿文化的一部分，并通过祈福仪式和元媒体物料礼品袋及祈福喜囊，低成本地将祝福寄生在产品身上。

品牌活动，持续改善。活动第二年，我们通过案例研究，为喜多多在渠道上找到了全新的品牌传播突破点，通过与学校周边酒店的联合，让喜多多的产品成为考试应援产品。在考试当天，前台人员给准备从酒店前往考点的同学们赠送"喜多多"，并鼓励他们正常发挥。

这一创意举措的背后，是洞察到了许多考生会提前入住考点附近的酒店。2023年是第一次举办，参与的酒店数量就多达60多家。

不仅如此，我们又在泰州文庙协同考生和家长，共同完成了喜神祈福的仪式，通过这场盛大的祈福仪式，把所有父母对子女的期望注入品牌和产品中。

创意夏战销售主题

夏季，我们围绕三大渠道，创意核心传播话语，并整理关键动作，带动企业营收同比增长20%。

拜拜渠道：通过喜多多品牌名的戏剧性，寄生产品使用场景，创作出"诚心拜拜 喜多多"这一传播话语，产品成为喜多多拜拜渠道的仪式道具。

幼儿园渠道：让画小喜神进入小朋友的日常生活中，传播品牌符号，从娃娃抓起。

第 2 章 喜多多

传统商超渠道：借助夏战节点，传播"不开心？吃喜多多！"话语，喜多多产品成为消费者分享快乐、获得快乐的道具。

2023年夏战，改善核心传播画面、设计投放关键陈列道具，完成超级新品仙草丸子在全渠道的曝光。

举办喜神巡回展出，喜神成群结队在主销市场线下"混脸熟"，市民纷纷驻足拍照、互动，尽显重复和规模的力量。

第 2 章 喜多多

有战略价值的品牌活动不是脑洞大开,然后昙花一现的活动,而是寄生于文化母体,可以年复一年去做的、积累品牌资产的活动。这就是华与华营销日历理念,在这一理念加持下,喜多多四大品牌活动让企业的行销活动形成品牌资产,并重复积累,持续精进。

每年的 11 月至次年 1 月的春战,行销活动开始,为全年的营销造势,拉起一个好的势头。之后的 2—4 月调整市场,5—7 月进行夏

战销售主题和考试季销售主题，8—10月开始中秋销售主题，品牌节日一档接一档，覆盖一整年！

让喜神寄生福建游神文化仪式

我们也将喜多多寄生到了福建的民俗中。网友说，在福建让年轻人早起追星是不可能的，但是让他迎神，他4点就能爬起来。

游神是在闽南流行数百年的习俗。2023年，我们又提出让喜神寄生福建游神的文化仪式。我们的小喜神从春节开始就在街上游街送喜，让喜多多的产品成为游神活动中的贡品道具，更让我们的喜神"位列仙班"，融入福建的祈福民俗中。

喜神游街送喜

贡品道具

两年时间，我们从福建的民俗到中国的民俗，从拜拜到游神，从考试到喜宴，从春节到中秋节，通过这几大营销活动，喜神不仅进入中国的喜事民俗，更成为福建的新民俗！这也让喜多多有了可以生长百年的土壤。

成为民俗品牌，成为百年品牌，不仅是让喜多多基业长青，找到品牌可以不断耕耘的文化土壤，更大的价值还在于，我们通过商业的力量，进入民俗、成为民俗、壮大民俗，让人与人之间、自己与自己之间的情感联结得以加强和放大。

从一个孩子呱呱坠地到摆满月酒时就已经进入喜多多的喜事文化里；当他上幼儿园时，他在第一堂美术课上，就学会了画小喜神；伴随着喜多多的歌曲，喜神的摇摇车又成为陪伴他成长的玩具，从2岁一直坐到5岁；当他第一次经历小升初、初升高、高考的时候，喜神一直伴随着他金榜题名；在他的新婚喜宴、父母寿宴上，他会拿着喜多多的产品招待亲朋好友，分享喜悦的心情；当他即将为人父母时，喜神又将再一次伴随。在他的一生中，只要有喜事，就有喜多多！

3

产品开发，营销先行

企业增长战略就是产品增长路线图。喜多多和华与华合作之前，产品的增长面临两大问题。

问题一：虽然开发创新了很多产品，但始终没有积累出第二款有过亿潜力的大单品。而过多的长尾产品，也导致企业经营成本不断增高。

问题二：企业投资焦点模糊，应该多产品投资还是单产品投资？下一步是推拳头产品椰果王还是新品鲜炖银耳？下一个增量产品在哪里？

面对喜多多产品增长的课题，我们为喜多多做了三件事。

一是找到产品开发的金点子，直接为喜多多开发了畅销产品"仙草丸子"，打造了一款年销售额过亿的潜力大单品。

二是重新设计产品结构，聚焦椰果王为企业战略投资的拳头产品。

三是运用"产品开发就是购买理由开发"的产品开发技术，为喜多多整理5大品类10大系列30余款产品，并实现销量的增长。

所以说，华与华能够持续和客户合作，不仅是因为华与华的品牌管理技术，也是因为华与华的产品管理和开发技术。我们不仅是战略咨询公司和广告公司，还是产品开发公司。

华与华 = 战略咨询公司 + 产品开发公司 + 广告公司

华与华对产品有一个定义：产品就是购买理由。我们会先想出一个购买理由，当有了购买理由就有了广告创意，有了广告创意就推出了产品开发。产品开发就是产品命名，根据命名再做出包装设计。

传统的产品开发流程，通常先把一个产品研发出来，再进行购买理由和包装的设计。而华与华的产品开发方法则是"产品开发，营销先行"，不是从产品开始，而是从临门一脚的销售开始，是后工程引受，就是从后工序推导到前工序。

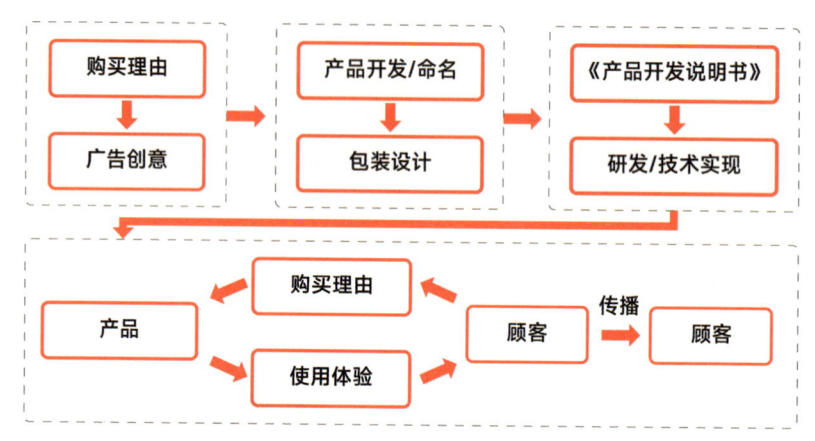

△ 华与华产品开发路线图

广告和包装设计都做出来之后，我们再把它写成一个产品开发任务书，拿去给客户：咱们生产这个东西怎么样？然后客户给到研发部门，研发部门从技术上把它实现，变成产品。

那么产品有了，包装有了，广告投出去了，就能靠购买理由吸引顾客来买。顾客买了之后进行使用、体验，使用、体验之后他愿意去推荐，替我们传播给下一个顾客，这是华与华做产品开发的逻辑和流程。

从传播角度制定的战略或开发的产品，它天生就能传播，而且传播的成本低，进而投资的效率就高。

华与华为喜多多创意开发的仙草丸子，就是基于华与华产品开发路线图来开发产品的经典案例。

仙草丸子新品开发：上市即爆品，关键靠创意和方法

2022年5月，喜多多联手华与华开发了全新单品仙草丸子。接到课题时，仙草丸子已经处于研发完成的阶段，客户准备用这款产品开拓喜多多的草本颗粒饮料市场。

一款好的产品，它本身就是产品最大的购买理由。华与华的核心工作就是为仙草丸子创意购买理由，放大购买理由，提高仙草丸子产品的上市传播效率，降低消费者的选择成本和决策成本。

基于华与华产品开发路线图：

第一步，我们要先去找购买理由。怎么找，去哪里找？就从产品禀赋和行业里找。我们洞察到仙草清凉解腻的食用价值，及其作为众多凉茶产品配方中排名数一数二的原料价值。

我们抓住"凉茶"这一超级词语，将仙草原料背后的最大流量嫁接到仙草丸子身上，基于口感价值又进一步创意出"嚼着吃的凉

仙草 ▶ 凉茶 ▶ 嚼着吃的凉茶！

茶！"通过购买理由，撬动了行业品类创新。发挥词语权能，将一个小品类产品切入凉茶的大市场。

第二步，通过包装设计放大购买理由。产品是为包装服务的，因为只有包装上的字和符号才能体现出产品的价值。而产品符号化，就是华与华设计师为仙草丸子找到的战略执行方法。包装上的字体要尽量大，符号要尽量鲜明。

我们通过改造一个既能争夺眼球又能表达产品价值的核心符号"丸"字，打造出包装的视觉焦点，放大购买理由并建立产品在货架上的陈列优势。

不是设计产品的外观
而是设计产品的精髓

第三步，用购买理由指导产品开发。解决了营销问题后，再解决技术问题。

在华与华创意出仙草丸子的购买理由"嚼着吃的凉茶！"后，喜多多研发团队果断决策按照"凉茶"的要求来设计产品配置，将"一味仙草"升级成"四味凉茶"配方。

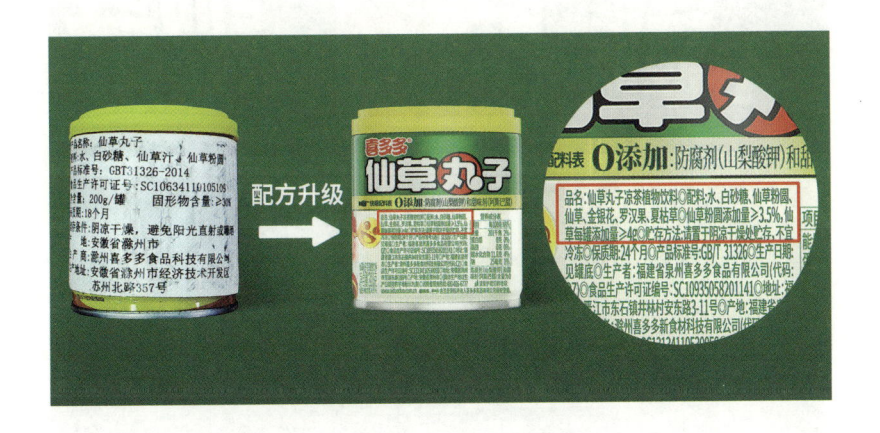

新产品仙草丸子，一经推出，不胫而走，一炮而红，高歌猛进！仅上市一个月就在小红书爆火，好评曝光累计超500万人次，带动线上销量取得了突破，成为喜多多线上天猫销量第一的产品！上市第一年，在我们线下铺货仅完成30%的情况下，全渠道销售额突破6000万元，成为喜多多27年历史上投入产出比最高的产品，创造了企业又一增长点。

"仙草丸子"产品名及其购买理由"嚼着吃的凉茶！"，在小红书形成消费者自发报道。

063

仙草丸子的成功上市，提振了企业内外部全员的销售信心，卷起了员工内购潮，经销商抢着卖！

喜多多集团副总经理跟我们说："仙草丸子7月底才生产出来，生产出来时，喜多多的生产员工就有人买一两千件。其实我们的员工就是最好的市场验证师，员工都积极主动地买，说明对我们的产品是很认可的。"

第 2 章　喜多多

　　仙草丸子的产品开发，不仅创造了新的增长点，积累出喜多多新的品牌资产，还为扎下第二个金角打了一场漂亮的先锋战，为未来的营收增长埋下了伏笔，为喜多多从福建走向全国开拓饮料市场、走出渠道地域限制奠定了优势产品基础。

　　这也是喜多多和华与华合作的更大价值，咨询公司能让企业增长出发展的能力。

重塑产品结构，明确"椰果王"为企业战略投资的拳头产品

2022 年 3 月，基于企业经营禀赋，华与华首先帮助喜多多确定了拳头产品为椰果王，明确椰果王为企业投资战略聚焦的大单品。

通过一个产品建立起品牌认知的根据地，为其他小罐产品上市创造有优势的平台与条件。

华与华重新开发椰果王的起手式，就是对产品包装再开发。华与华通过对产品包装和购买理由进行设计，完整地释放产品价值。

我们为椰果王创意了购买理由"椰果够大才够 Q，约 1.5 厘米大块椰果"，并建议喜多多取得了"2021 年度销售额全国领先"的欧睿集团第三方咨询认证，证明了椰果王在全国罐装椰果果粒饮料市场的行业领先地位。

第 2 章 喜多多

老包装　　　新包装

设计完包装，华与华又为椰果王创意了一条 15 秒的醒脑广告片，将品牌角色喜神和新包装一并推出上市，完成了一次完整进攻，一举实现了三大目的：记住喜多多、奠定品牌资产、卖椰果王产品。

△ 华与华为喜多多椰果王创意的广告片

喜多多品牌广告片的创意，其目的不只创意一支产品广告片，更想要创建一个喜多多品牌的声音符号，统领未来一系列的品牌传播活动，包括品牌路演、品牌 MV、品牌歌曲、品牌舞蹈。

"喜多多，喜多多，吃喜多多！喜多多，喜多多，喜事多多！"这段耳熟能详的16拍节奏，就是喜多多的"戏"，节奏一出，品牌亮相！这段独特的节奏，也成为喜多多独特的声音品牌资产。

2022年12月，华与华为喜多多创意的品牌TVC广告正式上线，全国32个城市25万部电梯电视高频呈现，遍地开花。椰果王新装上市后，实现销售额连续两年增长，销售额再创新高！

华与华产品整理术，重塑老产品购买理由

我们有很多客户，请我们做了超级符号后，就觉得搞定了。但同时很多品牌，特别是快消品品牌，还有几十个甚至上百个他们觉得不太重要的产品得不到关注。

喜多多也有很多小品类市场的产品。我们要如何收割，排除浪费，实现企业营收持续增长呢？这就要靠华与华的产品整理术。

华与华方法对产品及其开发的定义：产品就是购买理由的封装，产品开发就是开发购买理由。

麦克卢汉说"商品即信息"，这个信息就是指购买理由。简单来说，最终让消费者购买产品的原因是什么，就是"购买理由"。华与华产品整理术的底层逻辑，就是开发产品的购买理由。

两年以来，华与华就是用产品整理术，持续为喜多多5大品类产品开发购买理由，整理出一个又一个老产品，并实现10大系列产品

069

销量的增长。

在巩固了"椰果王"的行业地位后,我们又帮助喜多多重新整理开发了以椰果为原料的产品线产品:"钙奶椰果系列""微果粒系列""什锦椰果系列""椰果王双拼系列",进行椰果品类细分品种产品的整理,释放品牌边际效益。

品类	项目序号	产品名 原品名 / 重命名	产品卖点 华与华前 / 华与华后	包装设计 华与华前 / 华与华后
以椰果为核心原料的细分品类	1	芝士钙奶椰果 / — ; 钙奶椰果 / —	Q润又营养 ; 高钙高锌牛磺酸 ; 高钙叶黄素酯	
	2	椰果王微果粒 / 椰粒多	清润爽 ; 椰粒多多嚼着喝!	
	3	什锦椰果 / —	喜事常备	
	4	蜜桔椰果王 / 大块蜜桔椰果王双拼 ; 椰果王双拼菠萝椰果 / 大块菠萝椰果王双拼 ; 椰果王双拼黄桃椰果 / 大块黄桃椰果王双拼	有蜜桔更酸爽 ; 大块蜜桔果肉+椰果含量≥40% ; 大块菠萝果肉+椰果含量≥40% ; 大块黄桃果肉+椰果含量≥40%	

品类	项目序号	产品名 原品名 / 重命名	产品卖点 华与华前 / 华与华后	包装设计 华与华前 / 华与华后
健康食材银耳品类	1	鲜炖银耳百合 / 鲜炖银耳	为您省去熬制时间 真材实料香得让您忍不住喝到底 ; 新鲜银耳直接炖	
粥品类	2	桂圆莲子八宝粥	五谷好食 美味又营养 ; 9种食材多种营养	
	3	冰糖百合莲子粥 ; 桂圆莲子八宝粥 ; 黑糖红枣枸杞粥	低脂营养	10种食材纤维+膳食纤维 每碗满足成人每日需求量的11% 0脂肪 (每100ml热量低于低脂)	
复合蛋白饮料品类	4	牛奶花生复合蛋白饮料 / 大粒花生牛奶花生复合蛋白饮料	含花生颗粒	约40粒大花生仁	
有料饮料品类	5	绿豆汤	清清凉凉绿豆汤	0脂肪	
	6	杨枝甘露	进口果浆	添加椰果粒浓浓芒果香	

第 2 章 喜多多

① 钙奶椰果系列再开发：把儿童成长所需的营养元素价值具象化，放大钙奶品种价值。新包装上市后，销售额同比增长 21.7%。

老包装　　新包装

071

② 微果粒系列再开发：重新命名"微果粒"为"椰粒多"，设计封装购买理由"喜多多椰粒多，椰粒多多嚼着喝！"新包装上市后，销售额同比增长 18.4%。

老包装　　新包装

第 2 章 喜多多

③ **喜宴系列 850 克什锦椰果大单品再开发**：放大品牌名"喜多多"，围绕"喜事场景"建立话语体系。新包装上市后，销售额连续两年实现增长。后续，我们又成功开发喜宴系列另一大单品即"喜宴花生汤"。

④ **椰果王双拼系列再开发**：产品升级后，重新命名为"大块果肉椰果王双拼系列"，将产品价值直接放进产品名。

老包装

新包装

第 2 章 喜多多

同时，我们又为喜多多非椰果品类产品线提供产品开发服务。

① **鲜炖银耳大单品再开发**：提炼购买理由"新鲜银耳直接炖！"，放大"0 添加"的产品价值，贴上购买理由、超级符号就开卖！新包装上市后，销售额同比增长 40%。

② 桂圆莲子八宝粥大单品再开发：基于品类价值，提炼原料价值，提出"9种食材 多种营养"口号。新包装上市后，销售额同比增长13%。

老包装　　　　新包装

③ 280 克元气粥系列再开发：重新命名"元气粥"系列为"纤维＋"系列，并放大 0 添加、低脂的产品价值，以及大口罐的包装体验。新包装上市后，销售额同比增长 71.3%。

④ 牛奶花生单品再开发：重新设计产品选择逻辑，让"牛奶花生"变为"大粒花生牛奶花生"，直接从命名上定义产品的选择标准。新包装上市后，销售额同比增长40%。

老包装　　新包装

⑤ 绿豆汤单品再开发：重新命名为"清清凉凉绿豆汤"，2023年销售额同比增长39.9%。

⑥ **杨枝甘露系列再开发**：全塑封设计迭代产品包装形式，放大包装陈列面积，获得更大的产品展示广告位、更多的信息服务和更上档次的产品外观，重新开拓喜宴餐饮渠道。

老包装　　　　新包装

　　产品开发，营销先行。两年12个系列产品开发金点子，打造喜多多30余款畅销单品。这不仅解决了企业营收增长停滞的难题，更找到了企业营收增长的第二曲线，实现了企业营收逆势增长超50%的佳绩，更实现了行业产品品类创新及价值创新。从产品命名到产品话语，从椰果产品到各品类产品，将资源投入到一个符号"喜神"身上，建立品牌资产，不断地开发产品进行贴现，以各自的购买理由销售给顾客。

第 2 章 喜多多

合作两年来，随着喜多多 2023 财年业绩公布，喜多多实现连续两年营收逆势增长 51.2% 的佳绩，取得突破性成果！两年的咨询陪伴中价值不断涌现，华与华助力喜多多实现品牌重振旗鼓，重新焕发企业成长的内生动力，再开创新局面！

华与华方法

文化母体四步曲

文化母体四步曲

第一步，寻找母体：找到一个母体行为或风俗。

第二步，回到母体：使用母体符号。

第三步，成为母体：成为原母体的新母体。

第四步，壮大母体：融入文化母体，成为人类风俗。

喜多多案例是华与华文化母体四步曲的最佳实践之一。

寻找母体、回到母体：喜多多以民俗打造百年品牌，定型千年民俗符号"喜神"，获得千年文化能量。为喜多多成为百年品牌找到母体基因。

成为母体、壮大母体：让喜多多企业的营销活动进入民俗，成为社会的民俗。帮助喜多多扛起弘扬民俗文化、传播民俗文化的荣誉旗帜，对社会产生深远影响。

喜多多从"喜"文化母体中来，嫁接"喜"文化，获得了整个"喜"文化的符号系统；通过"吃喜多多，喜事多多"统领的话语体系、符号系统、产品结构回到"喜"文化母体中去；再通过销售更多的产品、传播更多的喜事故事，成为文化母体的一部分；最后通过营销日历等经营活动，将"喜"文化不断发扬光大，使其深入人们的生活，成为每个人生活的一部分，从而壮大了"喜"文化母体。

第 3 章

鱼你在一起

为客户的客户服务,让加盟商更赚钱
——华与华餐饮策划再创奇迹

案例点评语

自2013年华与华服务了第一个餐饮客户西贝莜面村之后，餐饮企业就成了华与华最大的客源。我估计餐饮业对华与华已经产生审美疲劳了。但是，我们和"鱼你在一起"的合作，又上升到了餐饮业的一个新高度，缔造了一个全球品牌。目前，"鱼你在一起"已经成为全球酸菜鱼门店数量最多的品牌。

华与华的创意，不论是超级符号，还是品牌谚语，都是标准创意，标准创意就是百分百合格的创意。而"鱼你在一起"这个案例最大的亮点，就在于"彻底执行"了标准创意，并且赢得了"鱼你在一起"从董事长到经销商所有人的信任。能做到这一点，就靠三个字：下苦功。

这个项目的服务过程非常艰难，赶上了新冠疫情，还遇到了许多特殊情况，但最后就是靠着项目组全员下苦功，深入门店，一层层推动执行，我们的创意才得以成功落地。

华与华营销咨询创始人　华杉

第 3 章　鱼你在一起

"鱼你在一起"创始于 2017 年初,是一家加盟模式的酸菜鱼快餐连锁品牌。它把一道正餐大菜做成小份快餐,以加盟模式迅速扩张,从北京开到了纽约、迪拜以及加拿大、澳大利亚。

截至 2023 年,"鱼你在一起"全球加盟店超过 2000 家,即使在 3 年疫情的影响下,"鱼你在一起"仍表现出惊人的发展能力,门店逆势增长率达 51%,领先整个酸菜鱼品类乃至整个中式快餐行业,成为一条引人注目的"飞鱼"!

这条鱼为什么能够一跃而飞?"鱼你在一起"经过 7 年沉淀,自身具备两大万店基因:产品模型和加盟模式!

产品模型:把一道正餐大菜,端上快餐餐桌

"鱼你在一起"创始人魏彤蓉具有 19 年的餐饮实干经验,拥有 3 次餐饮连锁品牌创业的成功经验。2016 年,魏总找到了一条鱼——巴沙鱼,肉质鲜嫩,没有刺!又选定了一个菜式——酸菜鱼,从四川、广州传遍全国的一道菜,受到大众的喜爱,而"鱼你在一起"把这一道正餐大菜端上了快餐餐桌!

在门店,接汤、下鱼片、煮菜、放入酱料,全程都是有精确数字控

1份酸菜鱼能干3碗饭

热炝酸菜鱼　老坛酸菜鱼

制的标准化操作，热油一泼，3分钟一份酸菜鱼就出锅了。"鱼你在一起"把老坛酸菜鱼、青花椒酸菜鱼、"公举"番茄鱼、热炝酸菜鱼打造成为长青7年的产品，还把正餐厅里的水煮牛肉、毛血旺、冒烤鸭、烤鱼都做成了快餐，品类逐步拓展，并确定了"大菜"快餐的产品战略。

加盟模式：规模化成本优势，筑高进入壁垒

随着一家一家的门店开业，产品售卖得越多，成本越低；成本越低，就能开更多的门店，带来规模利润。供应链的部分越来越成熟，成本优势越发明显，商业模式也日趋成熟。并且越滚动，规模优势就越大，行业的进入壁垒就越高。

标准化的产品模型、规模效应带来成本优势的加盟模式，转动起来一套成熟的商业模式，到2021年，"鱼你在一起"在全国拥有1200家门店。

青花椒酸菜鱼　　公举番茄鱼

同年 11 月,"鱼你在一起"创始人魏彤蓉来到华与华,我们聊了 4 个小时,当天就签下了 3 年的服务合同,我们问魏总:"您期待华与华能够解决什么问题?"魏总就说了 7 个字:"让加盟商更赚钱!"

做 ToB 生意的企业,要获得 B 端客户。做 ToC 生意的企业,要获得 C 端客户。那么,有一个灵魂之问:"获客成本是越来越高还是越来越低?"一般都回答:"当然是越来越高了!"

华与华讲"近者悦,远者来",其实任何生意的获客成本都应该是越做越低,如果获客成本越做越高,那一定是做错了。为什么呢?因为经营的时间越长,服务过的顾客越多,他们自己会复购,还会介绍和带来新客户,最后必然就是守株待兔,应接不暇。生意兴隆通四海,财源茂盛达三江。这才是经营理所当然的自然规律!

"鱼你在一起"的魏总深谙这条规律,作为一个加盟连锁企业,通过经营改善、品牌赋能、营销扶持,让现有的加盟店都赚钱,就是打造了一块"金字招牌"。

老加盟商赚钱了,就会开"二店""三店",介绍新加盟商开店。

有意向加入的加盟商，看到现在的门店赚钱，更加信心十足。于是，我们和"鱼你在一起"确定了一致的目标——"鱼你在一起，店店都盈利！"

华与华百分百高质量地服务客户，但在项目中更重要的是，也要百分百高质量地为客户的客户服务，甚至是为客户的客户的客户服务。"鱼你在一起"作为加盟连锁企业，创始人魏总的背后是2000位加盟商。让魏总满意不难，让魏总的2000位加盟商满意可不容易。

在接手项目后，我们在创意超级符号的同时第一时间走访了门店。

1

从小处着手,持续改善

连锁门店,是单一门店的标准化复制,好的单店盈利是连锁扩张的重要前提。连锁规模发展的核心,在于单店盈利能力和连锁扩张能力。

如何提升单店盈利能力?我们用华与华第三大核心技术:持续改善。项目组去到门店,学习店里的生意,理解店里的生意,在店里思考提升方案,并执行落地到店,测试效果。

华与华**持续改善**方法强调从小处着手,积小改善为大改善,本质上是"反向海因里希法则"[1]。我们相信每300个小改善,会产生29个大改善,从而产生1个超级大改善。如果能把每一个可以立刻着手改善的小创意改善了,就会产生巨大价值。

我们将持续改善技术,运用到了"鱼你在一起"项目上,并在上

---

1 海因里希法则是美国著名安全工程师海因里希提出的300∶29∶1法则,也就是说"当企业有300起隐患或者违章,非常可能要发生29起轻伤或者故障,另外会有1起重伤、死亡事故"。

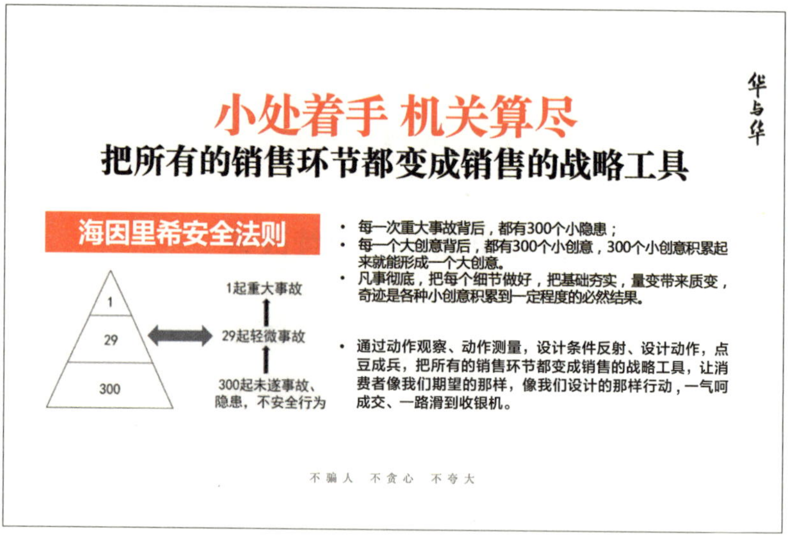

> **小处着手 机关算尽**
> **把所有的销售环节都变成销售的战略工具**
>
> **海因里希安全法则**
>
> 1起重大事故
> 29起轻微事故
> 300起未遂事故、隐患、不安全行为
>
> - 每一次重大事故背后,都有300个小隐患;
> - 每一个大创意背后,都有300个小创意,300个小创意积累起来就能形成一个大创意。
> - 凡事彻底,把每个细节做好,把基础夯实,量变带来质变,奇迹是各种小创意积累到一定程度的必然结果。
> - 通过动作观察、动作测量,设计条件反射、设计动作,点豆成兵,把所有的销售环节都变成销售的战略工具,让消费者像我们期望的那样,像我们设计的那样行动,一气呵成交、一路滑到收银机。
>
> 不骗人 不贪心 不夸大

海地区挑选了两家门店(上海江桥万达店和金海路店),帮门店从小处着手,提升门店营收。

当我们准备展开拳脚大干一场时,一盆冷水泼了下来。上海江桥万达店的老板娘觉得我们是来添乱的,怎么办?我们发动华与华清扫的能力,撸起袖子就开始在店里干活儿。收碗,擦桌子,上一桌顾客一走,立刻收拾干净,下一桌顾客就能落座。我们也做好了准备,如果老板娘还不允许,我们明天再来干;明天还不行,就再干两个星期。后来的一天,老板娘端来了一杯水,我们的改善才正式开始。

第 3 章　鱼你在一起

不是做调研，而是直接做实验，自己上手去干

我们站在店外看，看顾客路过门店的动作反应，走了我们就去问，为什么没有进店？我们坚守在收银台旁边，记录点单时长，记录顾客点单时间的问题，总结最常被问到的问题。我们还会将观察到的现实进行量化，在店外"数人头"，根据流量漏斗模型，记录三种人群的数量：

① 经过人数：路过门店的人数总和；

② 注意人数：路过门店，眼神朝向门店关注过的人数；

③ 进店人数：进店进行消费的人数。

093

通过以上数据，我们能够计算两个重要的转化率，即注意率和进店率。在蹲店的过程中，我们发现了两点值得持续改善的现实：

【现实1】门店能见度低：

① "鱼你在一起"门店的品牌信息不显眼，物料较少且不醒目。

② 现有物料打动性不足，对消费者的刺激不强，很多消费者经过了门店，却没有注意到。

【现实2】点餐效率较低：

通过记录午高峰、晚高峰100位顾客的点单时间，我们发现顾客平均点单时长是79秒。

① 消费者在点单时最常问的问题就是："哪些是辣的？哪些是不辣的？"从菜单上，他们很难直观地发现菜品的辣度。同时，我们也观察到"辣度"是顾客点餐时最关注的问题。

② 消费者对菜品的价格也不清晰。他们无法将菜品和价格一一对应，需要将视线反复在菜单不同位置折返，不细心的顾客甚至要询问服务员才能知道具体的价格。

③选择免费配菜时，消费者往往会很纠结，以至在此环节浪费了很多时间。

④主推产品"热炝酸菜鱼"因其所在菜单位置，经常被大家误以为是宣传用的主视觉图片，因而经常被漏点。

以上提到的观察过程，都是华与华"三现主义"中的"现实"，除此之外，还有"现场"和"现物"，也都是我们在蹲点门店时要记录的关键指标。

现场：首先，以门店为中心，以1千米为半径，我们周边门店全部走了一遍。目的是了解周围的竞争环境，我们的竞争对手是谁，客流从哪里来，来保证我们对门店周边全局有大致把控。

现物：我们将门店内外的所有物料都进行了分类汇总。其中，店外物料共计3件，总数较少且不醒目，对顾客的打动性较差；店内物料共计12件，菜品价格信息不明确，信息层级过多且缺乏指引性和下达指令。

物料改善，机关算尽

基于上述三现主义的观察，为保障门店能够快速落地执行，本次"鱼你在一起"门店改善秉持改善物料设计三大原则：改善成本低、简单易执行、对策见效快。

点亮门外，顾客自然来

① 横幅一拉，必有大事。主推引流产品 33 元老坛酸菜鱼，强调全国门店 1500 家。展现品牌实力，建立顾客信任。

② 展架分类，明确购买理由。明确辣与不辣的第一选择逻辑，降低来往顾客的选择成本，让顾客对号入座。正所谓"辣与不辣区别开，各有各爱点单快！"

③ 玻璃贴推菜品，下达购买指令。玻璃贴展示产品，让顾客推门时就能决定点什么。

④ 两个"免费"挂出来，顾客直接决策进店。将"米饭免费、配菜免费"的信息做成发光牌，挂在门口，让顾客路过就能看见，直接决策，进店尝尝。

在金海路店 我们甚至将米饭免费和配菜免费做成发光立体字 可谓机关算尽

菜单：顺着逻辑不绕弯，60秒内点完单！

毫无疑问，店内最关键的物料就是菜单，因为它与最终目的"顾客发生购买"直接相关。那么，我们首先需要明确设计菜单的主要目的，即提高点单效率和客单价。

来看原版菜单，价格统一在菜单最上面，顾客点单是这样的：看鱼，看价格，再回来看鱼，再回去看价格。在反复比较中，拉长了决策时间。华杉说过一句话："平面设计是设计阅读的顺序，引导顾客

改善前　改善后　华与华

手持菜单　手持菜单

我们改变了菜单的点单逻辑 分为辣与不辣两大类

眼球的转动。"眼球老是来回转，花的时间就多了。

所以我们就要想办法，一遍走完。设计菜单的逻辑就是设计顾客的选择逻辑，让他们根据我们提供的逻辑快速完成点单。

① 分步骤点单：帮助顾客厘清点单思路；

② 口味用颜色色块进行区分：让顾客 1 秒区别辣度，找到适合自己的口味选择；

③ 设计 TOP 榜：给予顾客购买指南，跟着排行点；

④ 产品亮点提炼：为顾客提供购买理由；

⑤ 价格对应标清楚：减少价格询问，加速购买决策；

⑥ 配菜推荐有排序：引导顾客跟随多数人的选择，立马决定不纠结；

⑦ 小食饮品最后选：提供更多选择并拉高客单价。

电视机菜单也根据同样的点单逻辑进行了设计。

第 3 章 鱼你在一起

经过持续改善之后，门店内外形象有了全新的升级。不仅如此，两大关键数据进店率和营业额也发生了显著变化。

上海江桥万达店、上海金海路店的进店率分别提升 1.32 倍、2 倍，营业额分别提升 42.64%、22.11%！上海金海路店的老板说："希望接下来能天天这样就好了，每个加盟商都能这样，大家笑眯眯地赚钱。"

鱼你在一起（金海路店）改善前后对比图
店内
店外（正门头）
店外（侧门头）
改善前
改善后
鱼你在一起金海路店3大关键数据-注意率
22.54%
53.71%
2.38倍
注意率同比提升
138.32%
鱼你在一起金海路店3大关键数据-营业额
20.75%
45.69%
60.90%
42.64%
+1507元
+3788元
+4457元
+9752元

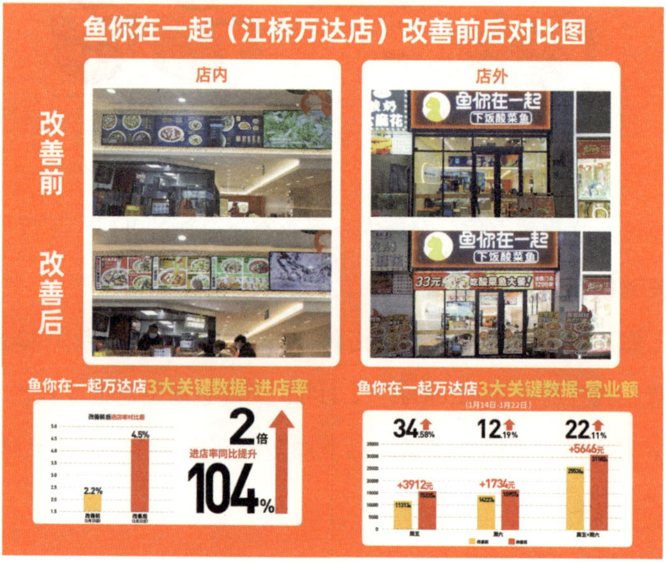
鱼你在一起（江桥万达店）改善前后对比图
店内
店外
改善前
改善后
鱼你在一起
下饭酸菜鱼
鱼你在一起万达店3大关键数据-进店率
2.2%
4.5%
2倍
进店率同比提升
104%
鱼你在一起万达店3大关键数据-营业额
34.58%
12.19%
22.11%
+3912元
+1734元
+5646元

2
超级符号"亲嘴鱼"：超级门头释放超级能量

品牌的全球化，就是文化的全球化。华与华以全球品牌经验，服务"鱼你在一起"全球发展！能开1万家店的品牌，一定是一个大众都有认知的品牌，一定是老少皆宜、乐于谈论的品牌，这就到了华与华的超级符号发挥核心作用的时候。

△ 鱼你在一起原 Logo 及门头

发挥品牌名的相关性，创意"亲嘴鱼"超级符号

华与华超级符号创作原则：一个是强相关，一个是戏剧性，发挥品牌与生俱来的戏剧性，它跟品牌一定是相关的。比如，天猫的猫和天猫，是有相关性的，因为它的名字叫天猫；而京东的狗和京东，就是完全不相关的。

在华与华超级符号的案例中，七猫免费小说 App、丰茂烤串就与它们的超级符号具有相关性，七猫的超级符号就是"一只数字 7 的猫"，丰茂烤串的超级符号就是"长了 6 只眼睛的串"。具有相关性，就能够产生更深的关联记忆。

相关性之外，还要发挥品牌本身与生俱来的戏剧性，让人印象深刻，一眼记住。

"鱼你在一起"，跟什么相关？就是鱼。"在一起"，就是两条鱼，这就有了和品牌名的相关性。接着，我们找到了一对全球都认识、都有一致印象的"亲嘴鱼"，把两条鱼用亲嘴的形式进行了私有化创作。一对亲嘴鱼，充分发挥了"鱼你在一起"与生俱来的戏剧性。

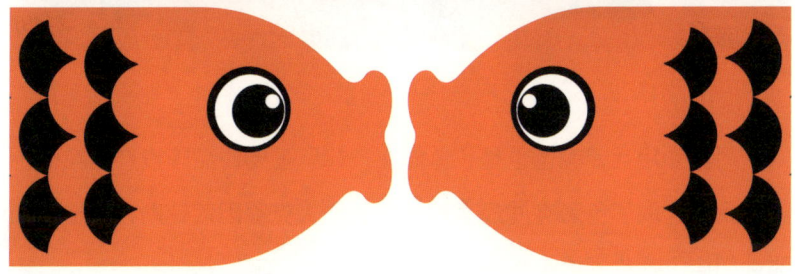

亲吻鱼&Kiss Fish
全球语言都能检索到，全球都喜欢。

- **超级符号无国界**：超级符号是人人都认识，0沟通成本，0距离接触的符号，全世界都喜爱。

强化鱼的嘴部特征

"鱼你在一起""亲嘴鱼"超级符号，和超级IP相辅相成。一对亲嘴鱼IP诞生了，出双入对、亲密出街。在门店，有气氛，就有生意！亲嘴鱼IP，是门店引流的活宝，顶1亿元的广告费。

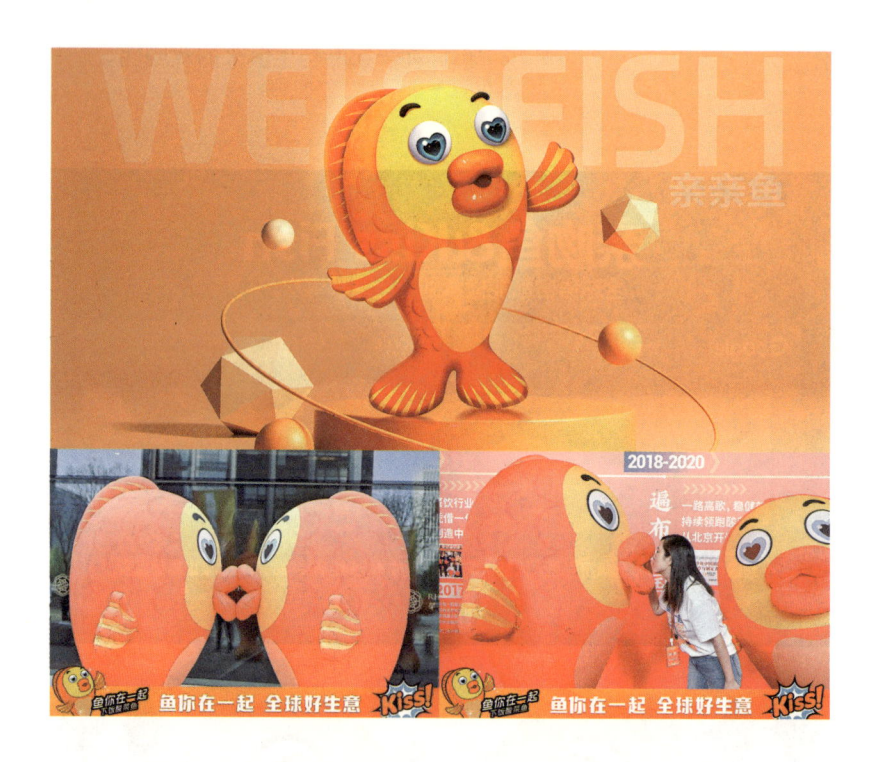

用色如用兵，颜色也是"鱼你在一起"重要的品牌资产。在配色上，我们选取了色彩亮度最高的橙色，加入克莱因蓝辅助，打造时尚属性门店。吃鱼不怕卡路里，天天"鱼你在一起"。

在一线城市，"鱼你在一起"是白领喜欢去的快餐店；在下沉市

International
Klein
Blue 克莱因蓝

#002FA7
R:0 G:47 B:167
C:100 M:88 Y:0 K:0

International
Orange
鱼你橙

#ff6b00
R:255 G:107 B:0
C:0 M:71 Y:100 K:0

场,是时髦年轻人聚餐的地方,成为让人向往的时尚快餐店。

在江西玉山,一对新婚夫妇,选择在"鱼你在一起"门店拍婚纱照。在河南开封,一对携手13年的夫妻,也选择在这儿,见证他们的亲密时刻。

超级符号和品牌名合二为一,释放双倍能量信号

我们在设计上还原现实,一对亲嘴鱼惟妙惟肖,又将品牌名嵌入鱼身,使其融为一体,让消费者关联记忆。

同时,品牌名也因为这样的组合形式得以最大限度地放大,竖向拉宽,可以撑满门头;横向拉长,可以无限铺满门头,使信号能量得到最大化释放。

鱼你在一起

华与华货架思维：一切创意都要以货架为导向，信息和产品出现的一切场合都可以被称为货架。对"鱼你在一起"而言，街道就是货架，门头就是包装。

坚持品牌资产，"下饭酸菜鱼"上门头

华与华的企业精神是"真人 真心 真本事"，并且将"让企业少走弯路"作为我们的经营使命。我们永远不会为了显示自己有创意，就推翻之前企业所有创意，来提出自己的创意。

所以，在开始所有的创意工作前，我们一个重要的前期工作就是企业寻宝。在企业寻宝过程中，我们会去挖掘企业成功路上的金子，把它捡回来并擦拭，让其发光发亮。

我们在创作"鱼你在一起"的品牌谚语时，发现现在的品牌口号"下饭酸菜鱼"就是那枚金子。

①"下饭"更口语，能够刺激食欲。我们对消费者进行访问的时候，他们对"鱼你在一起"的酸菜鱼使用最多的形容词就是"下

饭",这个词对他们来说是口语的,也是熟悉的。因此,他们会很自然地把这个产品推荐给身边的亲朋好友。

② 占领品类关键词:酸菜鱼。把酸菜鱼品类的消费需求和"下饭"进行绑定,形成强关联,刺激消费者关注,说动消费者购买。

"鱼你在一起,下饭酸菜鱼"一句话就讲清楚了我叫什么、我是谁,我们决定保留这句话语,形成品牌资产的有效积累。

△ 一对亲嘴鱼，亲上全国1000多家门店门头

超级符号，开发超级元媒体

华与华的媒介观把媒介分为两类：一类是花钱的媒体；另一类是不花钱的媒体，就是元媒体，是品牌自带的媒体。

"鱼你在一起"的外卖袋，也是能够利用的重要宣传广告位。以一家加盟店一天200单外卖计算，如果把它开发成广告位，一个顾客看到，知道了"鱼你在一起"品牌，下次想起就可能点单。一天200单外卖，在高峰期的办公楼、居民区穿梭，就是指数级的传播机会。

我们在设计外卖袋时，以三现主义来思考，在设计上保证"鱼你在一起 下饭酸菜鱼"的最大露出，用"亲嘴鱼"来吸引注意力。设计之后打印出来，提在手里，站在5米之外，看是否能够清晰地看见，并一眼认出。

"鱼你在一起"外卖袋出街，在一条抖音视频中意外火了。"那一对亲嘴鱼太抢眼了。""鱼你在一起下饭酸菜鱼，我家楼下就有一

第 3 章 鱼你在一起

家。"这就发挥了元媒体的广告效用。

华与华的创意设计，追求一种大众化的规模感。小资必然小众，塔尖只能掐尖，辜负了中国那么大的市场。总之，要做大生意，就找华与华！

109

3

营销教练,全员行动
——全国门店日均营收提升 14.75%

门店持续改善的提升方案有了,超级符号门头定了。但是,最难的来了!"鱼你在一起"的 2000 家门店中有九成是加盟店,上新物料、更换门头等费用需要加盟店老板承担。当然,"鱼你在一起"为了推动加盟店落地,也给出了扶持政策。上海新冠疫情期间,一切推进落地的工作都处于停摆状态。我们在线上做了华北加盟商落地宣讲会和北京区域加盟商落地宣讲会,推动加盟商落地持续改善物料、更新门头,但加盟商始终做不出决定。

▎想让 2000 个老板干,我们就先干出来

加盟商的反应我们也能理解,因为改变是最难的。就像一个新方案提出,总会有人跳出来反对。反对的原因:第一,想表达一点儿自

己的不同意见，与众不同；第二，怕麻烦，如果同意了方案，就要自己去执行；第三，就更难了，方案不仅要动手，还要花钱，一个门头1万元，2000个门头就是2000万元，简直难上加难！

策划、创意、执行，执行是关键，执行的关键又是什么呢？是我们自己先去执行！2000个加盟商，总有一位愿意干的，我们先干出来，找到我们的同盟。

疫情解封后，我们立即向"鱼你在一起"华东分公司申请了两家杭州门店，进行了样板店的打造。打造前，项目组包括华与华合伙人在内三次前往杭州门店，与华东区门店负责人和门店老板沟通交流，

△ 华与华鱼你在一起项目组走访门店

最终确定了样板店的改造方案。

确认好改造方案后，项目组全力以赴，在两周内亲赴门店完成所有物料的尺寸测量。项目组将所有改造物料重新设计，与当地供应商沟通，以最快速度将所有物料落地到门店。

从改造方案确定到最后的物料安装工作，项目组全程跟踪，用了不到一个月的时间，保证了样板店的高质量打造。

① 超级符号上门头。因为是第一家超级符号门头落地，华与华不仅给出了超级符号门头的运用规范，设计师和项目负责人还亲自前往客户指定的门头制作工厂，现场盯样。

② 门口对准客群，推产品。小河路店处于教培机构商圈，我们观察到前来用餐的顾客多为亲子家庭，在门口主推了深受小朋友喜爱的拳头产品"公举番茄鱼"，创意了一句"宝贝爱吃鱼"，与来往的家长孩子"对暗号"，为他们提供购买理由，吸引他们进店。

③ 两个"免费"挂门口。"好米免费吃，配菜不要钱"两个免费信息，挂在门头下方显眼位置，让顾客觉得占到了便宜，自然愿意进店。

④ 收银台改善，提升点单效率。收银台对外，就是门店最大的促销台，我们改造了收银台下方，开发一块广告位出来，从远处就用充满食欲的产品吸引顾客。在收银台前，根据上海两家门店持续改善的经验，分别优化了电视机菜单、手持菜单的点单逻辑，提高点餐效率。

第 3 章　鱼你在一起

△　门店改善前

△　门店改善后

113

标杆门店要发挥标杆效应。华与华和"鱼你在一起"华东分公司一起组织了一场线上直播：① 提前制作宣传海报和视频，在固定时间把加盟商聚在线上；② 把门店做成道场，每一个位置都要有改善前后的对比，以及改善理由；③ 把提升经验做成手持牌，直播记不住的话截图保存再翻看；④ 增加门店老板和员工的经验分享。

2022年12月5日，"鱼你在一起"常务副总裁兼华东、华南分公司总经理刘陆军，在"鱼你在一起"抖音官方号进行了"鱼你在一起杭州小河路店持续改善复盘会"直播。刘总在线分享了一家58平方米的门店如何实现日均营业额同比增长102%，总订单量同比增长98.53%。直播当天，刘总亲自在门店现场讲解，杭州小河路店在全国一炮打响！

营销教练，7场赋能大会，全员动员

当我们以为"星星之火，可以燎原"的时候，发现一家店根本"燎"不起全国。一家小河路店，只能带动一个华东大区，那其他大区怎么办？既然服务"鱼你在一起"，就是服务客户的客户，怎么服务？上门服务！

我们决定把门店提升经验手把手教给加盟商。华与华启动了内部路演的营销教练工作，以大区为单位，从核心城市辐射，举办"加盟商赋能大会"。到了区域，我们先打造标杆店，再做赋能。在华中门店，我们提出"拦路虎计划"和"亲嘴鱼引流计划"，就在门店和老板、店长一起干，白天忙生意，晚上忙总结，把经验拍成视频，做成标准成果，在赋能会上手把手教给加盟商，让他们拿到店里就能用。

这个行动降低了内部的交易成本，直接和加盟商面对面，用事实、用数据、用道场，像对待顾客一样对待加盟店老板和店长，不是让他们照着办，而是"服务"他们！

"加盟商赋能大会"相继在上海、郑州、北京等地举办了10场，我们和加盟商一起把持续改善物料全面落地。各个子公司也开始用"赋能会"的形式去门店做提升，使加盟商信心十足！

在新冠疫情期间，华与华先后在线上做了"北京加盟商落地大会""华北加盟商落地培训会"。从2022年9月开始，我们接到各分公司的邀请，陆续举办了"上海加盟商赋能会""杭州华东加盟商赋能会""华中品牌赋能会""郑州华中加盟商大会""北京区域加盟商赋能会"。

△ "鱼你在一起"上海加盟商赋能会

△ "鱼你在一起"华东专项赋能会

△ "鱼你在一起"华中专项赋能会

△ "鱼你在一起"北京区域加盟商赋能会

△ "鱼你在一起"全国加盟商游学分享会

深入到加盟商中，让加盟商影响加盟商。"鱼你在一起"加盟商委员会，也一起学习华与华的门店提升方案，帮扶当地的友邻加盟商，这就是"传帮带"。

2022年和2023年统计数据显示："鱼你在一起"全国2000家门店，门店改善物料100%落地，亲嘴鱼亲上1000个门头。今年全国门店综合日均营收同比提升14.75%！以一家日营收6000元的门店来说，相当于一天多卖900元！

4

鱼你在一起，全球好生意
一年两场大会，品牌治气

我们在东北走店，加盟商这样感慨："前两年我去总部，感觉像个外人，这两年我去总部，像是回家。我不仅是品牌的参与者，也是区域的品牌建设者。"

这就是华与华的渠道观：渠道不仅是分销体系，更是一个组织生活共同体。渠道不仅是一个分销体系和利益共同体，更是企业"体制外，结构内"的组织共同体；是相互依存、共同发展的组织统一体，是人的组织统一体，属于组织行为学的范畴。

通过会议聚集新老加盟商，可以实现组织战略的一致性、思想的一致性和行动的一致性，是建立"鱼你在一起"组织生活节拍的关键动作，也是组织生活的管理行为。

一家企业经营的关键，在于气势。气势越强，经营就越顺利！《孙子兵法》说，"兵法的关键，在于治气，气胜则战胜。"组织内部

第 3 章　鱼你在一起

治气，就要开大会，敢花钱，敢投入，气势如虹才能开创新局面。

2023 年 4 月 15 日，华与华推动"鱼你在一起"在北京举办了"鱼你在一起超级符号发布会暨全球加盟商大会"，提出"鱼你在一起，全球好生意"的大会主题。"鱼你在一起"500 名加盟商，与 100 多位总部及分公司员工齐聚一堂，共同见证了全新超级符号及超级 IP 的全球首发！

119

华杉先生也在会议现场做了《全球文化母体，全球超级品牌》的主题演讲，重磅发布了嫁接全球文化母体创作的"鱼你在一起"超级符号"亲嘴鱼"。全新 IP 闪亮登场，开启品牌鱼跃之路！

大会，是一个聚气的地方。随着品牌战略的发布、分公司团队的士气展示、门店提升的实战分享、加盟商的生意分享，加盟商被"鱼你在一起"向上的品牌发展大势、全新的超级符号、运营团队的高昂士气以及门店盈利的专业能力所打动，用行动证明了对"鱼你在一起"品牌的信心。发布会当天现场签约 262 家门店，二店占比 46%！

第3章 鱼你在一起

2023年9月25日,华与华推动"鱼你在一起"举办"鱼你在一起全球门店突破2000家发布会暨全球酸菜鱼门店数量第一颁发仪式",300多个加盟商参加大会时,有一种品牌自豪感,回到自己的城市,有了做好"鱼你在一起"的责任感和使命感。

提升士气,一鼓作气!一年两场大会,让加盟商信心树起来了,内部士气燃起来了,行业影响力也起来了!疫情三年,"鱼你在一起"门店逆势增长率达51%。这一年,"鱼你在一起"也从北京开到了纽约、旧金山、迪拜以及加拿大、马来西亚,在营门店突破 2400 家,遍布全球 360 座城市。

魏总说:"华与华带我们创造了奇迹!"

很多企业找咨询公司，总想博一把大的；很多人认为咨询师策划一下，就可以点石成金。但我想说：成功，不是策划出来的，而是干出来的，而且是企业自己干出来的。每一位"鱼你"人，都是服务员。每一位"鱼你"人，都有一个服务宗旨，就是对加盟商好！华与华鱼你项目组的每个人，也都是服务员，我们的服务宗旨和魏总一样，就是对客户好，对客户的客户好！魏总评价："华与华做事，就是实诚！"

创意要标准，执行要极致。20多年来，华与华没有做过大创意，都是标准创意，其中执行到极致的，都成就了伟大事业。所以，创意追求良品率，执行追求凡事彻底，把平凡的事情做到极致，就能做到不平凡。

华与华方法

品牌设计三位一体

△ 品牌设计三位一体

　　品牌设计，包括一切标志、包装、店招和广告设计，首先是信号设计，发出信号，谋求顾客的行为反射。但是，由于 Brand（品牌）词源含义是"烙印"，VIS（品牌信号系统）又以识别为核心诉求，导致整个行业倾向于识别设计。品牌形象的理论，又以"图腾"为自我满足，"信号"就越来越弱，消费者没有行为反射，广告无效。超级符号是取代 VIS 的新思想、新体系。我们要用超级符号建立 VSS 系统，品牌信号系统，是行为反射。

　　华与华说，一切现象都有理论解释，门店改善也是一样。在华与华，我们不讲 VI（Visual Identity）系统，VI 意为视觉识别系统，它的着眼点在于 identity，身份识别；VI 系统，发展到店面设计，衍生出了 SI（Store Identity），叫作店面识别系统，我的店面要和别人不一样。

华与华用 VS（Visual Signal）管理设计，VS 意为视觉信号系统，S 是信号，发出刺激信号，谋求行为反射。所以，我们对店面设计的定义是 SS（Store Signal），也就是店面信号系统，门店的每一个地方都在发信号，谋求顾客的购买转化。

那么，我们来看消费者的行为：顾客走过，看到，停下，走进门店，然后下单，这每一个行为，都有机会达成一次转化。

- 从走过没看到，可以转化为看到；
- 从看到没停下，可以转化为停下；
- 从停下没走进门店，可以转化为走进门店；
- 从走进门店没下单，可以转化为下单落座。

那"鱼你在一起"是如何在门店发信号的？首先，在门头下方，挂上"33元吃酸菜鱼大餐"的发光灯箱，这酸爽诱人的酸菜鱼才33元，必须尝尝。其次，在门口展架，把产品区分为"爱吃辣"和"不吃辣"来推荐，让顾客对号入座。最后，"好米免费吃，配菜不要钱"，临门一脚，直接进店。

就这样，我们通过规划顾客在什么地方，收到什么信号，做出什么反射，想方设法让顾客进店。门店是一套信号系统，门店改善，就是通过改信号和发信号，提高顾客的购买转化！

第 4 章

天星教育

营销价值观,冲破中国最大行业"内卷"
——华与华教辅图书出版行业代表案例

案例点评语

　　大家看到华与华三现主义的工作方法，即现场、现物、现实，天星教育在这里采用的就是华与华做了20多年的售点观察。不用做调查问卷，就直接到销售点去观察，从早上一开门一直到晚上打烊，在那里记录每一个顾客的全部消费旅程。从这种基本的营销创意到最高的企业战略，它的原理都是泰勒的科学管理，就是基于对动作的观察和测量，拿着秒表计算每个动作花了多少时间，然后哪个动作可以减掉。

　　其实销售转化，就是说转化的过程。天星的案例事实上就是通过释放刺激信号，最后得到购买行为的反射。由于买教辅书的时间是一般书的5倍，一般都是成套买，要比较多门课程。这样我们就找到了决胜点和关键动作——封面、封脊和封底，把整个书的封皮变成最大的营销战略资源。当然也是因为没别的资源可以用，所以把这个资源用到了极致。

　　而封面通过规范的重复，就形成了一个行为主义的闭环，就是三步：信号、行为、强化。

　　总是这样有规律地、有节奏地重复信号刺激，就影响了顾客的购买行为，强化了所有顾客的行为反射，最终形成品牌。

华与华营销咨询创始人　华杉

第 4 章　天星教育

有句话说，短期合作看"利益"，长期合作看"价值观"。虽然天星教育跟华与华的合作刚进入第二年，但是我们是典型的长期合作企业，两家的结缘非常有趣：

2022 年 4 月，天星教育的高级战略顾问杜志华老师，无意间看到华杉老师的抖音短视频——当时华杉老师身穿可靠成人纸尿裤为可靠卖力宣传，杜志华老师就感叹道："华与华为了自己的客户真的是没有私心，这点和天星教育很像！"

2022 年 8 月，天星教育正式和华与华开启合作，创造了教辅图书出版行业与战略营销品牌咨询公司合作的先例。经过一年多的合作，天星教育董事长杜志建先生由衷地感叹道："找华与华真的是太值了！他们不但给我们提供战略方向，还给我们提供落地解决方案！"

那么在一年多的时间里，华与华为天星教育做了哪些工作？

1

从"明星产品"到"品牌明星",完成品牌定型

高考可谓是我们人生当中最"卷"的时候,所以也就没有什么比教辅行业更"卷"的!

2023年全国高考报名人数为1291万人,相比2022年增加了98万人,再创历史新高。2023年上海高考人数为5.4万人,北京为5.8万人,河南为131万人。

但同期录取率却有巨大的反向差别:一本录取率上海为36.14%、北京为46.29%,而河南仅为9.9%。在上海、北京400多分就能上一本,而在河南就要600分左右。

表4-1:2023年部分省市高考数据对比

	上海	北京	河南	山西	江西
2023年高考人数(人)	5.4万	5.8万	131万	34.47万	53.57万
本科录取线	70%	83.8%	37.8%	44.7%	36.3%
一本率(上线)	36.14%	46.29%	9.9%	9.8%	10.4%

哪里的考生多，哪里的高考就竞争激烈，哪里的教辅市场就发达，因为教辅图书的价值就在于把优质的教育思想和内容普及到全国各地，它们是学科教材以外有针对性的补充材料，包括练习题、解析、总结、重点难点解析等内容和形式，可以帮助学生更好地理解学科知识，增强自学能力，提高学习成绩！

▎单品牌论！改变多产品各自为政的现状，统一归属天星教育

创立于1998年的天星教育就是这样一家出版教辅图书和提供教育信息服务的企业。在25年的发展过程中，也有很多来自其他领域的诱惑，但是天星教育一直深耕教辅赛道，积累至今，掌握了该领域的"超级数据库"：1000多名产品研发人员、1万多名全国名校编委老师、零差错百万题库，并且在智慧教育领域也走在实践前沿。

旗下5大产品系列《教材帮》《一遍过》《试题调研》《金考卷》《疯狂阅读》，在全国各地的小学、初中、高中校园内随处可见。

但是华与华项目组走访市场时发现，"天星教育"或"天星"品牌却少有人知道。这是因为在此之前，天星教育一直推行的是塑造"明星产品"的做法，以至单个产品很出名，天星品牌却名不见经传，甚至在有些图书封面上很难看到"天星教育"的标志。

这一问题也成为华与华为天星教育解决的第一个课题。

要解决这一课题，首先就要讨论品牌战略：到底是坚持单品牌还

是多品牌？到底是多个产品各自精彩，还是统一归属天星教育？

曾经有一个人问华杉："华老师，您说是单品牌战略好，还是多品牌战略好？"华杉说："做事得有一个前提，这个前提就是营销资源是有限的。"

天星教育的利润不高，杜总一心致力于普及优质教育资源，一头抓图书质量，一头卡图书定价，追求"质量最好但不能贵"，让利于消费者，根本没那么多钱投资多个品牌。所以在合作开头的沟通阶段，我们就明确了采用单品牌的模式，用天星教育统一各个产品。换句话说，就是用一个火车头尽量拉更多的火车皮，并且还要相互加持。

用华与华品牌三角形完成天星教育品牌定型

在找华与华之前,天星教育面临的"内卷"问题,不仅在教辅图书行业内部,更在企业内部各产品之间。

天星教育明星产品强过企业品牌,企业内部按照不同的产品线操作,这在造成营销资源重叠与浪费的同时,也提高了消费者的选择与决策成本。即使是在天星教育相对具有优势的高考市场,天星教育各产品仍未形成合力,依然有巨大的排除浪费空间和提升空间。

那么,如何让各产品形成合力,让每一本天星教辅图书在销售的同时也能强化消费者对天星品牌的认知呢?

首先要做的就是为天星教育构建起一套可供消费者识别、记忆、谈说的词语、符号、话语和故事,而这些就组成了天星教育的"品牌三角形":品牌谚语(话语体系)、超级符号(符号系统)、拳头产品(产品结构)。借此将天星教育各个产品统归天星教育品牌之下,将

△ 华与华品牌三角两翼模型

各个产品的包装、传播资源进行整合统一。

这就应用到华与华的两大核心技术：词语技术（品牌修辞学）、符号技术（超级符号）。

○嫁接文化母体词语，轻松绕开消费者的心理防线，创意管用100年的品牌谚语

华与华创意品牌谚语，用的就是品牌修辞学，其本质是要找到文化母体，再把品牌嫁接上去。

那什么是文化母体呢？文化母体就是人类的文化契约，是人类共同的经验和知识；是我们生活中循环往复、不断重复的那一部分，是我们与生俱来的、祖先传下来的、每个人都知道的，而且每个人的观念和行为都会受其影响，甚至会受其操控的文化契约。

所以，把文化母体的原力注入品牌话语，就能降低营销传播的成本，突破顾客的心理防线。

华与华典型的代表案例就是"爱干净，住汉庭"。"爱干净"是小

时候妈妈经常说的,它属于大多数人的文化母体行为词语,嫁接品牌名的同时,又能形成押韵,消费者就不会设心理防线了!

要想寻找到合适的文化母体,首先就要了解华与华超级符号哲学模型。

△ 华与华超级符号哲学模型

这个模型的底层就是人的知觉框架。知觉框架,就是把我们感官所接触到的信息处理成经验的框架。康德提出过一个问题:你把接触到的信息处理、提炼成"经验"的能力,是从哪里学来的?这种能力没有任何人教,是我们天生就有的能力,被称为"先验主义",先于经验。

先验主义哲学认为"人的一切知识都是从实践中来的,从实践中得到经验,然后就有了知识,随后才形成理论"。所以,从逻辑和哲学的底层来理解,就是由知觉框架开始,将信息处理成经验,最后形成一个经验秩序。

在华与华，不管是超级符号还是品牌谚语，我们都希望它是由来源于文化母体的"预制件"编织而成的。预制件就是标准件，如果你编织出的东西符合人的经验秩序，那它就能轻而易举地进入大众的经验秩序。并且一旦组装，它就无法卸载，这就是我们常说的"过目不忘""过耳不忘"。

回到天星教育的品牌谚语，我们为天星教育创意了"上课认真听，下课练天星"！

上课认真听
下课练天星

"上课要认真听啊！"这句话，想必大家并不陌生！小时候，我们是听着这句话长大的；长大后，我们又说着这句话陪伴孩子长大，从孩子踏入校园的第一天起，就能听到老师、家长的叮嘱："上课要认真听啊！"

如果放在整个人生历程来看，随着我们从父母的孩子变成孩子的父母，我们每个人都听过这句话，也都会说起这句话，它就是我们要找的文化母体词语、话语，而且它紧跟我们产品的使用场景——教室、家庭。

当我们用"上课认真听"这句有文化原力的话语去唤醒消费者的时候，接下来就要用最快的速度递给他一个购买指令，用"下课练天星"催促他产生行动。

"上课……下课……""上课认真听，下课……"，组装到一起就能轻易地绕过消费者的心理防线，因为这句品牌谚语中，除了"天星"二字，其他每一个字都是经验秩序，都是文化母体，都是预制件。

"下课练天星"，用"练"字代表了教辅品类属性，并与教辅最重要的 KOL（关键意见领袖）——老师，形成行动配合，"上课……听，下课练……"整句品牌谚语，对仗且押韵，朗朗上口，让"天星"品牌名不胫而走。

这句话也符合这几条原则：普通的道理，简单的字词，有节奏的句式并且押韵，使人愉悦。这就是亚里士多德讲修辞学的四大原则。广告语的底层逻辑就是修辞，亚里士多德在《修辞学》中说："修辞就是说服人相信任何东西以及促使他行动的语言艺术。"我们一般会把前半句去掉，说"广告是促使人行动的语言艺术"，相不相信不一定，也无关紧要，行动才是我们要的结果。

一个文化母体过去有多长的历史，未来就有多长的生命力。早在1904年，小学教育就被定为义务教育，"上课认真听"至少存在100年，往后再用100年应该也没问题吧？

○发挥品牌与生俱来的戏剧性，创意天星教育超级符号"天星老师"

第 4 章 天星教育

"天星"，顾名思义，就是天上的星星。发挥品牌名与生俱来的戏剧性，天星的超级符号就应该是一颗星星！

但只有星星还不够，超级符号还应该具备品类自明性，我们把最能代表好成绩的"100 分"、批改作业时的"对号"融入其中。

最终创意出了专属于天星教育的超级符号，一个有原力、有行业特性、让人印象深刻的"天星老师"。

华与华
超级符号案例集 5

昵称：天星老师
出生地：河南郑州
生日：2022年9月10日
特点：天生拥有一个聪明的星星脑袋，一双智慧的满分眼睛。

天星老师睿智、幽默、可靠、负责。上课能用趣味轻松的方式为学生答疑解惑，下课也能和同学们打作一团。语数英政史地物化生，科科精通，是一届又一届同学们的良师益友。

140

除此之外，我们也结合学生在上课时最常见的符号元素"黑板"，对天星教育的符号系统做了丰富补充——把招牌变成黑板，把海报变成黑板，把天星教育常见的画面版式也变成了黑板。

通过完全取材于学习场景中的经典元素来构建天星教育的符号系统，这样就极大地降低了营销传播的成本，一看就是教育行业，一看就是跟学习相关，再对应品牌谚语和超级符号，整个品牌传播效率就极大地提高了，品牌资产的积累就有处可存了。

2022年12月9日，天星教育全网官宣品牌谚语和超级符号，粗略统计，天星教育公众号评论好评率达95%以上！

2
重新设计天星产品组合和购买逻辑

教辅图书的一个特点是一个品种要延伸到科目、年级、版本、地区等多个维度。因此，天星教育的图书品种有 100 多个，每年的 SKU（存货单位）数量在 2000 以上，一年的销售量可以达到上亿册。怎样在众多的产品中做出选择？这不仅是学生、家长和老师面对天星教育时的最大困扰，也是天星教育在营销端的重要课题。

在华与华，包装设计从来不只是设计师的工作，它是一个"局部包含全部"的课题，一个包装实际包含了所有的营销策略。我们认为，一个完整的包装文本信息至少要包含三个方面的内容：购买理由、购买指南、购买指令。

大多数时候，大多数顾客不知道购买哪些你卖的东西。因为消费者的选择太多了，所以你要降低消费者的选择成本，帮消费者决策，为消费者提供购买理由和购买指南，最后再给消费者下一个购买指令。

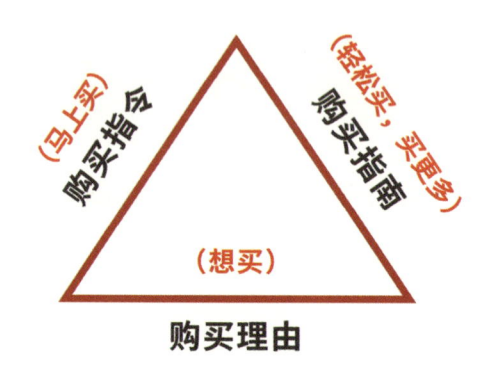

```
        (马上买)        (轻松买，买更多)
         购买指令          购买指南

              (想买)
              购买理由
```

△ 华与华三个购买

对教辅产品而言，时间线是天然的选择逻辑和购买指南，跟着学校的教学大纲或者老师的教学计划，到什么时间看什么书、做什么题，有一个相对明确的时间节奏。

基于此，华与华在产品层面就为天星高考产品重新设计了选择和购买的逻辑——"高考倒计时，先看天星刷题表"。

"高考倒计时"是一个极具信号能量的文化母体词语，借助它天星可以吸引所有相关的人群关注自己，因为每一个处于高三阶段的学生、家长和老师都会经历"高考倒计时"阶段，都会受它的信号刺激，进入"备考"状态。

在这种情况下，再提供一个"先看天星刷题表"的购买指南，应用于终端陈列、图书封面、宣传物料，接收到的人就会自动对号入座，在对应的时间段，选择对应的产品了！

1月，高三第一轮复习基本结束，第一学期的期末考试很重要。

2月，开学后进行第一次模拟考试，这是高中阶段成绩的重要参考，初步定位。

3月，强化训练，处理综合题，掌握常规出题思路，做到基本常规大题十拿九稳。

4月，进行高考第二次模拟考试，模拟考试的目的是提高学生的综合能力、应变能力以及承压能力。

5月，最后的复习机会，确定目标后，有针对性地选择重点方向进行提高。

6月，迎战高考，注意饮食、放松心情很重要！

7—8月，志愿填报及录取公布。

高考倒计时 先看天星刷题表

3—5月	6—8月	9—12月	次年1—2月	次年3—6月
一轮复习同步	最新考情前瞻	一轮效果检测	查漏补缺、专题强化	考场模拟、冲刺抢分
高考基础双练	金考卷高考45套	金考卷高考领航卷	试题调研热点题型专练	考前60天——金考卷猜题卷
金考卷小题狂练	金考卷五真分类训练	金考卷名校联考卷	金考卷高考预测卷	考前30天——金考卷押题卷
金考卷一轮双测卷	金考卷10真	金考卷大市联考卷	试题调研第6辑高频易错点快攻	考前15天——天星押题密卷

全年一对一定制——天星高考AI提分系统

放大产品元媒体
在每年上亿册图书封面上打造天星教育品牌

回到开始的课题——天星教育的品牌内部都知道,但是到经销商这一层很多人就不知道了,到消费者端更是少有人知道。大部分人知道的都是一个个具体的产品,怎么办呢?

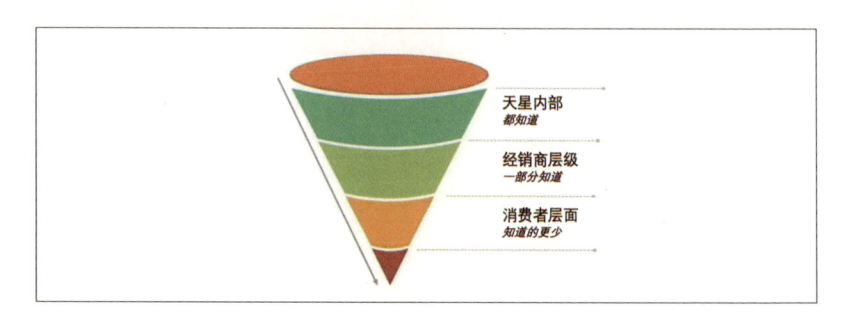

华与华认为营销的价值观有两种：

第一种是利用信息不对称，甚至制造信息不对称，反正占领消费者的心智，蒙住消费者的眼睛，牵着消费者的手，让消费者跟我走就行了！比如，"高考教辅就用天星"，只要我通过大广告占领消费者的心智就行，但事实上这并不成立，天星没有那么大的利润，毛利也覆盖不了那么大的广告投入。

第二种是不断地推动信息对称，假如消费者是专家，了解产品和服务的一切真相，谁好谁坏都很清楚，就一定会选择我！

只有错买，没有错卖，卖家对买家来说总有一个黑箱，华与华的营销价值观就是打开这个黑箱，推动信息对称。因为在信息对称的情况下，好的产品必然会获得更多选择，好产品能够货真价实，好品牌能够名副其实！

我们来看天星教育：早在1998年天星教育就进入教辅行业，26年来一直专注教辅，积累了这个行业顶级的配置：上千名的产品研发团队，上万名的全国名校编委，900万条的零差错题库。

天星教育的图书质量也让人交口称赞，我们在前期调研中不断听到经销商和老师的评价：

"天星教育的书质量是没得说！"

"天星教育已经成立了26年，历经几次高考改革都没有掉队。它出品的教辅质量都是有保证的，如果不知道选哪种教辅，就选天星旗下的。"

"学姐推荐的资料是天星教育的《高考冲刺讲义》，很薄的一本书，但是内容很全，高考考的内容里面几乎都有。"

但是通过什么方式让消费者都知道天星这么有实力，天星的书这么好呢？前文提到天星教育的利润不高，杜总致力于普及优质教辅资源，尽量把价格定得低，让更多的学生可以用得上。但是这样就没有钱做推广了，怎么办呢？

营销传播，就是把商品信息通过媒体传播给人，但实际上商品和人本身是比中间的媒体更重要的媒体。基于这一点，华与华把媒体分为两种：一种是元媒体，就是不用额外花钱也能做的媒体，如企业的产品、包装、门店，甚至包括企业的工厂、员工等。另一种是延伸媒体，就是花钱才能做的媒体，包括平面广告、电视广告、新媒体广告等，需要花钱购买他人的宣传资源。

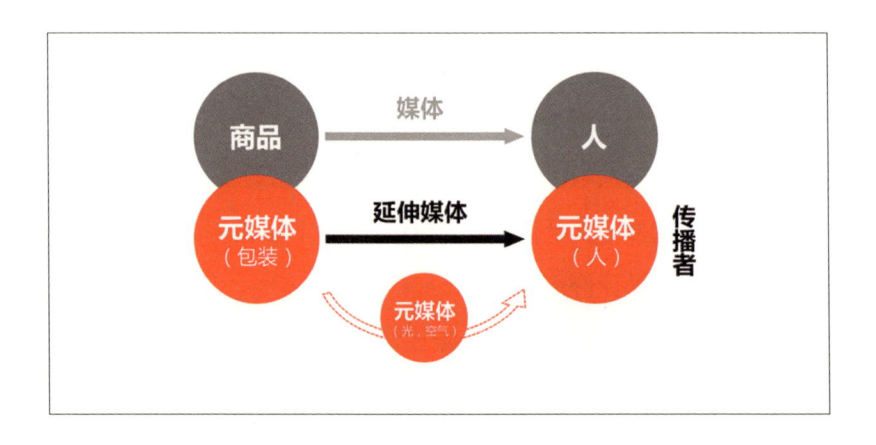

相比于延伸媒体，我们认为开发好那些不需要花钱的元媒体更重要！天星教育的元媒体就在他们每年销售上亿册的教辅图书上。

用产品开发的方法重新设计封面
让 1 亿册图书发挥 1 亿个产品元媒体功能

对图书出版公司来说,最重要的元媒体无疑是图书封面。尤其是与传统图书有着巨大差异的教辅图书,一上市就在书店货架上被发现、被拿起、被购买,因此图书封面对其尤为重要。

教辅图书与传统图书最大的差异是图书的"生命周期":传统图书发售之后可以一直卖下去,无论什么时候都可能对上用户的需求,触发其购买。而教辅图书,生命周期大部分就是一年或一学期甚至更短的时间,因为每一年的考情都在变化,每一年的图书都需要重新编辑。

怎么解决这一问题呢?一切的答案都在现场!项目启动初期,项目组选择了一家典型的书店进行定点观察,观察消费者是如何一步一步选择教辅图书的。经过一个星期的观察,有两个重要发现:

一是消费者对教辅图书的购买决策更为谨慎,所用决策时间是传统图书的 5 倍以上。项目组终端调研发现消费者购买一本教辅书的平均时间在 5 分钟以上,远远超过购买传统图书所用时间。

二是相比传统图书不用对比就选择,消费者选购教辅图书时,平均对比 4 本竞品才会做决策,并且会来回翻阅 4 本以上的图书,每本图书的停留时间都在 1 分钟以上。

除此之外,跟大部分的购买场景一样,教辅图书的消费者有两种:有明确需求的、没有明确需求的。

有明确需求的，进店就购买，这类消费者要么是已经用惯了某个品牌的教辅图书，要么就是通过老师或同学的推荐或指定购买。没有明确需求的，这类消费者往往在终端完全不知道怎么选择教辅图书，没有挑选教辅图书的标准。

对没有明确需求的消费者来说，教辅图书的封面在终端货架体现的作用更为明显，哪一个封面可以提供更加完善的购买理由、购买指南和购买指令，消费者就会更倾向于选择哪个教辅产品。因此在品牌战略定型之后，项目组上手的第一件事就是给天星教育的图书产品"改封面"。

说是"改封面"，实际上是从产品购买理由、价值体系提炼、购买指令规划，再到产品包装设计，一整套的产品再开发工作。

以天星教育高考教辅产品《高考基础双练》为例，项目组首先和天星教育产品部门的同事深入沟通，了解产品的基础特点——这是一本针对基础题的高考一轮总复习图书，图书创新性地按教材知识点和高考考点两个顺序从头到尾地给考生梳理知识，打牢根基。

第 4 章　天星教育

通过一系列调研，项目组为这款产品开发了完整的话语体系和全新的封面视觉体系。

封面设计上，我们放大了"基础双练"的产品名，设计了既能表达"双练"，又能表达胜利的"V"手势作为封面的视觉符号，由此在书店获得极大的货架优势，消费者远远地就能看到。同时，项目组为产品重新开发了购买理由——"要想提分快，多拿基础分！"

购买理由是心理上的打动机制，是和消费者对暗号，对上暗号，引起注意，触发行动。高考生的暗号是什么？项目组发现一轮复习时，高考生普遍会更重视基础分，原因在于：

- 基础题有一定的套路，通过刷基础题可以在一轮复习阶段高效掌握知识点；

- 基础题在高考中分值比重很大，占比接近80%；
- 在考试中基础题花费时间少，得分速度快。

由此项目组挖掘了"提分快"这个无论差生、中等生、优等生都能有所反应的"超级暗号"，形成了"要想提分快，多拿基础分！"这一购买理由，用"提分快"唤醒消费者，用"多拿基础分"提供解决方案。

通过《高考基础双练》的设计再开发，项目组为天星图书统一了封面三大固有部件：

一是右下角的超级符号，天星老师就是天星所有图书的第一品牌代言人，所有图书都要统一标配；

二是左上角的天星标志和品牌谚语组合，通过一本本图书不断强化"下课练天星"的行动指令；

三是中间和左下角的产品信息区，放大命名、购买理由，以及关

152

键价值信息，让顾客的决策依据一目了然，通过阅读封面信息就能做出购买决策。

封底上方是"为什么好题在天星？"的天星教育企业实力背书，形成所有图书的固有部件。封底的中间是这本书的产品科学信息区域，围绕购买理由提供三大证据链：

- 高考考试分值中，容易题和中档题组成的基础分占比达80%！
- 各省高考基础分分值高于本科分数线，拿下基础分，稳过本科线！
- 1练教材知识点，2练高考考点，双练才能0遗漏，彻底练透基础题！

由此形成信息炸药包，让购买者拿着封面畅快阅读，坐着滑梯，一路滑到收银机。而封底则形成购买指南——"高考倒计时，先看天星刷题表"。购买指南，是解决怎么选、选哪个的问题，目的是降低消费者购买的决策成本。

由此项目组围绕"高考"整个复习时间节奏开发了"天星刷题表",将高考总复习各个时间阶段对应的天星教辅图书形成一张表,学生再也不用担心不知道怎么选复习资料了,看看表就能知道。

这样通过"天星刷题表"这个平台,天星在卖任何一本书的同时,也都在为其他书做宣传,充分实现流量互通。

书脊也划分为三个区域:

- 上方天星教育的花边和品牌标志形成所有书的标板,这样在终端货架上可以形成阵列优势。同样这也是重复行为积累的品牌资产储蓄罐——时间长了,消费者就知道这块有星星花边的是天星教育的书,是品质有保证的书。总之是起到统一归口于品牌作用的。

- 中间是产品名和核心基础信息,方便消费者在书架上也能快速寻找,同时在有限的空间内再次下达拿起指令——"提分策略,先看封面"。

- 下方则是固定的主编和出版社基础信息。

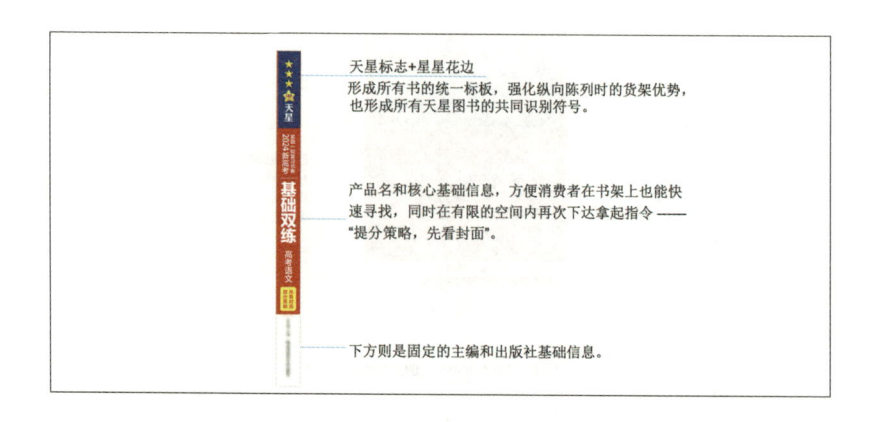

天星标志+星星花边
形成所有书的统一标板,强化纵向陈列时的货架优势,也形成所有天星图书的共同识别符号。

产品名和核心基础信息,方便消费者在书架上也能快速寻找,同时在有限的空间内再次下达拿起指令——"提分策略,先看封面"。

下方则是固定的主编和出版社基础信息。

第 4 章 天星教育

通过这样一套产品再开发的逻辑和方法，华与华和天星教育项目组在过去合作的一年中共计为天星完成了 13 款产品的完整话语体系及符号系统的再开发，逐渐让天星教育的每一个产品封面成为高效的品牌和产品价值传递的媒介，并且相互之间互为流量。

在《高考基础双练》《一遍过》《高考 45 套》等包装方案成型之后，杜总也给出了统一的反馈："很满意，20 年前我最开始做教辅时就是把卖点都放到封面上的，后来产品部做着做着就把卖点设计没了。"

3
全媒体化工程，让天星品牌无处不在

可口可乐历史上的传道者哈里森·琼斯在 1923 年曾经这样说："让我们把远离可口可乐变成不可能发生的事情。"

截至今天，可口可乐品牌诞生 138 年了，其间无论广告的媒介环境怎么变化，有一个营销动作是可口可乐持续在做的，并且这个营销动作非常有效地帮助这个品牌在早期就提升了知名度，那就是大量制作全面媒体化物料：海报、路标、日历、餐厅碗碟、闹钟、铅笔、学生书签及冷饮柜的玻璃盘子等生活用品，消费者在反复使用的同时记住了可口可乐！据统计，可口可乐仅 1 年的品牌周边就足够供全美人民使用上几年的时间。

回到图书教辅行业，该行业特点之一就是它的目标受众非常集中，因此项目组提出要着重针对"两室一店"投入大量的全面媒体化物料，即学生教室、老师办公室、校园周边书店，通过无处不在的品牌信息建立自己的品牌。

首先推进的是针对校园周边书店的全面媒体化，而其中最重要的一个动作抓手就是"刷门头"。因为大部分校园周边书店位于市内核心位置，集"目标客户与意见领袖——学生与老师""销售场所——书店""品牌推广阵地"三者于一体。

天星教育通过"刷门头"的"门头战略"为终端书店提供了更好的"街道货架优势"，终端书店强化了天星教育在校园周边的品牌影响力，同时匹配天星教育在营销方面给到的资源支持，让合作的校园周边书店获益更多！

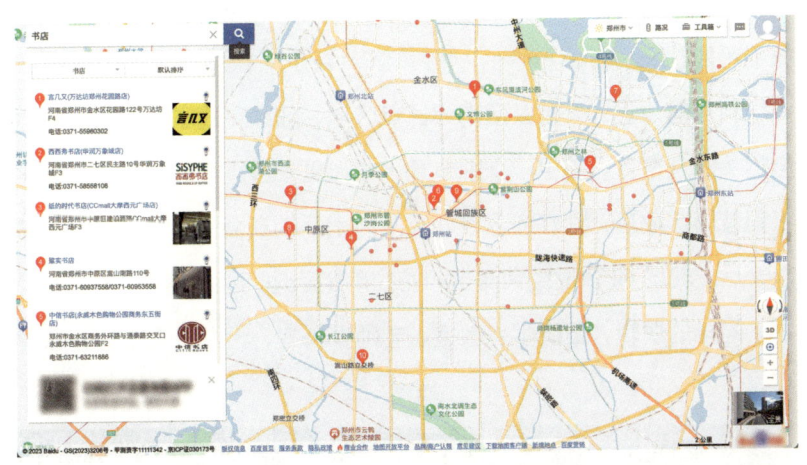

△ 郑州书店分布图——大部分集中于市内核心区域

华与华认为，街道就是货架，门头就是海报，门店在争夺来往街道的顾客的注意力。天星的门头在有限的空间内放大超级符号和"天星高考"，强化以高考为切入点的品牌战略，同时放上品牌谚语和"教室黑板"的超级板式，让所有人经过时一瞥也能留下深刻印象。

针对合作的校园周边书店，我们还分别开发了标准物料包，包括核心产品海报、完整的天星刷题表购买指南和一系列带有品牌露出的地贴、楼梯贴、学段牌，把"进入书店看不见天星的品牌"这件事变成不可能。

到目前为止，天星以河南为试点区域，陆续完成了重点高中校边店门头的全覆盖。其中一个细节是：在天星教育终端书店全面媒体化工程首店落成后，刚好赶上召开天星河南经销商会议。参观过样板书店之后，现场60多位经销商当即签约确定落地门头战略。

同样的逻辑，围绕学生教室、老师办公室，天星教育也通过售卖

158

或赠送的方式将实际需要的各类用品送到学生和老师手中,以此不断提升品牌知名度。

4
战略定心"天星高考",聚焦企业资源

大部分企业总想做大,倾向于什么都想要,什么都想要就什么都想伸手,总想扩张到其他地方,这也是企业家的天性!华与华的经营哲学是"修不败兵法,不要追求最好结果,要追求最不坏"。

换句话说,就是有一块是我非要不可的,最低限度是我只要这块也行,但我必须确保这一块是属于我的,是别人不可撼动的。

经营企业所追求的,既不是规模,也不是利润,而是"不可撼动",建立不可撼动的市场价值,哪怕只有一千万元、一亿元的规模,但是谁也无法撼动,这钱我要挣,就谁也抢不走。不要做到虽有

百亿元、千亿元、万亿元的规模，但风一吹就倒了。

这就是《华杉讲透王阳明传习录》中所说，我哪怕只有四两，也是百分百纯金，不要有七八千斤，但全是破铜烂铁。这"不可撼动"必须一直保持，任何诱惑都不能撼动"不可撼动原则"。然后，随着日日不断，滴水穿石，如果建立的价值是真正主流的、先进的，就能把所有竞争对手都边缘化，一统天下，好处占尽。这就是孟子说的王道，王天下易如反掌，就是一以贯之的时间积累而已。

在盘点天星教育的业务和产品时，项目组遇到的最大问题就是天星教育的产品太多，据天星官网展示，天星教育的产品涵盖整个K12教育阶段——小学、初中、高中，从产品线上也分为金考卷、试题调研、教材帮、一遍过、疯狂阅读、疯狂作文、恐龙迷童书馆、艺考生文化课抢分密码、高考题库。

这既是天星教育多年积累的优势，也是天星教育在塑造强势品牌方面的劣势，延续到营销推广端就面临着多产品推广，缺少产品分级的问题，多少造成了营销动作的重叠乃至浪费。

为了解决这一问题，我们结合天星教育自身的资源禀赋，以及教辅市场的竞争环境（中考、小学等层面都已经有相对强势的教辅图书品牌，高中阶段同样存在多个品牌在发力，但是天星教育在高考乃至高中阶段的占有率和影响力稳居前列）。

我们为天星教育提出了"聚焦高考"的战略，并专门策划"高考考情大会"，强化天星在高考领域的影响力。

开发服务于行业及社会的公关产品——"高考考情大会"

华与华认为，所有行业都是咨询业，所有公司都是咨询公司。只是狭义的咨询公司收咨询费，广义的咨询公司把咨询转化为产品和服务来收费，或者提供免费咨询，用产品收费。

对教辅品类来说，首先经营的就是知识，更准确的说法是"考情"知识。当前的教育体系，通过考试为社会筛选人才是重要的方式，那么针对考试的信息就是重中之重。一方面是教育政策、资讯在实际教育推进中的落地抓手；另一方面也是广大师生复习备考的依据，需要上通下达。

天星教育从1998年创办之日起，就以"让优质教育资源更均衡"为企业经营使命，26年来始终秉持初心，贯彻解读考情信息的优良传统，先后创办天星教育网、天星教育研究院、教材帮大会等考情服务平台并推出了相关教辅图书。

由此，项目组为天星教育策划了公关活动产品"高考考情大会"，

协助教育机构去传递考情信息，推广考情信息，让更多教育者、受教者获得更好的教育信息资源。

华与华也认为，公关就是企业为社会开发的服务产品，要用产品开发的思维来做公关。而"高考考情大会"就是天星教育为社会开发的免费服务产品，主要服务三方人群：

命题方（教育部、命题专家）——服务于最新的高考政策、人才选拔政策的普及；

辅考方（学校、老师）——服务于拆解最新命题动向、科学安排教学备考；

备考方（学生、家长）——服务于应对高考的备考方法、心理状态和专业选择等。

高考可能是我们国家除了春节以外最大的文化母体，也是全国人民最大的"共情"时刻！在6月7日开始高考，这一时间从2003年就固定了下来，每到这个时候所有人都会"卷"入高考的文化母体当中去。高考期间，专项政策强势护考：考点周边交通管制、禁止鸣笛、货车改道、公交站点临时位移或封站、装修停工；而且全民自发助力高考：爱心车辆接力、考场加油祝福……全国人民都在这一时刻用实际行动助力高考。

而"高考考情大会"就确定在每年6月10日启动，因为随着新高考政策的推行，各地的高考时间略有不同，不过最长的高考时间到6月10日也就结束了，选择"6月10日"就是想要传递"高考考情大会"最及时、最稳定的价值，同时华与华也为"高考考情大会"策划了会议 logo 和活动口号："每年 6 月 10 日，锁定高考趋势。"

2023 年 6 月 10 日，由华与华和天星教育共同策划的公关产品"2023 高考考情大会"顺利举办并在全网免费直播。

权威教育专家、全国百校名校名师、全网学科名师在这一天齐聚一堂，在 2023 年高考之后第一时间共同为全国各地的老师、学生和家长进行高质量的考情解读。

同时，6 月 11 日 10:00—18:00 及 6 月 12 日 18:00—22:00，天星在百度、抖音、视频号、B 站、小红书、快手、微博等平台进行新高考 I 卷和全国乙卷语、数、英三大学科的试卷详解。天星也以此为开端，推进了一系列的备考会活动。

通过考试筛选人才依然是当前最主要的方式，在今天教育资源不均衡依然客观存在的背景下，天星教辅图书、天星高考考情大会让学生学习更高效，让老师教学更轻松！

从 2022 年 8 月开始，在一年多的时间里，华与华为天星教育完成品牌定型，让有 26 年历史的教辅大品牌焕然一新，并嫁接高考文化母体，聚焦高考教辅领域，夯实了天星教育的战略基本盘。

2022 年底，天星品牌谚语、超级符号对外发布，官方公众号评论好评率达 95% 以上。相比 2022 年，在教辅图书行业品牌营收普遍下滑的情况下，2023 年天星教育逆势增长！

华与华方法

营销的两种价值观

华与华认为，营销有两种价值观：

一是利用信息不对称，消费者不需要了解真相，也不懂得产品科学，我只需要占领他的心智，蒙住他的眼睛，牵着他的手，让他选择我。

二是让信息对称，假如信息对称，假如消费者是专家，懂得产品和服务的一切真相，他就一定会选择我！

华与华历来推崇第二种营销价值观，并且不懈地推动信息对称。在信息对称的情况下，必定会有最好的产品和服务。所以营销的本质是一种服务，给顾客提供信息和咨询服务，它的背后是价值观。

天星教育做的就是让信息对称！把一本书的核心价值提炼出来后，尽可能地都呈现到封面上，让消费者在没拿起来的时候就看到，拿起来的时候就能看明白。

华与华用营销价值观助力天星教育冲破中国最大的行业"内卷"。明确单品牌战略，从多产品并举到统一归属于天星教育，在每年上亿册的图书封面上建立品牌，推动信息对称，让更多人用上天星教育的高质量教辅图书，刷新教辅图书行业的营销方法。

第5章

牛大吉

战略涌现，创业伙伴

——华与华用"订阅制咨询服务"陪伴创业企业实现从0到1的标杆案例

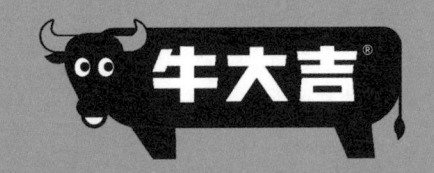

案例点评语

我觉得其实我们很多人都学了一些半截理论，什么叫半截理论？所有品牌理论和营销理论都是半截理论，因为它属于应用学科，不是基础学科。底层的战略学问，我觉得还是迈克尔·波特的五力模型。

我经常听到一些人一讲企业战略就要讲一个新的模型，而这个新模型往往是对标和取代五力模型的，这些新模型我都听不懂。但是五力模型在我们每一个客户、每个案例上都能够得到印证，事实上牛大吉的吴总创业的过程就是这样的。他从养牛到牛肉交易，然后到生鲜牛肉，再到牛肉饭，可能从来没有一个卖牛肉饭的人像他这样对整个上下游的产业链全部摸过一遍，而这就形成了他的成本优势。

同时在开店的时候，你发现是没有限制的，这个社区里什么东西好卖，这个店里面就都可以卖。这就是五力模型里面的替代者和新进入者，是另外两个力的思考。你可以用零售的终端资源进入别的领域，替代其他商品的销售者。

明茨伯格的《战略历程》这本书里着重提到了战略形成过程的管理，进入某个领域其实就是开始了一段学习，然后在学习的过程中战略会不断地向你走来，它会涌现出来，在涌现的过程中去管理形成的过程。华与华的关键词就是订阅制，不是订单制，因为华与华也是更在意过程的管理。

华与华营销咨询创始人　华杉

第 5 章　牛大吉

牛大吉的创始人吴海金先生，是一位具有超前思维的工科生、野心勃勃的 90 后创业者。在大学期间，他就敏锐地意识到未来互联网将会从手机、电脑中走出来，用互联网技术赋能改造传统行业才是未来的趋势和创业机会。

带着这样的洞察，吴总找到了产业规模庞大、上下游两端分散的牛肉行业。用迈克尔·波特的五力模型来解释，上游供应链和下游顾客分散，你的议价能力才够强，进而才能用互联网技术提升产业效率。于是他毅然决然辞职回到贵州老家养牛，并在此期间跑遍了国内的养牛区。上游的实践让他发现牛肉产业的流通效率极低，而交易成本又太高，于是他转换思路开始从下游入手做面向消费者的生意，到社区楼下开店，把牛肉直接卖给消费者。

找到华与华时，他已经在深圳、广州和贵阳等地开了 100 多家鲜牛肉店，也就是牛大吉的 1.0 模式。

2019 年，吴总带着完整构建牛大吉品牌的迫切需求找到华与华，在没参观过华与华公司、仅凭与华与华合伙人打了一通电话的情况下，就直接交付了 200 万元定金开启了双方的合作，这在华与华的合作客户中很少见。2021 年 3 月 16 日，双方在深圳牛大吉总部正式签约，开启合作。

截至目前，牛大吉已经成为国内领先的牛肉产品社区连锁零售品

△ 与华与华合作前的牛大吉1.0门店

牌,以"让中国人爱上吃牛肉"为经营使命,在城市社区开设牛肉工坊、牛肉饭、牛肉面等店型,为社区居民提供鲜牛肉、预制菜和各类现做的牛肉小吃快餐,受到广大消费者的喜爱。

牛大吉在深圳直营门店已经突破100家,被深圳人民亲切地称为"牛肉饭大王",并于2023年10月10日开放了广东省的加盟,仅在总部举办的第一场招商会现场就签约40家门店,牛大吉正在以蓬勃之势快速发展。

牛大吉案例,是华与华服务"创业企业"从0到1成长的代表案例。一个创业企业,应该怎么做自己的品牌顶层设计?如何一次做对,一次做全?又该怎样对未来进行战略规划呢?

1

华与华订阅制咨询服务模式，
咨询的价值在于管理客户战略形成的过程

90多年前，麦肯锡发明了咨询业；90多年后，华与华重新发明了咨询业。在2023年9月19日西贝与华与华合作十周年庆典上，华与华重磅发布了服务客户的最新实践成果：订单式的咨询不成立，华与华开创订阅制咨询服务模式。

"订单式咨询"是指客户向第三方公司下达了某个工作任务的订单，如规划一个战略、给一个定位、做一场活动等，订单成果一旦交付，服务也随之停止，而在华与华看来，这样的咨询方式是不成立的。

首先，咨询的本质是要服务客户的整体生意，而非局部的、碎片的工作。华与华认为，所有事都是一件事。企业家要考虑所有事，只有一个大脑，一个团队，一次成型、一次做全、一次做对，才没有脱节、没有遗漏、没有死角。战略、营销、品牌、产品、广告，也都要在一个体系里完成。

其次，咨询要着重管理客户战略形成的过程，而非简单地制定和执行战略，咨询的价值在于过程。这背后的原因是华与华对战略的根本认识：战略是涌现的。

明茨伯格在《战略历程》这本书里介绍了十大战略学派，并将这十大战略学派分为三种类型：第一种是制定战略，执行战略；第二种是把战略视为一个学习和涌现的过程，着重对战略形成的过程进行管理；第三种是前两种的结合。

其实当我们制定一个战略要做什么的时候，我们只是确定了一个学习的方向而已。在这个过程中我们不断地学习、摸索，其他的战略就会自己涌现出来。我们无法在一开始制定一个战略，然后就一直去执行。因为企业的经营是连续的，企业本身是一个不断变化的生命体。所以，订单式的战略咨询是个伪命题，并不成立。

华与华服务牛大吉三年时间，从品牌定型到企业战略的不断涌现，从产品开发到三代店型的持续探索，华与华用"订阅制咨询"模式陪伴牛大吉在深圳从 1 家新模式门店发展到 100 家并仍在快速扩张。因为牛大吉是创业企业，战略涌现的过程更快更频繁，我们和客户面临的挑战，不是简单的业绩增长，而是从 0 到 1 探索和构建商业模式。

近三年的共同创业，牛大吉对华与华产出的工作成果"照单全收"，这更体现了咨询的价值在于过程，是华与华订阅制咨询服务当之无愧的标杆案例。

2

社区店型探索，一企一策

为什么华与华看似平平无奇的创意，却总能大获成功？这背后正是华与华最为重要的一条哲学：目的哲学。华与华做的每一个方案，做的每一个符号，都是服务企业的最终目的。

对牛大吉这样的创业企业而言，将想法快速落地为现实，再不断打磨门店模型，是这个阶段最重要的目标。在签约刚满两个月时，项目组就遇到了第一个挑战：牛大吉要在一个月内开一家全新版本的2.0门店。

当时牛大吉所有门店都是只售卖鲜牛肉的1.0门店，也就是纯生鲜模式。生鲜虽然是刚需且交易稳定，但存在一个巨大的问题就是尾货。备货少了不够卖，备货多了卖不掉、损耗高。友商通常的做法是当天打折处理，从而甩掉成本，但最后一算，利润往往也被吞噬大半。

而吴总想了一个办法，就是把当天的尾货拉到工厂做成高品质的牛肉丸再返回门店售卖，不但能大大降低损耗，还能给门店创收。再后来，吴总发现很多社区消费者嫌自己买卤料卤牛肉麻烦，希望牛大吉能够帮忙把肉直接卤好。门店试卖后，反响热烈，并且卤牛肉比鲜牛肉的利润更高。

这时一个大胆的想法冒了出来：如果牛大吉的门店除了售卖鲜牛肉之外还售卖牛肉丸、卤牛肉甚至其他牛肉美食，岂不是更赚钱？这就是牛大吉 2.0 门店需求的由来。

当客户给到需求的时候，项目组当时就犯了难，因为华与华从来都是要经过三四个月的调研和闭关创作后才会进行首次方案提报，几乎没有在首次提报之前就要帮客户出策略和做设计的。因为"笔下有财产万千，笔下有人命关天"，没有经过充分的研究和论证就出策略，是对客户生意不负责的表现。

经过多次沟通，在客户强烈的需求下，再加上创业不等人，商机不等人，我们的最终目的也是服务客户的生意，所以在牛大吉首次提报前，我们就开始协助客户制定策略、输出设计，本着一分钱主义的精神，能赚钱就立马干。

牛大吉 2.0 门店的概念有了，但生意是否成立？产品结构该如何规划？这些关键问题都需要验证，华与华首先针对牛大吉所在的社区商业环境进行了详细的调研和分析。

牛大吉商业模式的本质是"替代"

企业早期的资源禀赋主要来自创始人,牛大吉的创始人是互联网产品经理出身,企业高层也均来自各大互联网公司。敏锐的商业洞察、互联网思维和算法技术优势,能不断提升社区零售的效率。

华与华认为,4P营销组合＝1P＋3P,先确定其中1个P,再组合另外3个P,用1P驱动3P。西贝的成功,首先是2013年购物中心的崛起,渠道红利带来了产品的变化。

△ 4P营销组合

牛大吉所在的社区渠道仍有很大的价值空间,其博弈的激烈程度也远小于购物中心,因为社区门店大多还是由夫妻店和较低质量的加盟店构成的,连锁化品牌的占比相对较低。牛大吉可以凭借自身的资源禀赋入局,成为社区商业环境中的"替代者",通过一套独特的经营活动实现总成本领先。

第 5 章 牛大吉

```
          牛大吉的资源禀赋        契合度        社区的本质特征

                  产品研发模式                    ①便利性
                     产品                        社区截流：获客成本更低
                                                ②场景化
   数字化流通体系    ①创始人互联网思维            时间同频：产品开发更有针对性
           供应链   ②数据算法等    渠道  门店选址模型   ③人情味
                    技术优势                     人际交往：用户维护成本更低
                                                ④定制感
     电商与用户链接   用户    组织   店务数字化管理   产品属性：用户体验感更好
     客户智能化运营          管理
```

牛大吉商业模式的本质，就是充分利用社区商业的红利（流量红利、产品品质红利），充分发挥自身的资源禀赋（互联网思维、算法技术优势），不断提升社区零售效率，替代社区内其他落后业态。

在"替代"的商业逻辑下，牛大吉可以在原来已有的鲜牛肉基础上，增加各类产品以提高坪效和营收。至于具体增加什么产品，可以直接统计社区商业环境中什么产品或品类销量高，结合实际的操作成本，跟进售卖就可以了。比如，社区有卤菜店，那么我们就可以卖凉菜；社区有快餐店，我们就可以卖牛肉粉面饭；社区有面包店和小吃店，我们就可以卖牛肉菠萝包和牛肉小吃……

这也是华与华所说的"要五力博弈思维，不要竞争思维"，企业的经营就是和"上游供应商""下游顾客""同行现有竞争对手""新进入者""替代者"这五个维度之间的博弈。如果只研究现有的竞争对手，即使研究到了满分，也才 20 分。而替代者往往防不胜防，所以在思考战略的时候，可以多去想想我能替代谁。

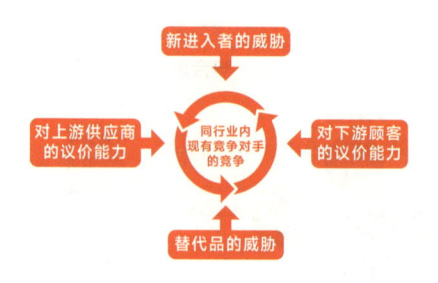

△ 迈克尔·波特五力模型

命名即战略：命名就是成本、召唤和投资

明确了牛大吉商业模式的本质，那这样一家既卖生鲜又卖快餐的门店该如何进行品类的命名，如何用一个准确的词语告诉消费者"我是什么"？

经过研究，项目组最终决定命名为"牛肉工坊"，"工坊"一词本义与作坊很相似，是从事手工业生产的场所。用牛肉体现产品的原料特色，用工坊体现产品在门店手工现做的品质。理解、记忆和播传成本低，同时也直接体现了牛大吉新鲜现做的独特价值。

牛大吉 牛肉工坊

品牌名
牛大吉本身就是个好名字，
简单易记，有亲切感

品类名
· 理解、记忆和传播成本低
· 直接体现门店的独特价值
① 牛肉主题产品
② 手工现做，匠心
③ 高品质，精致感

确定了"牛大吉·牛肉工坊"的命名,项目组在开业前还为 104 款产品设计了包装,因为华与华深知包装对门店销售和消费者体验的重要性,我们绝不会在关键的出品效果上妥协。

△ 研究牛大吉 104 款产品

2021 年 5 月 17 日,牛大吉、第三方空间设计和华与华团队经过 12 个小时的讨论,最终确定了 2.0 门店的空间、后厨设备和产品的全套方案。最终经过两个月紧锣密鼓的筹备,在 2021 年 7 月初,牛大吉 2.0 牛肉工坊门店开始试营业,营业额连创新高,在深圳的社区也引起了轰动。2.0 门店策略方向正确,项目组也大受鼓舞,全身心地投入首次方案提报的筹备中。

首家2.0门店开业

  咨询的价值在于过程。华与华对客户的原则很简单："给钱就干，不给钱不干；什么时候给钱什么时候干，什么时候开始拖欠就什么时候熔断。"所以从牛大吉付钱的那一刻起，订阅制咨询服务就已经开始，即使没有首季度提案，我们也会不遗余力地为客户创造价值。

3
品牌定型，构建顶层设计

铁打的品牌，流水的战略。对任何企业而言，战略是不断涌现的，商业模式和经营活动可以动态调整，但品牌必须尽早定型，否则就无法高效积累品牌资产。

牛大吉是新品牌，品牌顶层设计一定要固定下来。但牛大吉每时每刻又都在发生新变化，2.0 牛肉工坊店也只是变化的开始。那么，牛大吉该怎么做品牌顶层设计呢？

对于品牌顶层设计，华与华的起手式就是品牌三角形理论。华与华品牌三角形模型有三条边，即"产品结构""话语体系""符号系统"，没有任何一件关于品牌的工作不在这三条边之内。要系统地建立一个完整的品牌，首先要画好品牌三角形。

△ 华与华品牌三角形模型图

品牌谚语与宏大的社会叙事相结合
让中国人爱上吃牛肉

牛大吉·牛肉工坊的品牌名和品类名已经确定，接下来我们要为牛大吉找到一句品牌谚语，最大化地传播牛大吉的价值。牛大吉什么都可能会变，只有卖牛肉这件事是确定的，所以牛大吉的价值就是牛肉的价值，牛大吉的身份就是牛肉行业的首席知识官。

人人都吃牛肉，人人都知道牛肉好，但牛肉到底好在哪里？该传播什么核心价值？

根据科学研究，牛肉营养价值很高，但主要是蛋白质含量高，脂肪含量低，简单说，吃牛肉有助于增肌。

而在大众认知里，吃牛肉比吃猪肉更容易让人变强壮。中国人摄入的肉类以猪肉为主，西方以牛肉为主。很多人认为"西方人长得高

"肉中之王"牛肉的营养价值

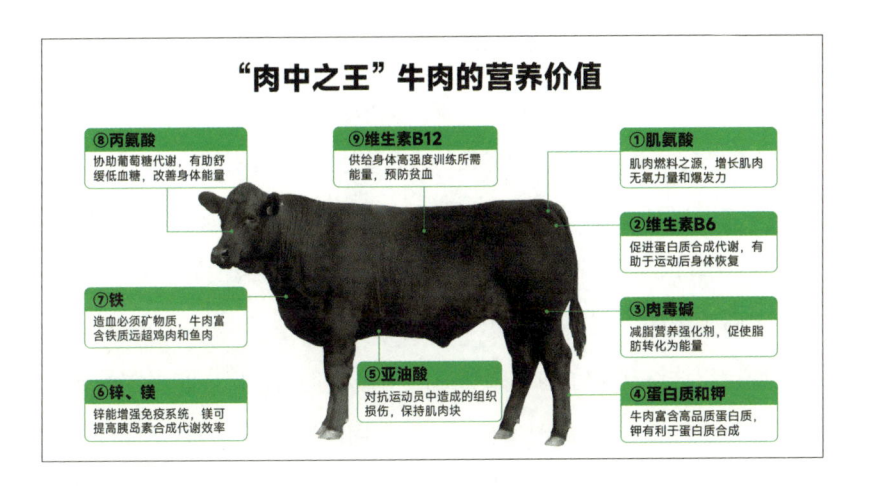

⑧ 丙氨酸 协助血葡萄糖代谢,有助舒缓低血糖,改善身体能量

⑨ 维生素B12 供给身体高强度训练所需能量,预防贫血

① 肌氨酸 肌肉燃料之源,增长肌肉无氧力量和爆发力

② 维生素B6 促进蛋白质合成代谢,有助于运动后身体恢复

⑦ 铁 造血必须矿物质,牛肉富含铁远超鸡肉和鱼肉

③ 肉毒碱 减脂营养强化剂,促使脂肪转化为能量

⑥ 锌、镁 锌能增强免疫系统,镁可提高胰岛素合成代谢效率

⑤ 亚油酸 对抗运动员中造成的组织损伤,保持肌肉块

④ 蛋白质和钾 牛肉富含高品质蛋白质,钾有利于蛋白质合成

大强壮是因为常年吃牛肉""从小给孩子吃牛肉就能长得壮、长大个儿",甚至有足球迷调侃"输球是因为体力跟不上,吃猪肉的没有吃牛肉的体力好"。因此,我们提炼出"强壮"这一最核心的价值。

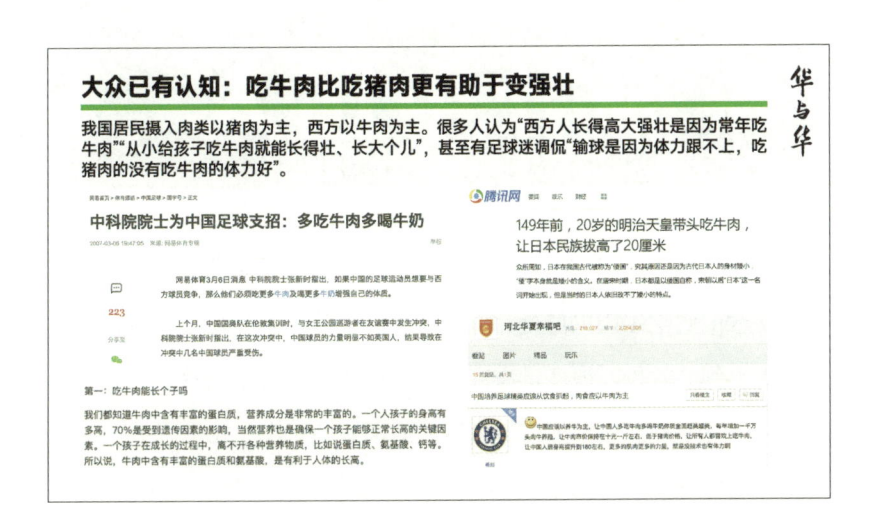

大众已有认知:吃牛肉比吃猪肉更有助于变强壮

我国居民摄入肉类以猪肉为主,西方以牛肉为主。很多人认为"西方人长得高大强壮是因为常年吃牛肉""从小给孩子吃牛肉就能长得壮、长大个儿",甚至有足球迷调侃"输球是因为体力跟不上,吃猪肉的没有吃牛肉的体力好"。

中科院院士为中国足球支招:多吃牛肉多喝牛奶

据体育讯3月6日消息,中科院院士张新时报出,如果中国的足球运动员想要与西方球员争夺,那么他们必须吃更多牛肉更多牛奶的增强自己的体质。

上个月,中国国奥队在伦敦集训时,与女王公园巡游者在友谊赛中发生冲突,中科院院士张新时报出,在这次冲突中,中国球员的表现毫不逊色与英国人,结果导致放在冲绳中几名中国球员严重受伤。

第一:吃牛肉能长个子吗
我们都知道牛肉中含有丰富的蛋白质,营养成分是非常的丰富。一个人孩子的身高有多高,70%是受到遗传因素的影响,当然营养也是确保一个孩子能够正常长高的关键因素。一个孩子在成长的过程中,离不开各种营养物质,比如说蛋白质、氨基酸、钙等。所以说,牛肉中含有丰富的蛋白质和氨基酸,是有利于人体的长高。

149年前,20岁的明治天皇带头吃牛肉,让日本民族拔高了20厘米

众所周知,日本作为古代传统东亚人种,身高总体偏矮小。究其原因是因为古代日本人的饮食结构小"瘦"字不含身高显然小的含义。存故事中的"矮",日本明治医师曾记载这样一个细节,他记述过"日本"这一名词所蕴含的,但是那时的日本人展示不了真正的身体。

中国消费者反映猪肉虽然从饮食习惯,有食品以以牛肉为主。

事实上确实如此，根据发达国家的经验，经济富裕后人们对高蛋白的牛肉需求更大，牛肉消费量会显著提升，并逐步改变饮食结构。中国人的饮食结构也会逐渐完成升级，增加牛肉食用的比重。

罗兰·巴特曾说："商业动机不是被掩饰，而是被放大，与时代的宏大叙事相结合。"牛大吉就应该顺应国民牛肉消费升级的大趋势，传播牛肉的价值。

项目组详细研究了与牛肉类似的牛奶在美国、日本和中国的普及过程，发现大众对"每天一杯奶，强壮中国人"的口号耳熟能详，所以牛大吉的品牌谚语直接套用了这个句式——"每天吃牛肉，强壮中国人"。

每天吃牛肉
强壮中国人

这句话落地到招牌上后，直接下达行动指令，能让社区居民路过门店就意识到吃牛肉的好处，刺激其进店；落地到公司后竟然也起到了意想不到的效果。很多供应商和客户到牛大吉总部洽谈，一看到这句话，都对牛大吉这家规模暂时不大的创业公司肃然起敬。

第 5 章 牛大吉

华与华

每天吃牛肉 强壮中国人

1 不要说清和说服
而要直接说动
让社区居民路过门店,就意识到吃牛肉的好处,就瞬间产生进店吃牛肉的冲动,而且每天吃,直接下达行动指令。

2 与时俱进地顺应某些重大的潮流,并与时代的宏大叙事相结合
顺应饮食升级的趋势,也有追赶发达国家的民族自信,这种强烈反差,也凸显品牌的"市井雄心"。

3 以降低交易成本
将强壮的价值极大化到荒谬的极端,并且要让这样一句话口口相传,经过社会传播而成为某种意识形态,某种流行看法,某种社会共识。

用色如用兵
信号能量秒杀一条街的超级符号和超级门头

街道即货架,门店即产品。牛大吉原来的符号是一个牛 IP,小小地蜷缩在招牌顶端,并不能使门店在街道中跳脱出来,而门头又恰恰是信号能量最强的广告位。

华与华改造前　　　　　　　　　　华与华改造后

187

那牛大吉的超级符号应该怎么设计呢？不言而喻，牛大吉的超级符号最重要的是"牛"，因此我们直接选取"牛"这个人人都认识、都熟悉的动物符号进行改造。

华与华讲究"用色如用兵"，符号和颜色都要放大使用，形成压倒性优势。我们用牛的外轮廓创造了一个巨大的品牌标字空间，把品牌标字放在牛的身体中，并把牛角改为了牛大吉的品牌色——绿色，最终获得了一个独一无二且可以描述的"绿色牛角的黑牛"。

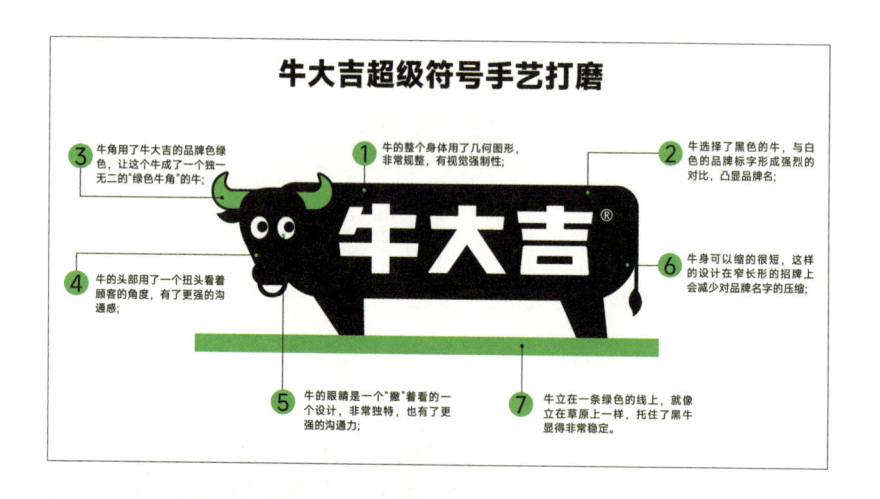

牛大吉超级符号手艺打磨

① 牛的整个身体用了几何图形，非常规整，有视觉强制性；

② 牛选择了黑色的牛，与白色的品牌标字形成强烈的对比，凸显品牌色；

③ 牛角用了牛大吉的品牌色绿色，让这个牛成了一个独一无二的"绿色牛角"的牛；

④ 牛的头部用了一个扭头看着顾客的角度，有了更强的沟通感；

⑤ 牛的眼睛是一个"瞪"着看的一个设计，非常独特，也有了更强的沟通力；

⑥ 牛身可以缩的很短，这样的设计在窄长形的招牌上会减少对品牌名字的压缩；

⑦ 牛立在一条绿色的线上，就像立在草原上一样，托住了黑牛显得非常稳定。

而黑绿的配色无论是白天还是黑夜都非常醒目，具有极强的视觉冲击力，落地后的效果更是秒杀一条街，因为它太好描述了，所以很多消费者在等人时都会说"我在小区那个大黑牛门口等你"。

第 5 章　牛大吉

4

产品开发，提升门店销售额

因为吴总是互联网产品经理出身，牛大吉产品开发的模式也是互联网快速测试迭代的方法，简单说就是用几周时间开发好几款基本成型的产品，投放到不同门店进行测试，根据数据反馈再迭代调整；而我们华与华推崇"所有事都是一件事"，习惯用几个月充分调研后从产品到包装到推广物料做成一套整体性的设计，一战而定。

牛大吉追求的是快，华与华追求的是好，所以最终的要求就变成了又快又好。

2.0牛肉工坊店开了一段时间后，我们积累了宝贵的产品销售数据，不是靠规划，而是靠消费者实实在在用钱"投票"的结果。除鲜牛肉外，牛肉菠萝包、牛肉干和牛肉粉（面、饭）都是销售主力。但这还远远不够，接下来必须持续开发产品，才能让产品结构更稳固，让门店营收达到最大化。

华与华不仅是战略咨询公司和广告公司，还是产品开发公司，所以不论是老产品翻新，还是新产品探索，从市场调研到案头研究，从产品创意到包装设计，华与华都有系统方法论，能把每一个产品开发都做彻底，一战而定。

对处在创业期的牛大吉而言，正需要这种系统且成熟的产品开发的方法论，从而大大提高产品开发的成功率。

华与华 ＝ 战略咨询公司 ＋ 产品开发公司 ＋ 广告公司

这套成熟的产品开发方法论基于华与华对产品的一个定义：产品就是购买理由。就是说我们会先想出一个购买理由，当有了购买理由就有了广告创意，有了广告创意就推出了产品开发。产品开发就是产品命名，根据命名再做出包装设计。

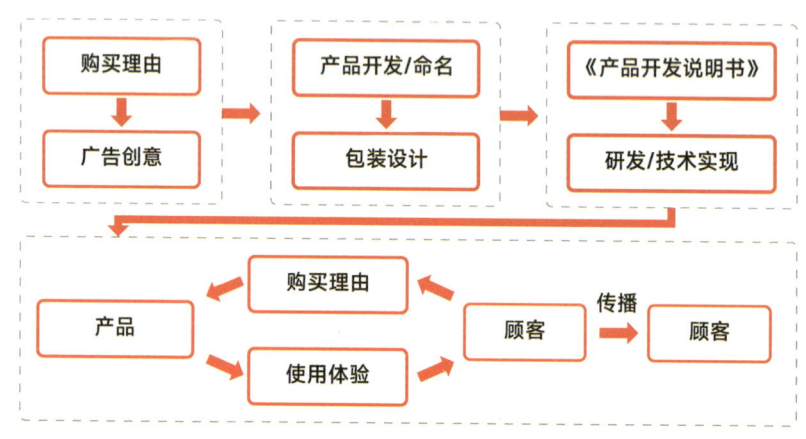

△ 华与华产品开发模型图

以牛大吉牛肉丸产品开发为例，牛大吉将当日未售出的牛肉做成熟食，实际上是增加了一个经营活动，通过这个动作，不但给牛大吉增加了收入和毛利，还减少了尾货，把握了品控，是一举三得的好办法。

寻找并确定购买理由

在对牛大吉自身的研究过程中我们发现，牛大吉牛肉丸都采用直供门店的同款鲜牛肉制成，纯牛肉含量高达 90% 以上，而且不含弹力素、不掺杂其他肉，这放在整个牛肉丸市场都属于非常高的品质。

在对牛肉丸行业的研究过程中我们又发现，在消费者认知中，"潮汕"因盛产高品质牛肉丸已成为优质牛肉丸的发源地，而"潮汕牛肉丸"也已成为高品质牛肉丸的代表。

在牛肉丸的电商平台详情页上，商家都会强调潮汕牛肉丸的产品品质和产地价值。2016 年，广东省卫生健康委员会发布的《广东省食品安全地方标准——汕头牛肉丸》中就有明文规定：只有牛肉含量大于 90% 的牛肉丸，才能叫"汕头牛肉丸"。

而牛大吉的牛肉丸恰好满足这一标准，因此牛大吉的牛肉丸就应该叫"牛大吉潮汕牛肉丸"，通过这一命名，将 90% 的纯牛肉含量这一高品质信息传递给消费者。

但命名到这一步还不够，因为"潮汕牛肉丸"传递出的是品类价值，品类价值可以进入消费者的选择范围，但还不能成为一个强有力的购买理由。

购买理由要体现品种价值，不要品类价值

什么叫品类价值呢？就是你卖的这个东西它属于哪个品类，它就具有那个品类本身的价值。潮汕牛肉丸就是品类价值，品类价值能进入选择范围，但还不能成为购买理由。

所以我们要继续去挖掘"牛大吉潮汕牛肉丸"的品类价值，这时有两个方向，一是体现优质产品品质，二是强化潮汕产地的价值。

```
       ?          潮汕牛肉丸

体现优质产品品质          强化潮汕产地价值
特级潮汕牛肉丸            地道潮汕牛肉丸
优选潮汕牛肉丸            正宗潮汕牛肉丸
精品潮汕牛肉丸            ……
上等潮汕牛肉丸
金装潮汕牛肉丸
……
```

我们通过研究发现，90%的牛肉含量不仅符合潮汕牛肉丸的标准，也符合国家对特级牛肉丸的要求[1]，而"特级"一词就是非常有价值且信号能量最强的词语，因此最终的产品命名是"牛大吉特级潮汕牛肉丸"。

---

[1] 商务部2011年出台的《SB/T 10610-2011肉丸》行业标准中对肉丸的等级划分："特级，含肉量不低于65%。"

明确产品命名

牛大吉 **特级** **潮汕牛肉丸**

品牌名　　强调高品质高含　　产地价值
　　　　　肉量的品种价值　　品类价值

当消费者进入牛大吉·牛肉工坊门店时,看到挂满橱窗的鲜牛肉,会对牛肉原料的品质产生天然的信任,因此在门店售卖的牛肉丸包装上就要强调"直供门店鲜牛肉制作",为消费者决策犹豫时提供一个强有力的背书信息,刺激消费者下单。

这体现了华与华"所有事都是一件事"的工作原则,也是订阅制咨询服务让我们对牛大吉的生意有整体性的认识和判断,在设计包装之前就对销售渠道的优势有了准确判断,而非只是基于牛肉丸的信息去设计一款单独的包装。

不仅要做视觉的设计,还要做触觉的设计

华与华设计包装,并不是只做"视觉设计",还要做能触摸到的"体验设计",因为产品的本质就是购买理由和使用体验。

包装的"人性化"和便捷性也是使用体验的一部分，这就要求我们机关算尽，从包装形式、包装材质、包装规格、是否开窗等角度一一思考并反复尝试，找到生产成本和使用体验的最优解。

最终我们通过对包材工厂的访谈、市面上常用包装材质的收集，并且进行反复对比和体验，在 PA + PE、PET + PE、哑膜 OPP + 白牛皮纸 + CPP、哑膜／PE、哑膜 + PET + PE 这5款材质中选择了"哑膜 OPP + 白牛皮纸 + CPP"的材质，这也是市面上高端雪糕的包装材质，兼顾了储存的实用性与感受的体验性。

2022年是牛大吉的产品开发元年，这一年项目组共做了17个大课题 + 小专题，先后为牛大吉开发了特级潮汕牛肉丸、现烤牛肉干、0乳糖鲜牛奶和咖啡等产品，增加了门店销售额的同时也让门店的产品结构逐步趋于稳定。同年，牛大吉所有门店均实现日营业额过

万元。

在服务牛大吉这样的创业企业的过程中,我们最大的感受就是:咨询的价值在于过程,而不仅仅是结果。

很多时候最有价值的是过程中的观点碰撞,而不是最终的提案PPT。比如,有一次吴总和项目组吃夜宵时,提出想开发鲜牛奶在门店测试。但是粗略一算,按照供应商起订量的最低要求,前期至少要投入 40 万元才能小批量生产。项目组当时脱口而出:"为什么不用市面上其他品牌的鲜牛奶直接在门店测试,效果应该差别不大。"吴总听后当即采纳。仅仅是吃夜宵时的这一句话,就让投入的产品开发成本从 40 万元降低到 4700 多元,两者足足相差 80 倍。后来,项目组根据测试结果调整了牛奶开发方向,最终牛大吉拥有了自己的鲜牛奶产品。

开发咖啡产品时，项目组不仅完成了命名、杯型、包装和助销物料等全套设计，还在市场调研时发现了极其厉害的行业洞察，顺带产出了咖啡产品的开发和选品的模型。现在，牛大吉已经有了自己的咖啡品牌。

这就是咨询过程中的巨大价值！

5

高速开店时期，推广一招"知胜"

2023 年，牛大吉迎来了快速开店的一年，每新开一家店就有一场开业活动。随着门店数量的增加，不可避免地要与更多消费者进行频繁、日常且更亲密的沟通和互动，需要花钱的延伸媒体并不适合这个阶段的牛大吉。

免费的元媒体更多是凭借平面的"绿角大黑牛"超级符号和品牌谚语在向消费者传递信号，这在信号能量、刺激反射和播传上都非常超级，但平面超级符号的互动不如品牌角色。

因此，为牛大吉创意一个超级品牌角色，成为这一阶段的关键推广动作。

创造品牌永远免费的代言人，把品牌角色寄生到大众生活中

品牌角色也是超级符号，因此品牌角色和平面的超级符号是"同源异体"的关系，品牌角色要继承并且放大超级符号已经积累下的品牌资产，一定不能"另立新说"去重新创造。

品牌角色的检验方法也非常简单，就是看到超级符号可以直接想到品牌角色，看到品牌角色也能直接想到超级符号。所以，创作牛大吉品牌角色的最佳方案，是要牢牢抓住超级符号"绿牛角"和"通体黑色"这两个最大的特点，将原本的超级符号拟人化。

要想成为一个超级的品牌角色，可爱是必不可少的条件，因为只有足够可爱，才能做到无差别"秒杀"，就像人人都喜欢婴儿一样。

第 5 章 牛大吉

我们观察了现实生活中海量各个品种的牛的照片，搜集中外所有关于牛的动画片作为参考，经过近百稿的创作，不断打磨每一根线条，最终诞生了牛大吉的超级品牌角色。

△ 牛大吉超级品牌

至此，牛大吉的话语体系、符号系统、产品结构已经初步规划完成，形成了一个完备的品牌三角形。

6
战略涌现：一个品牌，三种门店

咨询的价值在于过程，企业战略是一个学习和涌现的过程管理。市场是动态变化的，企业也是动态发展的，对创业企业而言更是这样。

牛大吉的战略涌现并未停止，虽然 2.0 模式下的牛肉工坊门店的产品结构日趋成熟，单店日均营业额均突破 1 万元，但门店仍处于不断变动和持续改善的状态中，这种变动的原动力来自消费者。

2023 年，牛肉工坊店中牛肉饭卖得越来越多，逐渐超过了营业额的一半，原本是零售模式没有坐区的牛肉工坊店，竟然顺带卖出了一个餐饮店的营业额，于是门店开始主动设置座位，吴总也开始和项目组讨论将牛肉工坊进行拆分，把生意从零售延伸到餐饮的可能性。也就是说，把牛肉饭、牛肉面、牛肉粉和咖啡等产品拿出来，分别单独开店。

牛肉饭、牛肉面和咖啡是否能单独开店？单独开店该用单品牌还是多品牌？客户内部也产生了很大困惑。

这就凸显出咨询的另一个巨大价值——辅助决策。我们知道有个成语叫"房谋杜断"，其实华与华服务客户，很多时候除了"谋划"，还能帮企业家"决策"，帮助客户"临大事，决大疑"。有句话叫"千难万难，决策最难"，企业家是孤独的，每天要进行大量的决策却没有人可以一起商量，而咨询公司恰恰可以从外部视角为企业家提供决策依据。咨询的价值在于决策，而不仅仅是提供方案。

首先，这涉及营销的"占柜策略"。"柜"指柜台。在快消品营销中，终端柜台陈列的产品越多，所占面积越大，被消费者看到并最终选择的概率也就越大。所以各大快消品品牌通常开发多种系列的产品，直接购买柜台资源，尽可能多地占领柜台陈列面，这也就是为什么宝洁要在一个货架上同时卖海飞丝、飘柔、潘婷、沙宣等多个品牌的洗发水。前面说过，街道即货架，门店即产品。在街道这个货架上，牛肉面和牛肉饭同时开店，被消费者选择的概率肯定会更高。

其次，按照定位理论，牛大吉品牌做牛肉工坊、牛肉饭、牛肉面甚至咖啡是不对的，一个品牌要聚焦某一个品类，不能做延伸。但从生意的角度来讲，拆分去单独开店没有问题，因为街道上已经有各种各样的快餐店和饮品店，哪怕是普通的夫妻店生意也很好，难道会因为都叫"牛大吉"这一个名字，消费者就不进店了吗？消费者在意的是吃牛肉粉还是牛肉饭，根本不在意这两家店是不是用一个品牌。

华与华认为，品牌要遵循社会监督原理：品牌不仅是一种商业思想，还是一种社会机制。品牌是手段，社会才是目的。经济学用博弈论来讲品牌：品牌是企业为了给消费者提供惩罚自己的机会而创造的一种博弈机制。

企业建立品牌就是为了方便顾客和社会监督，把企业的一切工作都放在顾客和社会监督之下，方便我们发现并改正错误，及时释放风险。

所以说品牌是一个代号，同时也是一种责任，做得不好消费者会找你麻烦，有名字也方便消费者追责，就是这样朴素的道理，却有很多人被似是而非的定位理论误导。

因此，华与华坚定地建议牛大吉单独开店，并且就用牛大吉这一个品牌。吴总也非常认可，坚定地把牛肉工坊拆分成牛肉饭门店和牛肉面门店，就开在同一条街道，甚至最近的门店仅一墙之隔。

事实上，拆分之后，牛肉饭、牛肉面和咖啡店都取得了成功，甚至三家门店之间还会导流消费者。拆分之后的牛大吉，商业模式更稳固，成本结构也更轻便，为大规模复制扩张创造了条件。

截至目前牛大吉已签约200家门店，正在以蓬勃之势快速发展。相信不久的将来，牛大吉会成为家喻户晓的国民餐饮品牌。

△ 牛大吉加盟会

牛大吉的创业过程，就是一个不断战略涌现的过程，而华与华团队则在每个战略涌现点，提供了适合该阶段的服务。华与华的订阅制咨询服务的模式，实际上是战略营销品牌综合部的外包，在三年的服务过程中，华与华就是牛大吉一个强大的外包部门。

任何一个企业都需要订阅制的咨询服务，创业企业尤为需要。华与华的经营使命是"让企业少走弯路"，如何让企业少走弯路呢？答案是在创业初期就和华与华建立合作关系，并且合作越久，收获的价值越大！

华与华方法

迈克尔·波特五力模型

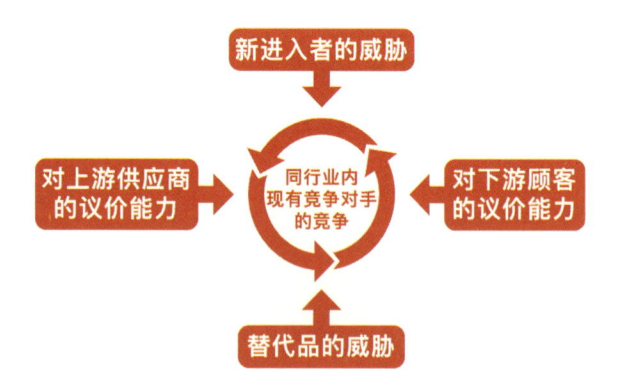

△ 迈克尔·波特五力模型

竞争不是为了打败对手,而是为了获得利润。

竞争战略即有目的地选择一整套不同的经营活动,以创造一种独特的价值组合。

战略定位是一组独特的经营活动,会带来三个结果:

① 独特的价值;

② 总成本领先;

③ 竞争对手难以模仿。

五力模型讲究行业的利润池。就是说一件东西卖了100元钱，上游分了多少，我分了多少，下游分了多少，然后看谁拿得多，如果我这个环节拿得太少，我应该往拿得多的环节去发展。这是它基本的模型。

牛大吉就是这样，与其他案例都不一样，本来是想开个牛肉交易所的，然后发现不太好弄就去养牛，养完牛后又去卖牛肉，卖完牛肉又开牛肉工坊，再到鲜牛肉和牛肉制品一起卖，最后还卖牛肉饭，几乎是贯穿整个上下游产业链的，具有成本优势。

牛大吉凭借自身的资源禀赋入局，在"上游供应商""下游顾客""同行现有竞争对手""新进入者""替代者"这五个维度之间博弈，最终成为社区商业环境中的"替代者"，通过一套独特的经营活动实现了总成本领先。

第 6 章

N 多寿司

连锁加盟企业是超级品牌组织,
以品牌组织行为学,打造品牌领导力!

案例点评语

第一点，说到N多寿司是蓝海战略，我想到一个问题——"你所在的行业是红海还是蓝海？"其实这个问题本身就是错的，并没有任何一个行业可以被界定为红海还是蓝海。所谓蓝海战略，是指对经营活动进行兴废增减来改变成本结构，创造差异化价值的一种策略。

而N多寿司成功的本质是对经营活动进行了减，减去生鱼、生菜，做熟寿司，相应就少了一个配菜间，甚至少了一张牌照；然后通过做外带，减少座位，减少服务，这样就改变了成本的结构，投资一个店的成本降低了，降低之后可以得到什么？20块钱的客单价！所以这是其战略的本质，也就是迈克尔·波特所说的竞争战略定位是一个独特的经营活动的组合。这跟蓝海战略实际上是一个意思。

第二点，就是企业文化。企业文化是高于制度的，它能够去制度去不了的地方，发挥制度所不能发挥的作用。

华与华讲企业文化的半径，是说企业文化到底能覆盖多大的范围，有的企业文化连自己的企业都无法做到全覆盖，有的则超出了企业的范围，像华为、丰田，它们的企业文化则影响了全世界。

即使企业文化影响不了全世界，至少得覆盖到合作伙伴、客户，N多寿司就是要让企业文化覆盖到所有的加盟商，这是项目组这两年下了最大功夫的地方。在做企业文化的时候，抓手就是用组织行为学来看渠道，用人与人直接见面互动这样的组织生活来开展，像寿司大赛的比武练兵，使整个企业的士气得到了极大的提升。

华与华营销咨询创始人　华杉

第 6 章　N 多寿司

　　N 多寿司创立于 2008 年，开创了"外带熟寿司"新市场，将五星级酒店的高端日料搬至路边摊，将原本的小众美食带入大众赛道，迅速发展成为中国寿司连锁第一品牌，在全国拥有超 3000 家门店，在业内同行看来这是一件不容易的事，堪称行业奇迹。

　　那么，N 多寿司成功背后的逻辑是什么呢？

1
"不洗碗,做万店"——寿司界的"蜜雪冰城"

N多寿司创始人董玉友:不洗碗,做万店

N多寿司的创始人董玉友(以下简称"董总")有一个"不洗碗理论",他说:"一家连锁餐饮店如果要做到1万家店,那就一定不能洗碗,否则,就很难做到1万家。"

"不洗碗理论"可以用管理会计中的作业成本法来解释。

大家知道,华与华一直在学习丰田的生产方式,我们不仅把丰田的生产方式用于华与华内部管理,还把丰田的精益管理用于具体业务。

首先,我们要分清业务,做什么业务,不做什么业务,然后每个业务里又分为若干个流程作业,在作业之下又可以细分为多个动作,再选择做哪些动作,不做哪些动作,最后把所有的动作全部排列出来并展开,在这个基础上进行动作的兴废增减,排除浪费,实现利益最大化。

董总说的"洗碗"就是一个作业，在这个作业下面如果要"洗碗"，就需要有多个动作产生，如果去掉"洗碗"这个作业，其实就是砍掉了动作成本。

从经济学角度看 N 多寿司的成功

"不洗碗"哲学，也能点透 N 多寿司经营成功的本质。N 多寿司的成功可以总结为三点：产品创新的成功、生产方式的创新、经营模式的创新。

首先，产品创新的成功。在经营中 N 多寿司开创了"外带熟寿司"的新品类，将五星级酒店的高端日料搬到路边摊，与传统寿司相比，熟寿司既不需要冷藏，又便于携带，同时也更符合中国人的口味，这就进入了大众消费赛道，有了更广泛的受众基础。

其次，生产方式的创新。没有生食，就少了一个配菜间和一张生食牌照，只需要一个仓库、一个操作台，其投资成本也就降低了。最后带来的是生产方式和成本结构改变了，减少了门店面积，降低了运营成本，可以实现 20 元左右的客单价，便于迅速打开市场。

最后，经营模式的创新。"外带"既减少了门店座位，也减少了门店运营成本。N 多寿司门店多以 10~30 平方米小店为主，只提供少量座位，减少了门店占地面积，降低了投资一家 N 多寿司的成本。

董总的"不洗碗理论"，刚好验证了世界竞争战略之父迈克尔·波特的经营活动组合理论。迈克尔·波特提出：企业战略是一套独特的经营活动组合，通过这套独特的经营活动，让企业实现独特的价值、总成本领先和竞争对手难以模仿。

N多寿司对"熟寿司"的创新，通过做减法来实现新的价值，脱离了传统寿司的红海，走进"外带熟寿司"的蓝海；通过减少经营活动、减少作业、减少动作，改变了成本结构，创造了差异化，降低寿司价格，让利于消费者，达到总成本领先，获得规模竞争优势。

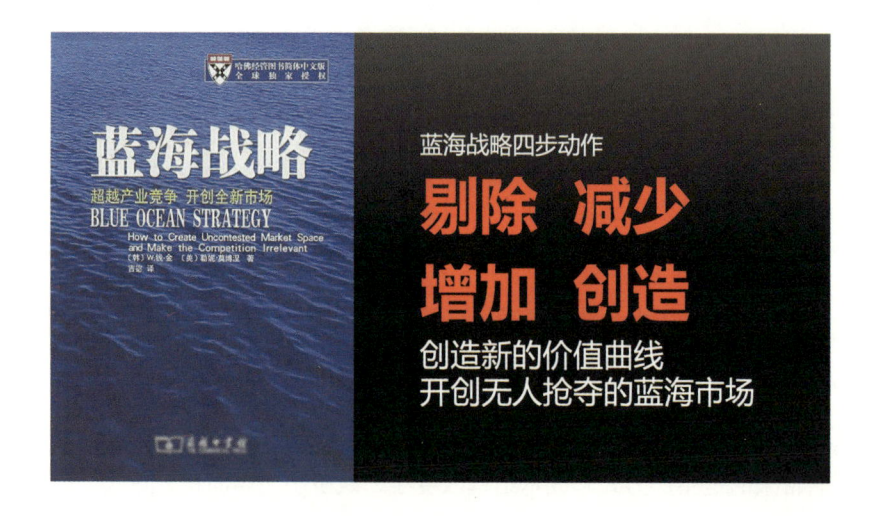

大家知道，华与华有四大过万连锁餐饮客户：蜜雪冰城、正新鸡排、华莱士汉堡、绝味鸭脖，他们有着共同的特点：高性价比、大众消费、注重成本效率。

第 6 章　N 多寿司

N 多寿司就是这样的品牌，具备了做万店的基础；同时，寿司又是一个全球品类，不仅要做万店还要做全球品牌：对标麦当劳，致力于让 N 多寿司代表中国美食走向世界，打造中国美食全球品牌。

2021 年底，两位创始人董总和牛总，带着"N 多寿司的全球品牌梦"牵手华与华：希望 N 多寿司能够实现二次腾飞，成为继蜜雪冰城之后代表中国走向世界的国际品牌。

217

2

超级符号成就王者品牌，扩大规模效应

华与华品牌战略起手式：品牌三角形。建立品牌，先画品牌三角形。

△ 华与华品牌三角形模型图

华与华品牌三角形，即"产品结构""话语体系"和"符号系统"。所有品牌工作，就是这三件事；没有任何一件关于品牌的工作不在这三件事之内；而在这三件事之外，也没有任何事情与品牌有关。

品牌三角形的构建是一切品牌工作的起点。在此基础上构建品

第 6 章　N 多寿司

牌大厦，持续为品牌资产增产，每年重复积累，最终实现企业的基业长青。

全球品牌第一步，就是要有一套全球通行的符号系统。

发挥品牌名与生俱来的戏剧性：超级符号 1 个不够要 5 个

超级符号就是要找到编码和解码效率都是最高的符号，通过对文化母体的品牌寄生，达到最低成本、最高效率的传播和品牌资产的积累。

与华与华合作前，N 多寿司有一个自己的 IP 形象，先后经历过多次变化，一直没有定型。在走访市场的过程中，我们发现消费者对 N 多寿司目前的 IP 形象描述是模糊的；在企业寻宝过程中，内部员工也是众说纷纭，没有哪两个人对它的描述是一致的，这就带来了巨大的浪费，品牌资产无法形成有效积累。

△　N 多寿司历年 logo

华与华对品牌资产的定义：品牌资产是给企业带来效益的大众口语报道，也就是人们相互谈论品牌时的原话（声音场）。这就要求符号必须是具象的、可言说的。

那么，N多寿司的超级符号是什么？

全球品类，必须基于全球文化契约。基于寿司行业的品类特点：口味多、品类多、花样多……我们为N多寿司创作了5个超级形象：大哥三文鱼、二弟玉子烧、三弟北极贝、老四甜虾妹、老五章鱼妹。

大哥	二弟	三弟	老四	老五
三文鱼	玉子烧	北极贝	甜虾妹	章鱼妹

自此，N多寿司天团诞生：寿司米的头发，形似法官，贵气十足；圆圆的大眼睛，娃娃脸萌感十足，酷似芭比娃娃，人见人爱，出道即巅峰，是全球消费者可识别的超级符号，一举为N多寿司建立全球品牌资产储蓄罐，100年不变！

在创意上，发挥了N多寿司品牌名与生俱来的戏剧性。

在视觉上，采用了相同的面部表情和身型，形成阵列感，释放视觉强制性。

在设计上，选择了寿司特征最强、大众最容易识别和色彩对比最强烈的 5 类寿司，增强了观赏性。

同时在应用上，N 多寿司天团采用了相同的面部表情和身型，不同的是头部的食材及搭配的服饰，这与芭比娃娃、POP MART（泡泡玛特）是同一个原理：同一个模具、同一张脸，只是穿戴不同，这样就不需要制作 5 个不同的模具，降低了制作成本。

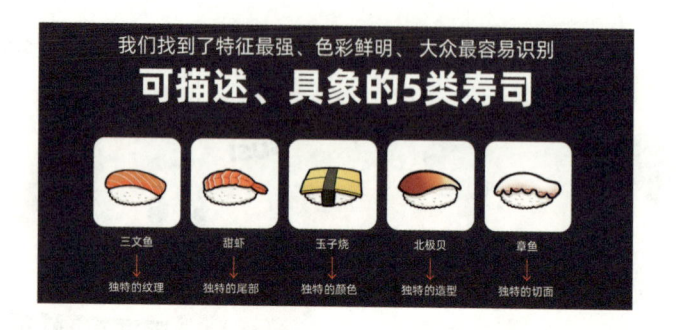

我们找到了特征最强、色彩鲜明、大众最容易识别 可描述、具象的5类寿司

三文鱼 — 独特的纹理
甜虾 — 独特的尾部
玉子烧 — 独特的颜色
北极贝 — 独特的造型
章鱼 — 独特的切面

超级符号就是超级销售力。寿司天团一出道，5个寿司人一起上门头，在视觉上形成规模感与阵列感，能在一条街上获得竞争优势，能打"群架"，能成为一家容易被发现的店。

2022年8月，N多寿司的超级符号发布后，新店开业三日营业额捷报频传，涌现出一大批过万元店。其中，无锡荡口古镇新店开业三天营业额达51 700元，无锡常发广场新店开业营业额突破69 915.9元。

△ 无锡荡口古镇店开业现场

超级符号要生也要养，将可爱营销进行到底

为什么寿司天团人见人爱？一切问题都是哲学问题，所有现象都有理论解释。

1973年诺贝尔生理学奖获得者康拉德·洛伦茨的"怜幼触发特质"理论刚好可以解释这一现象："有着圆乎乎的脸、高脑门儿、大眼睛、小鼻子特征的动物，由于这些特征跟人类婴儿相似，会激发人们的照顾心理，容易激起人释放荷尔蒙产生喜爱感。"

日本学者四方田犬彦在《论可爱》一书中提到，所谓的可爱，来自某种脆弱而浪漫的"小东西"，让人莫名觉得怀念，内心充满了天真的感情，不由自主地想要去守护。

这就是为什么日本的可爱文化能够席卷全球，皮卡丘、哆啦A梦等日本动漫人物深受全球消费者喜爱，熊本熊甚至成为熊本县的职员坐进办公室。

敢与大牌比，才是真超级！

2023年4月26日，在华与华商学抖音直播间，董总直呼："到目前为止，你们做的方案里面，我们应该是最好的，没有之一！"

超级符号要生也要养，它不仅是一个IP形象，更是品牌免费代言人。变身人偶走进人群中，拉近与消费者的距离；开业活动巡街，引起强烈注意；上包装，上海报，出现在一切触达消费者的元媒体上，建立熟悉感；品牌外交官——公众号、视频号提高露出频次；天团歌舞片，一首魔性洗脑的品牌歌卷入大众情绪，使人不自觉地跟着音乐跳动；寿司米丰收节，走进田间地头；开发周边，让寿司天团走入千家万户。

第6章　N多寿司

△　寿司天团在门店与消费者互动

△　寿司天团，闪亮登场

△　包装系统

225

△ 4月樱花季·樱花之恋寿司塔上新

△ 6月儿童节·你拍一，我拍一，快来N多过六一

第 6 章　N 多寿司

△　N 多寿司品牌歌舞片

△　2023 年 9 月 27 日，N 多寿司米丰收节在东北吉林榆树市延和朝鲜族乡举办

227

所有的设计都是符号编码，区别就在于编码是否超级。超级符号所追求的，不仅是识别，还要促使行动，把消费者卷入。我们要卷入的行动，不仅是购买，还要替我们传播。只要有寿司天团出现的地方，就有人群聚集，即刻变身孩子王，大小朋友都喜欢；当寿司天团上门头，老店翻新，仅翻新门头后，销售额就比前一天增长 22.9%，这就是超级符号的销售力。

△　寿司天团周边

第 6 章　N 多寿司

品牌谚语，引爆播传

传播的本质不是传播，而是播传，是发动消费者替我们传。广告语创作的本质不是我说一句话给消费者听，而是设计一句话让消费者去传给他的亲朋好友。

N 多寿司过往曾使用过的口号有："N 多美味、N 多欢乐！""更多年轻人喜爱的寿司品牌"……这是品牌自己的口号，不是消费者会传的话语。

同样，基于 N 多寿司的品类属性及品牌名的戏剧性，我们创意了"N 多味道，一次吃到"的品牌谚语。"N"与"一"形成反差对比，强化了产品吸引力。同时，这一品牌谚语又囊括了行业品类特点，绕开了消费者心理防线，是人人都能传播又容易传播的话语，是行业的皇冠明珠。

同时，我们还为N多寿司建立了一整套话语体系，以解决与消费者之间的信息不对称问题，建立品牌专业价值。

N多寿司品牌履历表

我是谁：**N多寿司 外带熟寿司**　　品牌谚语：**N多味道 一次吃到**

品牌实力：**全国门店超3000家**

产品核心优势：**食材新鲜 手工现做**

（寿司米 现煮）（海苔 不粘牙）（沙拉酱 独家配方）（香酥丝 香脆）（肉松 入口即化）（醋 酸甜解腻）

门店就是立体菜单
华与华菜单思维做设计，让门店自己会卖货

在华与华，我们把整个门店看作一个媒体。对连锁门店而言，全国3000家门店就是3000块免费的广告位，是品牌宣传的主阵地。

我们将整个门店看作立体菜单。从店外到店内，运用华与华菜单思维、三个购买（购买理由、购买指南、购买指令）系统梳理了门店常用的十大元媒体物料，在提升门店热卖感、发现感的同时，让门店自己会卖货，提高销售效率。

第6章 N多寿司

超级店招，去VI思维，最终的目的是获得陈列优势。街道就是货架，门店就是包装。根据门头特点进行"一招一策"的单独设计，大大提高门店的发现感。

产品科学放门口，建立习惯性依赖。 所有行业都是咨询业，所有公司都是咨询公司。企业的本质，从宏观上说，是为社会解决问题；从微观上说，是为顾客解决问题。无论解决什么问题，首先都要提供解决方案，这就是咨询。

如果我们的产品科学能得到传播和广泛认同，就得到了消费者更大的支持，也是对社会的知识贡献。

第 6 章　N 多寿司

为此，我们将寿司产品家族图摆放在店外招揽顾客，并在室内植入了寿司的产品食材知识，建立消费者对我们的习惯性依赖，让每个小朋友吃的第一口寿司是在 N 多，学到的第一条寿司知识也来自 N 多，成为 N 多寿司永久的伙伴。

店外 5 大件物料，放大刺激信号，提升进店率。按照由远及近、由上至下的顺序分别对门头、横幅、二门头、侧招、灯箱海报进行了系统规划，提高门店的发现感和进店率。

店内 5 大件物料，设计消费者选择逻辑，让主推产品卖更多。

自 2022 年 8 月 2 日超级符号发布以来，仅用 1 年零 3 个月，N 多寿司天团超级门头落地 1052 家，成为整条街最靓的仔。

3

召开"组织生活会",建立连锁品牌管理节拍

华与华认为,渠道是企业"体制外,结构内"的组织共同体。不要把渠道简单地看成分销,也不要把它看成一个利益共同体,一定要把它看成一个组织。

渠道是一门组织行为学;有成员,有领导;有层级,有制度;有激励,有奖惩;有目标,有组织生活,有仪式。

渠道成员不只是加盟商,还包括内部员工、代理商、上游供应商等一切和企业经营相关的合作伙伴。我们提供的大量的方案是要靠经销商去执行的,如果抓不好渠道推广,那后面就不会有市场效果了。没有执行,就没有效果;没有效果,就没有结果。只要人们组成了群体,权利就会得以行使。

有组织就要有仪式。仪式是表达并强化组织核心价值观的一组重复活动。通过组织生活会建立组织权利。为此,我们针对渠道的上下游伙伴,分别组织了不同主题的"组织生活会",由内而外地逐步扩

充 N 多寿司的企业文化圈，建立组织文化共同体，将"组织生活会"变为品牌盛会。

超级符号发布会，关键是治气

《孟子》讲"养气"，《孙子兵法》讲"治气"。企业也是一样，"气"特别重要，让员工有士气，让顾客和社会对你服气。通过超级符号发布会，放大品牌声音场，提升自豪感。

第 6 章　N 多寿司

　　超级符号品牌发布会，是华与华所有客户的标准动作，也是第一个落地动作。这背后蕴藏的是巴甫洛夫的刺激反射原理：人的一切行为，都是刺激反射行为！刺激信号能量越强，则反射越大。

　　有了超级符号，我们需要向公司内部员工、合作伙伴尤其是渠道伙伴释放一个信号，广而告之。如何才能实现效果最大化？举办品牌发布会，关键还要大！

　　2022 年 8 月 2 日，N 多寿司超级符号发布会在无锡成功举办，这也是华与华在上海疫情解封后发布的第一个作品。活动当天现场火爆，签约近 50 家门店，为餐饮行业点燃了疫情复工后的第一把火。

△　重磅嘉宾演讲，制造期待

△　将会场变为品牌道场，营造乐于谈论的体验

237

△ 场外人偶

△ 超级 IP 动画，点燃现场气氛

第 6 章　N 多寿司

知胜大会，扩大组织管理半径

每年三月三，知胜一整年。这是华与华每年开工后最重要的经营活动，各项目组为各自的客户制定全年的战略目标、战略重心和关键动作。

2023 年 2 月，在华与华的影响下，N 多寿司也举办了他们的知胜大会，召集代理商、加盟商一起，发布一年的工作目标和计划，建立共同的管理节拍。

△　N 多寿司·2023 知胜大会现场

超级符号训练营
内部员工＆优秀代理商，统一思想，成为利益共同体

通过组织生活会的形式，加强与合作伙伴之间的交流，促进活动方案的落地执行。

引导力共创，编制《新店开业首日过万作业流程》，打造知识共同体。

自 2022 年 8 月 2 日超级符号发布会以来，仅用 15 个月，寿司天团超级门头落地 1052 家；2023 年出货量同比增长 14%，和牛寿司新品上市落地执行率高达 87%。新店开业三日营收从原来的 5000 元提升至 10 000 元，无锡常发广场店更是创下了 69 915.9 元的销售纪录。

2022 年 9 月，我们为 N 多寿司策划了"超级符号训练营"，以引导力的形式邀请包括创始人在内的 50 名高管进行了为期一天的华与华方法学习，共同梳理了《新店开业首日过万作业流程》，为全国市场的快速复制打好基础，为加盟商赋能。

从"超级符号训练营"开始，将企业员工特别是核心管理团队召集在一起，一起来华与华学习，建立思想统一的习惯共同体。再利用引导力共创会，降低内部沟通成本。加强品牌部、市场部等部门间的交流，让所有人知道所有事，所有人做所有事。

第 6 章　N 多寿司

△　N 多寿司 & 华与华超级符号训练营·第一期

2023 年 4 月开启超级符号训练营第二期培训，培训对象的范围从 N 多寿司内部高管扩大到 N 多寿司上游供应商，以这种形式集体学习，相互影响，培养习惯共同体。

△　牛总带领上游供应商与代理商一同来华与华参观学习

△ 财务中心组团来学习

内部宣贯路演，延伸组织管理半径

通过在内部组织路演，为加盟商和店员提供营销培训，赋能门店运营。让组织文化深入每个门店、每名员工，让思想和方案得到最大的贯彻和支持，实现店店如一、万店如一。

4
组织文化成就超级品牌组织，打造超级品牌领导力

《组织行为学》一书中对组织文化的定义："组织文化指的是组织成员共享的一套能够将本组织与其他组织区分开来的意义体系。这套共享的意义体系包括价值观、信念和假设，它们构成了组织的特征。"

组织文化通过多种方式传递给员工，最常用的方式有故事、仪式、物质象征和语言。

其中，故事代表着一种文化的传承，可以为组织如今的实践提供解释和支持。提起故事，大家一定会想到"张瑞敏砸冰箱""乔布斯被苹果扫地出门后卷土重来"等创始人的励志故事。他们向企业员工、社会群众传达着企业精神和企业价值观，在华与华也有一个广为流传的故事："华杉扫厕所"。

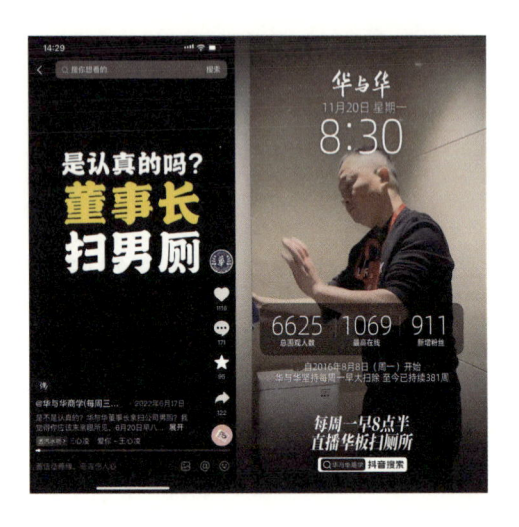

干净工程：树立持续改善的组织文化

在华与华的建议及其企业文化的影响下，2022 年 8 月 N 多寿司提出"门店干净战略"，守住食品生命线，打造最干净的门店。

持续改善，不仅是企业文化，还是员工的素养，更是一种工作习惯。持续改善关键是率先垂范，什么是率先垂范？老板在一线。

2022 年 8 月 14 日，40℃ 的高温天，董总与牛总率先垂范，带领团队一起打扫门店卫生，打造极致干净的销售现场！对不配合的门店直接关店，建立 N 多寿司全员的思想统一，由此"干净工程"在全国门店逐步推行展开。

△ 创始人带领高管在门店打扫卫生

10月，N多寿司在工厂1∶1还原了华与华办公室的可视化方案：利用十一假期将办公室打通并翻新，没有领导办公室，大家全都在一起办公，让所有人知道所有事，将沟通成本降到最低。

对餐饮连锁加盟企业而言，要想服务好加盟店，关键在于把市场服务人员培养成5S的老师，实现组织文化影响力的最大化，实现万店如一、店店如一。

寿司大赛，组织文化半径的最大化

在一次市场走访中，一位加盟商连连叫苦，董总问她："那你为什么还要做 N 多寿司呢？"这位加盟商回答："相比鸭脖之类的生意，寿司是一门手艺活，称重的活谁都可以干！"

有一种价值导向，就有一个奖项。自 2023 年 9 月 12 日起，N 多寿司陆续在新疆昌吉、河南郑州、河北石家庄、山东青岛、浙江杭州、安徽合肥、江苏南京、湖北武汉 8 个城市开启第三届全国寿司大赛预选赛，2437 名"N 多人"大比拼，历经 49 天，跋涉 31 万公里，从活动筹备到活动执行，全程由 N 多寿司团队操办。

办过展、开过会的人都知道，办会是最难、最烦琐的，也最能体现一个公司的管理水平和团队的战斗力。

会后总结，董总骄傲地说："我们没有一场会是请策划公司办的，都是自己办的，取得这个成绩说明我们的人很厉害。"

兵法的关键在于练兵，练兵的关键在于比武。

△ 八大赛区同台竞技

　　加盟商和门店员工扮演着十分重要的角色，他们有双重身份：一方面是准备寿司的美食家，将供应链上所有人的辛勤劳动转化为令人称赞的美味体验；另一方面是销售员以及产品顾问，为顾客提供服务。实际上他们就是你面向顾客的全部。

　　前面说品牌发布会的关键在治气，那比赛的关键在于大气。比赛不仅仅是小圈子文化，还要做大众播传，成为大众口语报道，成为品牌资产。

　　华与华方法认为传播不能只对目标消费者，要对所有人，只有发动了所有人，才有传播效能。如果只有目标消费者知道劳斯莱斯，就没有人买劳斯莱斯了。

　　所以，在比赛前我们共同制定了一个核心策略：比赛不能在酒店办，一定要在人群多的地方，最好是在户外。根据往年的经验，商场既有人流量，又有我们的门店，于是我们选定了核心城市的城市商圈。

最终将比赛分为两大环节：门店改善大比拼和寿司制作技能大比拼。以赛代练，在比赛中提高门店运营水平和产品制作专业水平。

董总说："这是以比赛的心态去开店，以比赛的心态去经营，以比赛的心态做产品，以比赛的心态做品质，以比赛的心态做服务，以比赛的心态做标准。"

设置议程，卷入更广泛的人群：参赛人员以门店为单位，从5个方面进行考核：业绩提升、服务标准、产品制作标准、形象卫生标准、团队管理，共同角逐全国星级门店。

路演培训，巩固专业技能：赛中带练，在比赛前为选手提供专业知识培训，教学结合，提高出餐标准。

创造乐于谈论的体验环节，挖掘品牌故事：就在比赛的前一天，董总临时增加了一个比赛项目：讲故事。加盟商通过讲演的形式，将发生在门店的产品故事、经营故事和经营方法以生动有趣的方式分享出来，提高了学习效果。

其中，一位来自新疆的加盟商说道："这次来无锡N多寿司大本营，虽然经历了长途跋涉，饮食和作息不适应，但是我觉得没白来，反而赚大了。"

在她看来，这个"赚大了"不仅包括寿司比赛中获得的优惠政策，提升了手艺，学到了门店经营管理知识，还见识了很多优秀的人。有人在8分钟左右能做出参赛的3个套餐，有人在25分钟内能做出比图片还精美的寿司蛋糕，精致得堪称艺术，有一个管理2个门店且日营业额达十几万元的店长，也有执行力超强的一年开4店的优秀加盟商，也有一个管几十家店的区域经理，监管着每家店的日常跟社区群。

这位伊宁市的加盟商，加盟N多寿司12年，因为路途遥远，平常以和当地业务员的沟通交流为主，今年是她第一次见到两位创始人。这一程走了12年，从新疆到无锡，跨越3817公里……寿司大赛拉近了总部和加盟商的距离，让总部和加盟商更亲近。

正如星巴克首席执行官霍华德·舒尔茨所说："咖啡是我们销售的一种产品，并不是我们从事的业务。我们做的是'人'的生意，我们对人与人之间的关系充满激情。"

比如，华与华没有人力资源部，我们叫员工发展部。因为人是公司的目的，不是资源。对连锁品牌而言，真正代表品牌的人是加盟商和加盟商的员工，他们实际上就是你面向顾客的全部。

而比赛的目的，就是要打造全员的习惯共同体，让大家说一样的话，做一样的事。大赛扩大了N多寿司的企业文化半径，巩固了企业与加盟商的心理契约。

百年企业要有一以贯之的企业文化

哈耶克说："一种习惯得以维系，需要有两个明确的前提。首先，存在着使某种行为方式得以代代相传的条件。其次，保留这些习惯的群体必须取得明确的优势，能够比另一些群体更为迅速地扩张，并最终胜过或同化那些不具备类似习惯的群体。"

"你们华与华的人都一样。"华杉说，这是客户老板经常跟他反馈的，听到最多的也是最令他满意的一句话。

"你们每个人都一样！"这个"一样"，就意味着所有人都说一样的话，做一样的事。这背后的底层逻辑是一种做事的哲学，一以贯之，贯穿企业所有经营活动和所有员工的行为，最后形成每个企业独有的"企业文化"。

按企业文化强弱，我们将公司分为两种：

第一种，企业文化半径到达不了全公司，只有中间那一小层、那一小群人是受这个文化影响的。越往层级低一些的或越往外面的，文化就越来越弱。虽然你已经在组织里了，但其实你在企业文化半径之外。

第二种，企业文化不仅覆盖了全公司，而且能够向外发散，影响社会。比如华为、丰田。

企业文化半径越小，企业对内部员工、外部渠道的影响力就越弱，就会形成文化隔阂，最终的结果是带来思想、方案和动作的变形。

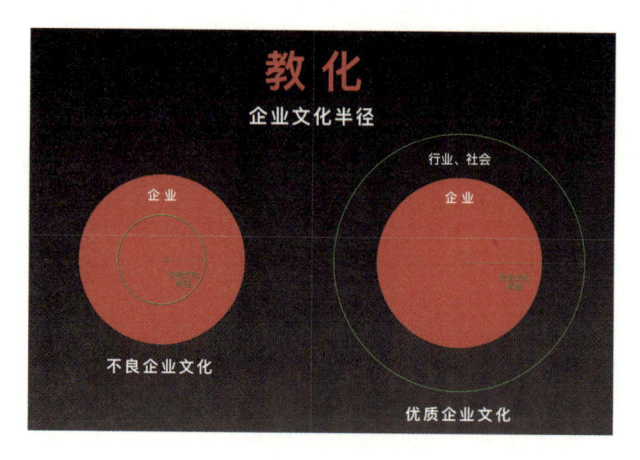

△ 企业文化半径对比

组织就是建立权力，即组织权力

词语就是权力，品牌就是权力，组织更是权力。多开会的目的就是为了建立组织权力，只有强大的组织权力，才能建立强大的企业文化。只有强大的企业文化，才能带来强烈的组织共鸣。

所有的人做同样的事，所有的人说一样的话，一以贯之，同频共振，就能产生强大的力量，企业文化的力量是看不见、摸不着的，形成也很难，一旦形成，受益百年。

建立文化就是建立资产

华与华认为，品牌要建立品牌资产。今天我们就用 N 多寿司的案例告诉大家，企业更要建立企业文化，建立文化资产。

因此，连锁品牌最需要的就是华与华的企业文化服务，必须有华与华的企业文化服务。

华与华方法

企业文化：打造习惯共同体

企业的管理者经常会面临一个大难题：管理，难在架构层级多、组织庞大、人员复杂。

N多寿司是一个加盟连锁品牌，在全国拥有1400个加盟商，约有7600名员工，分布在不同城市，可想而知管理起来有多难！而连锁加盟品牌的管理更是难上加难，难在同质化，包括产品的同质化、门店的同质化、人才的同质化、文化的同质化！如何实现同质化？

《孟子》里有一句话说："大而化之之谓圣。"就是说博大而且能教化天下人的就是圣人。而企业就是要用企业文化教化组织、教化天下，建立强大的品牌组织，打造品牌领导力。

打造企业文化就是打造企业"习惯共同体"，把员工打造成为"习惯共同体"，降低内部交易成本；与合作伙伴建立"习惯共同体"，降低外部交易成本；与顾客建立"文化共同体"，获得顾客终身价值。

两年来，我们与N多寿司共同打造了一张组织生活作战地图，从代理商到加盟商，从企业内部到渠道伙伴，由内而外为 N 多寿司打造全员的"习惯共同体"，形成品牌合力。

2023 年 N 多寿司终端营收比 2021 年提升 6%，新冠疫情期间，依旧实现稳步增长。新店开业单日营收从 2021 年的 2000 元提升至 2023 年的 5000 元，同比增长 138%；和牛寿司新品上市落地执行率高达 87%。

品牌营销咨询也是企业文化咨询。企业核心的原动力在企业文化，命脉在企业文化，企业文化决定了企业能做多大、活多久。华与华不仅是客户的战略顾问、营销顾问、品牌顾问、管理顾问，还是客户的企业文化咨询顾问。

大多数企业请华与华做咨询，不仅仅是为了买一套符号和话语，实际上是为了华与华更重要的价值。用超级符号帮客户训练企业内部团队、终身陪伴、终身服务。

所有的事都是一件事，所有的事都找华与华！

第 7 章

如水坚果

工匠精神打造高端品牌
——定位可以抓盲盒,创意和手艺才是决胜关键

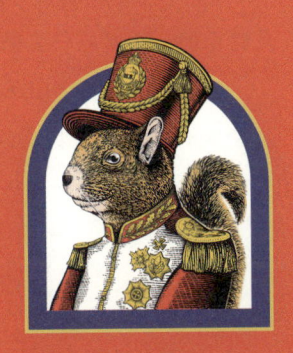

案例点评语

华与华对插画非常重视，我们有一个非常强大的插画部。所以，前面有插画，中间有设计，最后还有工艺、印刷，只有整条线上所有工序都做彻底，才能够得到最终的成果。这背后还是那三个字——下苦功！

一般认为在公司里面老板的要求是最高的，但其实不是！老板又不懂，他哪儿有要求啊，只有最懂那个事的人才知道要求的标准是什么。标准在知行合一的那个实际操作者的手里，不在领导的手里。而且这个人一定要有良知，要诚意正心，才能保证去给客户下苦功。

在如水坚果的这个生意里面，我看到很重要的四个字，就是小富即安，它不是贬义词，小富即安之后呢，大富也能安，始终保持定心和安心。如水坚果的生意做得很简单，就是精益求精地把产品品质做到最好。比如开发礼品渠道，开发礼品渠道就得投标，但投标不是他去投的，谁爱去投就去投，你投完来找我，我给你供货。如水坚果没有去做那么多渠道上的事情，如水坚果就没有这些成本，这样队伍就是精干的，所以能一直保持非常良性的经营。

所以，我一直是让我们的客户老板更"消极"，而不是更积极，就是说不要因为太积极而没有实现年轮经营。某一年你的年轮拉得太宽了，可能在这一年就会形成空洞，就会给企业经营带来风险。

华与华营销咨询创始人　华杉

第 7 章 如水坚果

2021年4月如水坚果正式与华与华开始合作，合作之后我们了解到，创始人张森元先生做坚果炒货生意已有30年之久。最开始他以卖散货为主，后来通过产品包装创意，将坚果装到大圆桶里，普通的散货卖到了北京的王府井，从此开启了高端坚果品牌的发展之路，也奠定了如水的高端基因。目前在Ole、盒马、久光、金鹰等上千家精品超市销售，在业内被称为"坚果中的劳斯莱斯"。

我们在高层访谈中了解到，张总一直想把如水品牌打造成走亲访友、年节假日中的一种文化现象，就像月饼、点心、烟、酒、茶。他跟我们说："我不和任何人比，我只希望如水有品牌感，让人们都认为如水坚果拿出来有面子。人们到商场转一圈，除了买两条烟、两瓶酒，再买个如水坚果送礼，这是我想要的。"

做高端的品牌一直是张总的目标和梦想，但在寻梦的路上，张总走过不少弯路，品牌形象和产品包装也一直在不断地变化。

张总给我们分享：早期他们设计的一款把产品遮挡住的黑色包装，很多销售员要把标签藏起来，只露出坚果，说只有这样才能卖得出去。很多消费者买如水产品很多年了，但不知道自己买的是"如水"牌坚果，产品销售出去了，消费者却没有记住品牌。

△ 如水坚果早期包装

　　如水面对的核心问题，就是"有高端品质，无高端品牌"，在消费者心中还远远没有建立起品牌认知和品牌资产。如何通过品牌战略释放如水坚果高端的产品价值？如何为如水建立起一战而定的品牌顶层设计？这是摆在项目组面前的首要课题。

1
用工匠精神和极致手艺打造高端品牌

我们这个行业,无论你说是战略,是策划,还是咨询,归根结底都是要靠创意,还要靠手艺。没有创意,策略等于 0;有了创意,手艺不精,做不到位,还是等于 0。

这就是华杉常说的:"定位可以抓盲盒,抓到哪道题,我们都可以做。但是,如果没创意,没手艺,就没有执行,多好的定位都是白干!"

做生意能不能挣钱的关键,就在于品牌有没有定价权。高端品牌更是如此!如水坚果项目,就是华与华打造高端品牌的代表案例,用工匠精神和极致手艺,一举奠定了如水坚果高端品牌的基因。

打造如水超级符号,一举建立如水高端品牌资产

华与华的创作有个特点——"不思而得",哪个经验离我们近,

我们就用哪个。

不管是超级符号还是品牌谚语,我们都希望它是由来源于文化母体的"预制件"编织而成的。所以,首先在文化母体上我们选择了松鼠,因为松鼠就是能代表坚果的动物符号!

行业内还有另外一个知名品牌,已经使用了松鼠形象,可能就有人认为不应该再使用松鼠了。还是那句话,没有什么东西是能被占领的,策略是个多选题,创意也同样可以用不同的技法实现不同的区隔,这都是基于企业本身的问题,为了达到不同效果而选用的不同姿势而已,关键在于创意。

什么符号能符合高端?我们选择了皇室的符号和版画的画风,而在皇室的符号中,公爵形象最具贵族特性,蕴含着皇室贵族的文化原力。一身帅气威严的军服,便是贵族价值最好的体现。

版画风格是在中世纪贵族中流传的风格,具有典雅、庄重的特性。16世纪的丢勒是版画大师，用铜板和木刻复制钢笔画。到17世纪，伦勃朗把铜版画从镂刻法发展到腐朽方法，进入创造版画阶段。松鼠公爵形象+版画画风，就此如水坚果的超级符号"如水松鼠公爵"就诞生了。

如水松鼠公爵的超级角色和鸢尾花菱形格超级花边，这就是超级符号，而且是整个品牌的符号系统。我们都是使用标准件来进行编织的，松鼠是现成的，公爵的形象是现成的，法国国花鸢尾花，还有菱形格都是现成的，整套预制件的组装将欧式贵族风格展现得淋漓尽致。

超级手艺建立竞争壁垒

用手艺建立起竞争壁垒。所谓竞争,不是我要跟别人争,而是让别人没法跟我争。

版画画风模仿壁垒极高,人民币就是用版画的技法来实现模仿壁垒的,版画在国际上也一直被认为是一种名贵的画种。

如水形象推出的第二个月,市场上就有品牌对如水进行模仿,但看到包装后我们啼笑皆非,这背后的本质其实就是如水通过高超的插画手艺建立起来的极高的竞争壁垒。即使模仿了这个创意，没有这个手艺也是无法实现的，这也就是我们选择最高难度的版画风格来进行创作的原因。

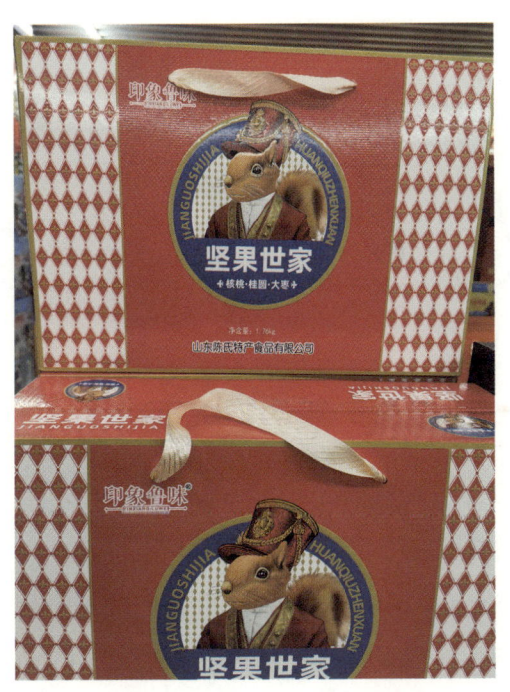

△ 模仿如水坚果的竞品

版画是线的艺术，通过一根根有规律的线条实现疏密、阴影、立体感。我们为如水坚果创作的作品，呈现出了丰富的细节和精致的线条，这种精密的处理赋予了版画贵族感。而且版画的高端感源于其绘制过程的复杂性，插画师必须有精湛的技能和创造力来应对挑战，一幅成功的版画创作可以称为一件艺术品。

如水的版画创作可以分为七个步骤：用线画定型，线稿明暗区分，标准排线平均，阴影反白，光源断线，整体调整细节，上色完稿。

步骤1：用线画定型。

第一步就是用线来画定型。线和型准不准，核心难点其实不是画它的型，线条也不是简单的一条弧线，而是画松鼠的骨骼和肌肉，所以画这个符号并不是模仿松鼠照着画就可以了。

步骤2：绘制线条加明暗区分，让松鼠轮廓完整。

实现立体感这一步，才算真正进入版画细节创作。不仅要用线，还要用线的阴影来区分高光和背光，来实现立体感。

第 7 章　如水坚果

步骤3：根据松鼠特性排线，通过规律的线实现每个元素的阴影和毛发的质感。

看一个错误示范，左边的毛发为什么看着这么难受？对比之下，为什么右边这个看着却很舒服？

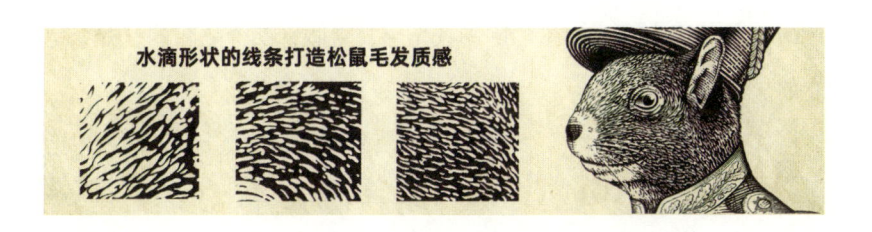

水滴形状的线条打造松鼠毛发质感

这个符号里面有个最考验手艺的难点，就是需要根据松鼠的骨骼结构来画毛发，而每根线还要根据毛发的光影、透视、结构的特性绘制出像水滴状的线条，也只有水滴状才像毛发，才有毛发的感觉。

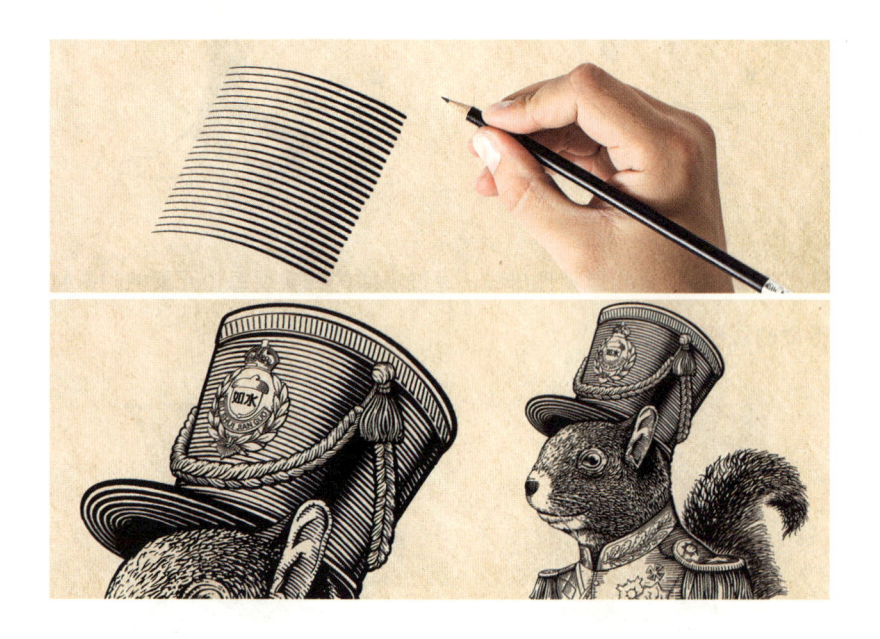

华与华的插画师根据松鼠的结构画出非常规律、一模一样的线，没有几十年的功底是做不到的。

有了这个功底，才能根据线条实现松鼠毛发的疏密，并通过控制疏密和长短来表达元素的阴影、光感、立体，哪个是暗的，哪个是亮的。

步骤4：高光做留白断线处理。

在中国画里面，有个境界就是留白，这个留白就像舞龙里画龙点睛的点睛之笔，只要点上这个"睛"，画上那一笔断线留白，这个松鼠角色就有了魂在里面，有了魂这个角色就活了。

步骤5：背光面也需要做反白断线处理，技法上才透气。

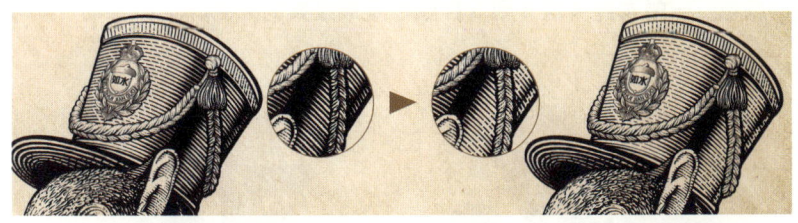

这一步就是绘画的清扫，把不干净的地方完全剔除。绘画清扫就是让暗的地方都能透气，适当地短线留白，暗面看不见的细节也要精彩。

步骤 6：处理整体线条粗细、线条均衡、空间层次、主次关系和黑白灰之间的关系。

步骤 7：配色整体使用如水品牌色正红色和正黄色，加上松鼠本身的颜色，一幅画整体用 4 到 5 种颜色是最经典的配色。

品牌修辞学打造品牌谚语

华与华的两大核心技术：符号的技术（超级符号）和词语的技术（品牌修辞学）。可以说符号的编码大部分都是在讲图形的编码，但其实世界上最大的符号系统是语言系统，对语言符号的编码，我们就把它称为修辞学。

亚里士多德说："修辞学是让人相信任何东西以及促使人行动的语言艺术，修辞是天才的活计，但是也可以被学习。关键是四条，第一，普通的道理；第二，简单的字词；第三，有节奏的句式；第四，使人愉悦。"

如水产品在高端市场，坚持高端品质，如何运用好修辞学创意品牌谚语，释放如水高端的价值？直接使用"高端"的品牌已经太多了，消费者已经有了审美疲劳，那还有哪个词更能释放如水高端的品牌价值呢？最终我们找到了一个可以最好地诠释高端的超级词语——"贵族"，为如水创意了"如水坚果，坚果贵族"的品牌谚语。

如水坚果　坚果贵族

贵族是形容最高级、能量信号最强的超级词语，比如劳斯莱斯是贵族汽车，百达翡丽是贵族手表，香奈儿是贵族箱包。同时贵族也是口语化的表达，比如单身贵族等。

广告就是掷地有声的断言，形成刺激反射，促进购买。"如水坚果，坚果贵族"这句话极具能量，更是无差别秒杀其他高端坚果产品，树立高端品牌价值。有了这句话，品牌战略定位才有了答案，最后的临门一脚才算精准踢进洞。

超级符号和品牌谚语塑造了如水高端品牌的调性和品牌的风格。大家可以看到，如水的所有故事、所有文化都是围绕贵族的文化、皇室的符号来创意。从礼盒的插画、礼品的包装到如水的展馆、展会，都是体现高端品牌的符号体系和话语系统。

△ 如水松鼠一家人版画

第 7 章 如水坚果

△ 如水松鼠公爵拿破仑版油画

△ 如水松鼠贵族一家人油画

还记得经销商第一次见到品牌形象的时候十分动容，张总激动地说："这就是我们一直在找，找了 20 年也没有找到的东西，今天来华与华我的事就成了。"

超级包装建立如水高端品牌认知

企业增长战略本身就是产品战略，企业通过产品的推出来推动销量增长和市场的开拓，而华与华又通过中国传统的围棋模型来将企业增长路线可视化。战略就是下围棋，金角银边草肚皮。金角占据制高点，银边拉出包围圈。镰刀收割草肚皮，天下归心成大局。

华与华围棋模型 & 战略镰刀

战略就是下围棋，金角银边草肚皮
金角占据制高点，银边拉出包围圈
镰刀收割草肚皮，天下归心成大局

金角银边——品类权威 / 竞争壁垒
草肚皮——边际效应 / 战略镰刀 / 最后的盈利

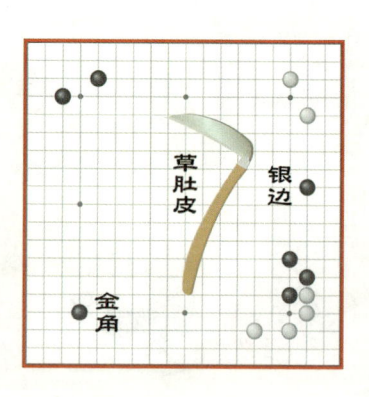

改造如水金角产品——如水坚果大圆桶，点出第一只金角，建立高端品牌认知。这其中的决胜关键就在于包装设计，一年卖出 1 亿个

包装，就有 1 亿个免费的广告位。而如水之前的大圆桶包装没有提供有效的产品信息，也就无法释放高端产品价值。

那如何通过一个包装，让如水在货架上建立陈列优势的同时，又能让产品自己会说，把自己卖出去呢？

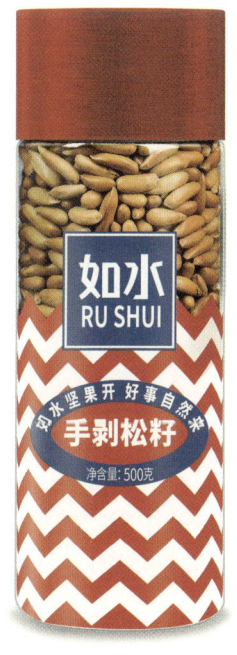

△ 如水坚果大圆桶原包装　　△ 华与华策略师在客户终端卖货

华与华的包装设计，从来都不是坐在办公室里空想，华与华坚持"三现主义"做包装。"三现"即现场、现物、现实。一切答案都在现场，当你走到现场，看到现物，看见发生的现实，创意就会向你走来。

我们在现场观察每位消费者从经过货架、注意货架、上前询问、试吃再到最终购买的全部过程，并且要在现场自己当促销员去卖货！这是我们华与华人的做事规矩：凡事一定要彻底！

我们48小时不间断地定点观察，记录了19位消费者361句真实对话，发现消费者最关注的问题有四个，分别是价格、日期、口感、产地。其中47%关注价格，37%关注日期和口感，26%关注产地。这也就说明三个人中就有一个人会问到日期和口感的问题，四个人中就有一个人会问到产地，但这些信息并没有在包装上充分释放。

我们了解到如水会在全球坚果黄金原产地直采更高等级的坚果，像巴基斯坦的手剥松子，年产只有300吨，十分之一都被如水采购。另外我们也了解到如水内部实行3090原则，如鱼皮花生出厂只卖30天，坚果出厂只卖90天。终端日期更新鲜，产品更有竞争力。

消费者关注生产日期，但大多数包装上生产日期的位置和颜色都不明显，要在包装上翻来覆去找好久才能找到，这也是消费者购物中的一大痛点。

消费者关注什么，我们就在正面展示什么。我们重新规划包装信息服务，将消费者最常问的、对产品最关心的、导购需要频繁回答的问题的答案置于包装之上，修改后的包装品种命名、生产日期和产地信息清晰可见、一目了然。

如水坚果大圆桶包装设计 6 大机关
释放贵族品牌价值

机关 1：如水坚果放 C 位，行业属性要占对。

命名是产品包装第一位，把"如水坚果"放在产品包装 C 位，让消费者一眼看到。在消费者心中形成"如水＝坚果"的品牌认知，同时将超级话语"如水坚果，坚果贵族"放在品牌名下面，释放如水就是贵族坚果的品牌价值。

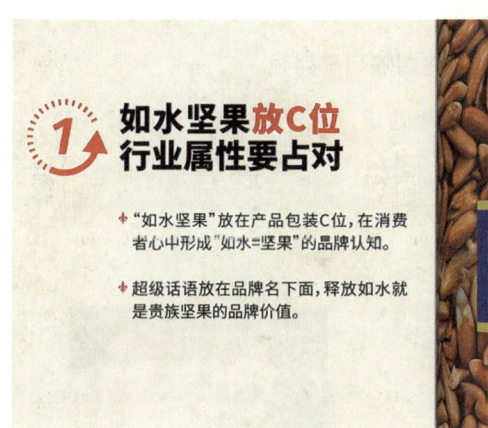

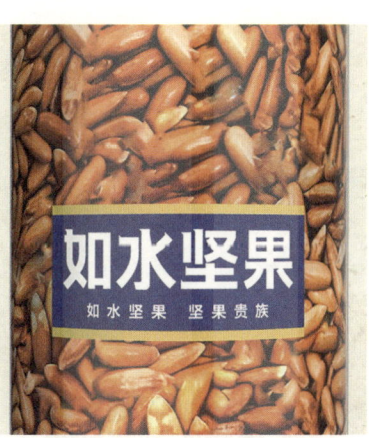

机关 2：超级角色来站台，品牌赋能做起来。

我们的超级符号身穿皇家爵士服，胸前排满勋章，头戴贵族爵士帽，威风凛凛地站在包装上，想不卖货都不行。超级符号＋品牌话语这一整个符号系统所占面积是之前的 2 倍，在货架上更容易被发现。获得终端陈列优势，提高产品在货架上被发现的概率。

2 **超级角色**来站台
品牌赋能做起来

- 超级符号"如水坚果公爵"上包装。
- 具有指明性，释放贵族坚果的品牌价值，并下达购买指令。

机关 3：贵族花边铺包装，终端陈列阵列强。

皇室菱形格加上法国国花鸢尾花，形成整齐的阵列感，在终端更容易被发现。用超级花边占领货架，不是一个个占领，而是一排排占领。

3 **贵族花边**铺包装
终端陈列阵列强

- 皇室菱形格加上法国国花鸢尾花。
- 红色的菱形格，形成整齐的阵列感，在终端更容易被发现。

第 7 章　如水坚果

机关 4：产品命名要明显，产地信息跟上前。

产品命名要明显
产地信息跟上前

- 品种命名清晰可见，产地信息放在下面。
- 让产品包装自己卖货，降低促销成本。

机关 5：生产日期放正面，产品新鲜更凸显。

生产日期放正面
产品新鲜更凸显

- 把消费者最关注的"生产日期"放在正面。
- 方便促销员介绍，凸显我们的日期优势。

279

机关 6：品牌谚语放瓶盖，品牌资产再积累。

包装即媒体，包装是重要的广告位，顶部重要位置重复如水的超级话语！传播的本质，就是重复重复再重复！重复就是天机！

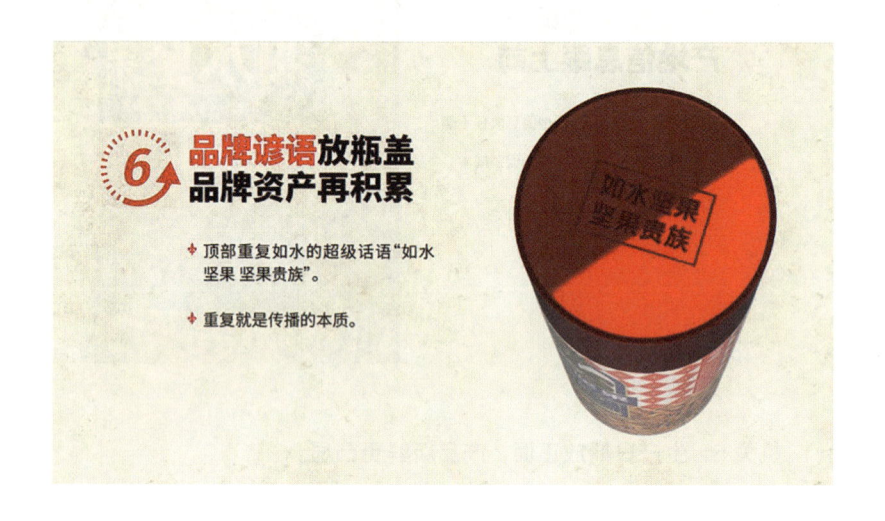

商品即信息，包装即媒体，产品＝购买理由＋使用体验，产品的本质是购买理由。一个包装，机关算尽。

高级印刷工艺成就高级包装

华与华非常注重品牌本身不花钱的媒体，华与华称之为"在元媒体上建立品牌资产"。

对如水坚果来说，每年销售的几千万个产品包装，就是我们几千万个和消费者直接接触的品牌广告。甚至坚果吃完了，盒子也会保留下来作为储藏罐使用。所以如水的包装不仅是元媒体的广告位，更是消费者对品牌体验的延伸。

如水坚果公爵是采用版画形式表现的超级角色，现在看上去神采奕奕，但最终印刷效果又完全是另外一回事了！

所以有了创意和手艺就能万事大吉吗？当然还不够。没有创意，策略等于 0；没有手艺，创意等于 0；没有执行，一切还是回到 0。对包装设计而言，我们的设计师不是发了文件就算了，而是一定要亲自到印刷厂跟色。"子要亲生，田要亲耕。"一定要自己到现场！因为在华与华，设计文件不是交付，打样也不是交付，生产成品才是交付。

如水坚果公爵是我们首次采用版画形式表现的超级角色，想要在一张小小的标签上体现版画中松鼠公爵丰富的细节，对印刷技术的要

求非常高。松鼠的毛发细节丰富，容易印糊，毛发都粘在一起，没有细节，也容易印不实，像一只掉毛的松鼠。

2021年7月29日，第一次打样，松鼠整体发黑。

在分析文件后，我们发现导致松鼠发黑的一个原因是网点扩大。大家想象一下，拿一个印章用力印在纸上，印出来的图案会超出印章本身的面积。

印刷也一样。松鼠毛发的间隙本来是刚刚好的，但是油墨网点一旦扩大，毛发的间隙就变小了，有些甚至没有间隙了。整个毛发都粘在一起，看起来就黑了。

我们的办法是给松鼠毛发缩边1像素，这样缩边的1像素刚好和网点扩大的范围相抵消了。

导致松鼠发黑的另一个原因是我们常常听到的"五彩斑斓的黑"。

在印刷中有一种黑色是彩色的，叫四色黑。四色黑就是同时使用青色、品红、黄色和黑色四种油墨产生的黑色。四色黑更深、更厚重，但同时它也有一个缺点，就是不能印很细的线条。

可以想象一下，用印章在同一个地方印四次，每次印的位置是不是都不一样？印刷也一样，再精密的机器也会有误差。松鼠公爵的毛发太细了，因此不能使用四色黑。

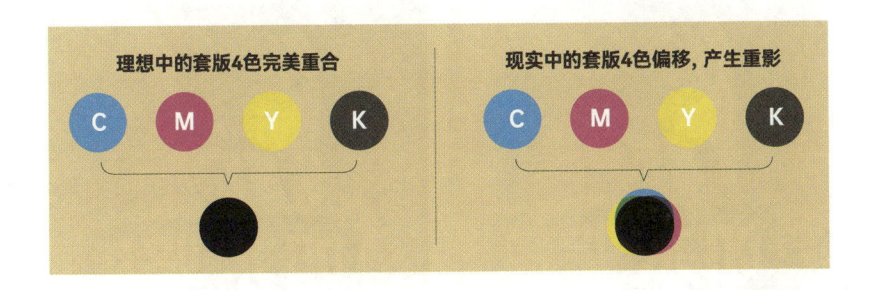

我们把毛发细节部分的颜色设置成只使用黑色油墨的单色黑，避免了四色黑套不准的问题。通过以上两步，基本解决了松鼠发黑的问题。

大家可以看到，为什么如今如水的包装有那么好的质感。因为仅仅在这一个包装上的打样就要花费 2 周时间，历经 20 次不同材质、不同效果的打样测试。凡事彻底，制作精良！成功不是做不平凡的事，而是把平凡的事做彻底，做到不平凡。

① 印刷材料的选择，让标签有金子的质感，更显贵气。

在开始打样前，我们首先遇到的问题是用什么样的材质来印刷标签。明确材质要基于我们想达到什么效果。对于如水松鼠公爵，我们想要的效果就是"贵族"气质。为了让包装看起来更加"贵气"，我们在设计时就把松鼠公爵的勋章、帽徽部分还有鸢尾花的符号填充成了金色，让它们散发金子的质感。最终，我们选择了金卡纸不干胶作为标签的材质。

② 提升金卡纸的质感，让金卡纸的颜色更加金黄。

当我们采用金色卡纸直接印刷时，发现露金印刷后的金色虽然闪闪发亮，但是这个金色偏淡，不像金子的颜色。露金印刷并不能直接达到我们想要的效果。这时的处理方法是，在露金的部位加上黄墨，让金色部分更加金黄。

我们根据打样的效果反复测试，最终我们测定，需要在露金色部分加 70% 的黄，这样才能让金色部分的颜色看起来更加金黄，而且还不会影响原来的金属质感，真正做到了金光闪闪，拥有金子般的质感。

△ 左松鼠公爵是直接露金印刷的效果，右叠印 70% 的黄

③ 在金色卡纸上印刷其他颜色，需要垫白。

我们本想直接在金卡纸上印刷其他颜色，但是发现金卡纸原有的黄色会影响其他颜色着色。要想不受到金卡纸原色的影响，就必须在金卡纸上垫白，来盖住金卡纸的底色。

垫白的意思是在金卡纸上印一层或者两层白墨，白墨能抵消金卡纸原色的影响，让颜色更准确。但问题是，垫白也会抵消金属质感的效果，让质感变普通。这个问题的处理技巧是：我们要先根据最终想要的效果，来决定在哪些位置垫白。

第 7 章 如水坚果

△ 左边蓝色不垫白，右边蓝色垫白

△ 左边红色垫白，右边红色不垫白

大圆桶产品翻新成功后，我们又翻新了从小水晶到菱形盒，再到袋装全家族坚果果干产品。如水鱼皮花生也是我们重点翻新的一款产品，我们对鱼皮花生做了全国全网销售第一的认证，并上到包装的正反两面。翻新后，销售额同比增长20%，增收1300多万元。

全面媒体化成功把产品包材成本转化为品牌投资，第一年一举建立松鼠公爵的贵族形象，现在去超市就会有消费者说，"去买那个戴着红帽子松鼠家的坚果"。

2

找到第二金角产品，开发烘培新市场

在为如水坚果服务的第二年，我们思考如何突破高端精品超市市场空间的局限性，开拓更大的事业版图。我们基于企业自身的资源禀赋，以及张总在产品开发上敏锐的嗅觉，决定将前期储备的如水黄油小曲奇产品作为第二只金角产品进行开发，由此切入更大的烘焙市场。

开发坚果黄油小曲奇，建立烘培市场起手式

首先我们进行 200 克袋装曲奇大单品的翻新，因为 200 克袋装曲奇客单价较低，可以帮助如水撬动全国的大流通渠道，不受高端渠道限制。

如水曲奇产品的开发有 6 大机关：

机关 1：产品命名，我们从"如水黄油坚果小曲奇"，改成"如水坚果·坚果黄油小曲奇"，文字先后次序的调整，是由我们要占领坚果烘培市场的战略动机而决定的，把"坚果"两个字放在最前面更具强调性。

机关 2：我们给到"坚果加曲奇，香上加香！"的购买理由，并提炼"新西兰进口黄油 ≥ 25%；扁桃仁碎粒 + 腰果碎粒 ≥ 10%；内含 5 袋小袋更保鲜"的话语体系，并把它用图标（icon）的形式体现在包装上。

机关 3：松鼠公爵再放大，货架一眼看到他。将松鼠公爵放大至原先的 1.5 倍，视觉冲击力更强，货架优势更明显。

机关 4：符号品名连一起，阅读就像滑滑梯。超级符号和品名用丝带的形式组合在一起，使阅读更加流畅。

机关 5：包装侧面叠曲奇，食欲卖点都集齐。包装的侧面也不能放过，食欲产品图和卖点一应俱全。

机关 6：包装底面加信息，食用指南要说齐。包装底面放上食用指南，提供充分的信息服务。

六大机关充分释放了产品的品种价值，让 200 克曲奇产品放上货架就开卖，2022 年单品销售超 500 万元。

同时我们在曲奇产品开发过程中，洞察到礼品市场才是曲奇更大的市场。我们发现旧礼品包装盒的正面面积较小，虽然分量很足，但价值感很低，会让消费者觉得送出去没面子，很难撬动礼品渠道销量的增长。

基于此，新升级的包装，同样的体积我们把它变薄，增加正面的面积，从 320mm×200mm 增加到 420mm×270mm，面积是原来的 1.7 倍，新升级的包装一下子就显得大气十足。

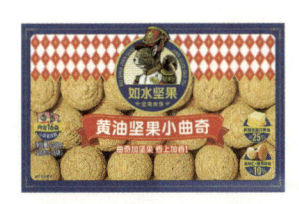

产品规格：320mm×200mm×120mm 　　产品规格：420mm×270mm×100mm

而曲奇礼盒与贵族曲奇礼盒之间，就是一幅普通油画与贵族油画的距离。在包装的侧面我们寄生了松鼠公爵一家人的油画，品质感直接拉满。这也是如水品牌专属的贵族形象，竞争对手无法模仿。

1000 克的曲奇礼盒翻新后，我们为覆盖不同的价格梯队，开发了 560 克的如水红罐曲奇，实现了曲奇产品从 6.9 元到 169 元全价格带的覆盖。

曲奇产品上市两年，年销售额超 1800 万元，成为继鱼皮花生后第二个销售额过千万元的大单品！

围绕曲奇烘培产品，我们又拉出了一条全新的银边，布局了如水纯牛奶鸡蛋卷和如水坚果小桃酥一系列坚果烘培产品。烘培产品的成功开发助推如水从坚果食品行业进军到烘培食品行业，2022 年创收超 3000 万元，增长率达 159%，如水在烘培市场已经奠定了稳固的基石。

3

进军礼品渠道，拉出品牌第二增长曲线

对高端品牌来说，更大的市场就是礼品市场。2022年中国礼品市场规模预计突破1.2万亿元，全球排名第一。早期很多大单位在高端商场进行采购，但随着社会发展，流量开始分流，有的企业通过网络采购，有的公开招标，仅仅靠我们自己是完全打不开这个礼品市场的。

因此，如水坚果虽然天然有高端的送礼属性，但礼品渠道开拓的壁垒比较高，靠传统的直营模式已经很难打通。

经过调研我们发现，在礼品渠道，消费者和经销商都是我们的顾客。打开礼品市场的本质，就要动员专门经营礼品渠道的经销商，来开辟如水的礼品新市场。

这里面涉及营销4P中的渠道。渠道是什么？渠道不仅是利益共同体，还是一个组织共同体。我们不仅要从营销理论来看渠道，更要从组织行为学来看渠道。对企业来说，渠道是一个体制外但又在结构

内的组织。既然是一个组织，它就要有愿景，有价值观，有制度，有仪式，有组织生活。而我们也要帮助如水，为组织共同体打造盈利的产品、渠道的制度以及共同的生活节拍。

▍完善产品结构，助力经销商卖货

我们研究产品结构的时候发现了产品缺位的问题，如水坚果在整个春节档只有11款产品。100元以下的产品是一个很大的市场，但在这个价位段上面的产品不足。中国有三大节日的礼品市场：端午、中秋、春节。除了这三大节日，平时我们的经销商也要有货可卖，目前的产品无法为经销商提供充足的货源。

第一，2021—2023年两年时间内，我们开发了5大系列16大规格，从11款礼盒增加到35款，完善了春节产品的价格带梯队，从50元到1000元，各个价格带上都有非常丰富的选择，可以让经销商和顾客根据自己的渠道、自己的需求，来选择更加适合的产品。

第 7 章　如水坚果

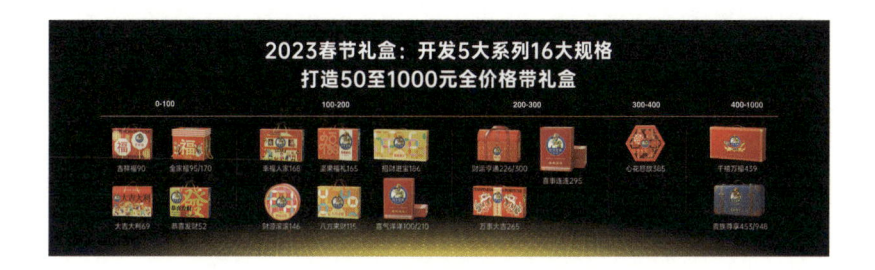

第二，覆盖全年销售场景。我们持续完善中秋礼盒、端午礼盒，今年更是打造出了 6 款能够畅销全年的经典礼盒。不仅如此，我们还在品种上继续深化和开拓，开发了烘培类坚果礼盒和每日坚果礼盒，形成了高端坚果礼品完整的产品结构，可以让经销商全年卖如水，增强了经销商对如水的依赖程度。

用包装设计打造超级礼盒,实现全自动销售

如水作为高端的礼品,它最重要的是什么?最重要的就是包装。送礼就要有面子,所以设计礼品包装就是设计送礼和收礼的人的面子,包装是把我的一颗心包给你。所以如水是心意,如水的包装就是送礼的面子。

如水礼盒的设计不是简单地改变颜色,而是用不同材质和不同风格,精准区分礼盒的价格带,形成价值感的梯队。100元的用折叠纸、300元的用皮礼箱、600元的用铁盒礼箱。

开发礼品包装,更要放大品牌的文化和戏剧性。我们以松鼠公爵

为原型，延展出了松鼠公爵家族的形象，使松鼠公爵贵族的生活成为礼盒设计的预制件。

正因如此，我们的包装和其他所有品牌的包装都不一样，因为其他的坚果品牌都是基于快消的思维，他们也确实是快消这个模式。我们是精细化思维，做得更精致，我们要走一条很独特的道路。

每年的礼盒不管在设计上还是在工艺上面，都下了很大的功夫，2022年如水"全家福"礼盒改造后，销售额增长52.2%，位居销售额第一名；"大吉大利"改造后，销售额增长255%；"恭喜发财"在2022年首次推出，拿到销量第一的好成绩；2022年礼品市场实现1.27亿元营收，增长219%。

我们是如何用高级符号打造出高级爆品的呢？

① **产品命名：实现全自动播传**

华与华创意的话语，不是设计一句话来告诉消费者，而是要设计一句话让消费者帮我去传。

我们做产品命名也是一样。首先，我们在卖货的时候，会思考促销员愿不愿意去说，能不能说得出口。其次，我们会思考消费者在送礼的时候会不会说，并且会不会以此来进行传播。所以我们要找到能够自己长翅膀自由飞翔的词语和命名，来进行产品的开发。

和做超级符号一样，产品命名要在文化母体当中寻找，就是我们生活中循环往复的真实日常。我们的品牌和产品要寄生到文化母体当中，成为母体的一部分，成为送礼这个母体行为中的道具。所以，我们礼盒的命名，都是在文化母体当中寻找创意的。

我们开发了五大系列：福系列、财系列、吉系列、喜系列和贵族系列，这就是在春节场景当中各位都会去说的祝福语。我们在给每一个系列进行命名的时候，都是它自己能够传播、我们在销售时也愿意去说的话语。比如，恭喜发财！祝你今年财源滚滚，财运亨通！这都是非常有祝福意义的产品命名。

大家有没有意识到，如果我们取了一个非常书面化、很难读的命名，首先我们卖的时候就不知道怎么去说，不会去用它。其次，消费者送礼的时候，他也不会使用这个命名，所以最好的命名是什么？就是约定成俗的命名，它本身就是大家认同的词语，这样就能形成自动的播传和传播。

② 包装设计：设计礼盒预制件

我们说完了命名之后，讲讲如何打造礼盒产品包装，使其在货架上能够自动引流，自己把自己给卖出去。这也是华与华设计所有包装的一个原则，叫作货架思维。

我们在设计每款包装的时候，首先要思考它在哪儿卖，产品它不是存在电脑中，也不是陈列在艺术馆里，而是在我们销售的终端。其次要思考怎么让消费者一眼就能看到它，看到了之后怎么拿起来观赏，然后他愿意购买，愿意把它送出去。

因此，我们要思考的是如何让如水的产品包装能够实现货架优势，和其他的品牌放在一起，第一眼就能看到如水的产品。然后，用手艺实现价值的超配，使产品看上去高级，送礼有面子。

首先来讲讲我们的畅销爆品"全家福"礼盒，它的成功是选择了一个非常好的正方形礼盒，装配灵活；其次是内容物超值，价格也合适。那我们是如何进行产品包装的设计，让它更有卖货的能力的呢？

首先，我们给它加上超级花边做品牌资产的积累。其次，放大购买理由，既然叫"全家福"，是不是你送出去得像送一个福字一样把

福的意愿送到别人的家里？所以我们把大大的"福"字放在上面。最后，我们又将超级角色寄生在这个产品的包装当中。松鼠公爵和公爵夫人也融入中国春节的文化气氛当中，拉着横幅站在两边，像两个门神。

我们以此进行了一系列福系列的产品设计，超级符号放大购买理由，每款福系列的产品包装都有一个能放大购买理由的符号。"吉祥福"我们用窗花的形式来进行设计，"坚果福礼"用中国结的形式来进行设计，"幸福人家"我们用预制件松鼠公爵一家人其乐融融的形式来进行产品包装的设计。

同时，我们还开发了如水贵族礼炮盒，重塑了消费者打开包装的产品体验。

打造如水超级道场，助力拓展经销客户

开拓经销商的核心动作，就在于开展会，展会就是企业的门面，展会就是企业的派头。我们为如水打造了如水坚果城堡展厅，展厅有五大销售阵地七大机关，现在的如水展厅成了经销商到展会必去的打卡点。

销售总监王总和我们说："如水的经销商参加完展会都感叹，觉得如水这两年越来越像一个高端的大品牌了！"

为了引流，我们会安排松鼠公爵在展馆附近巡游。消费者看到可爱的松鼠公爵纷纷上前合影，在消费者心中建立良好的品牌体验感。

消费者走进展馆便会听到我们的品牌歌曲，轻松欢快的旋律使人心情愉悦。整首歌在不停地重复"如水坚果，坚果贵族"的品牌谚语，加深消费者对品牌的认知度，这是我们的第二大机关。

第 7 章　如水坚果

唱：
如水坚果 坚果贵族
如水坚果贵族
如水坚果 坚果贵族
如水坚果贵族
说：
如水坚果 坚果贵族

唱：
如水坚果 坚果贵族
如水坚果贵族
如水坚果 坚果贵族
如水坚果贵族
说：
如水坚果 坚果贵族

△　如水坚果品牌歌曲——《如水坚果贵族》

进到展馆内就可以看到我们的五大销售阵地，它们分别是：

①门口的试吃台：产品销售的关键就在于试吃，消费者只有试吃才能真正地体验到产品最核心的部分。我们也会在试吃台的下方提供信任背书——"高端精品超市畅销18年，入驻商场超1000家"的信息。

②超级堆头：货卖堆山卖货快，我们把主推的产品放在堆头上，营造热卖的氛围。堆头上也会提供购买理由"拳头产品，款款畅销"，降低决策成本。

第 7 章　如水坚果

③产品货架：货架的关键在于食欲海报和灯光氛围，食欲海报提供产品的购买理由，灯光氛围增强包装的食欲感。

④礼品专区：高端的礼品要用高端的陈列方式，我们专门设置礼品展示区，每款礼品像陈列珠宝首饰一样进行展示，提升礼品的品质感。

⑤洽谈区：洽谈区也是重要的销售阵地，这里面也是绞尽脑汁。我们采用如水的品牌花边菱形格桌布来积累品牌资产，同时在展桌上摆放每个区销售经理的微信二维码、宣传册和我们的试吃产品。客户可以和我们边吃边聊，助力成交。

第 7 章　如水坚果

如水每年在全国各地召开 10 余场展会，打造如水贵族超级道场，渠道商来这里参观，在这里交流，共同发展，这就是组织的关系。目前每场展会都会新增上千客户资源，两年时间助力如水从直营模式成功转为直营＋经销双渠道模式，经销渠道营收增长 50%！

今年，华与华帮助如水召开了 30 年来第一场经商大会，张总在台上的分享令所有经销商为之动容。这样一场大会，将企业家对社会、对员工、对品牌、对经销商的热忱展现得淋漓尽致。大会的核心主旨就是道义最大！你帮我，我帮你，我们都是好兄弟。

这就是一个高端品牌掌舵人的想法。高端品牌不仅是高级的符号，更是企业价值观的展现。华与华认为，商业的本质是要与这个时代宏大的叙事相结合，而我们真正实现了让一个与宏大叙事相结合的企业散发出它全新的光芒与活力。在未来，如水还有更大的空间值得我们去开拓，我们希望可以一步一个脚印地陪伴如水，基业长青，永远不败！

华与华方法

华与华超级符号哲学模型

打造品牌其实就是符号编码的问题,这就涉及华与华的超级符号理论:一切传播都是符号的编码和解码。超级符号是人人都能看懂的,并且听它指挥的符号,将品牌嫁接超级符号,能在一夜之间让一个新品牌成为亿万消费者的老朋友,并建立品牌偏好,发动大规模的购买。

编码怎样来编?我们用华与华超级符号哲学模型来说明。

△ 华与华超级符号哲学模型

在人认知的最底层有一个东西叫知觉框架，知觉框架就是信息处理。现在人工智能，比如 ChatGPT，建的大语言模型实际上就是模拟了人的知觉框架。

知觉框架把接收的信息进行处理、提炼后形成经验，先验主义哲学认为人的一切知识都是从实践中来的，我们从实践中得到经验，然后形成经验秩序，在经验秩序之上是人们的集体潜意识。

我们在编码的时候，就是从文化母体中寻找超级符号，制作预制件，如果你编织出的东西符合人的经验秩序，那它就能轻而易举地进入大众的经验秩序。一旦组装完成，它就无法卸载，从而发动大规模播传。

相反，如果你做了一个谁也没见过的东西，跟所有人的经验秩序都不一样，那就会有排异反应。

如水要做一个高端坚果品牌，该怎样介入人们的经验秩序和集体潜意识呢？用坚果行业的文化母体——松鼠！但是有的人会觉得松鼠别人都用过了，就不能再用了。舍近求远，是人的通病。觉得是谁都能想到的创意，就不屑于做了。而华与华的创作就是用谁都能想到的，甚至不屑于想到的材料，做出谁也做不到的效果。

附录 1

华与华 2023 年度专项奖
精选内容

2023 年度最佳镜头奖	313
2023 年度最佳 TVC 奖	317
2023 年度最佳发布会奖	326
2023 年度最佳营销日历奖	349
2023 年度最佳推进执行奖	358
2023 年度最佳产品命名奖	366
2023 年度十大包装设计	372
2023 年度最佳 logo 设计奖	377
2023 年度最佳海报设计奖	394
2023 年度最佳门头设计奖	404
2023 年度最佳展览设计奖	413

华与华每年的奖项，除了万众瞩目的百万创意大奖，还有作品专项奖。华与华每年都会评出每个专项最佳作品，给予表彰和奖励，奖金一万元整。

关于年度最佳专项作品评选的标准，华杉说："我们要让每一项营销工具，都能单独完成一次完整的市场进攻！设计一个包装，就要做到仅凭这个设计，将产品放上货架就能把产品卖出去；设计一张海报，把这张海报往墙上一贴，顾客就会前来购买；设计一张插画，顾客看到插画就能购买，买的是我这张插画！"

接下来，为大家呈现华与华2023年度专项奖的精选内容。

2023 年度最佳镜头奖

鸭鸭明星代言人梯媒广告

高洁

2023 年,有 50 年历史的国民羽绒服品牌鸭鸭,邀请 10 余位明星代言,建立起品牌超级代言人阵容。在 10—12 月羽绒服销售旺季,鸭鸭全国投放新潮传媒的梯媒广告,发布年度新品,打响品牌年度营销传播战役。

下面为大家详细解析,我们是如何用华与华"超级符号"及"超级镜头"的方法,为鸭鸭创意明星代言人梯媒广告片,在冬季销售期间,实现品牌大规模曝光,创造现象级播传效益。

鸭鸭品牌超级符号
与代表时尚行业的超级符号双重叠加

创意一支品牌代言人"群星亮相"的广告片,首先要为鸭鸭的年度品牌明星传播建立一个视觉统一的超级版式,不仅要能放大鸭鸭的品牌符号,还要能统领多位明星代言人。于是,我们找到最具时尚属性的母体符号——时装杂志。时装杂志的封面往往由大牌明星出镜,拍摄一张极具美感和视觉冲击力的照片，引领当季最流行的穿搭方式。这恰好和鸭鸭请明星代言人身着新款羽绒服，拍摄广告带货的目的相吻合。

于是我们把"时装杂志封面"作为鸭鸭明星代言人平面海报和视频广告的超级符号，把鸭鸭品牌超级符号"YAYA"像杂志的刊名一样放大，主视觉空间留给代言人展示新款羽绒服。留白处也像杂志封面的主题一样，标注每款产品的品牌系列名，做好品牌的信息服务。

▌广告不是讲故事，而是耍把戏，是产品演出

华与华方法认为，品牌拍摄广告片的最终目的是提高销售，同时通过画面创意提高传播效率，积累品牌资产。对鸭鸭羽绒服来说，最重要的就是让明星做好产品的模特，清晰地展示羽绒服。

不论是以前的电视广告，还是现在的梯媒广告。短短的15秒，我们不能讲故事，而是要让产品耍把戏。华与华创意广告片的标准之一

就是要有超级镜头。超级镜头就是能让你目不转睛地看、一字不落地听，全盘接受所传达的信息，让人过目不忘。

在"咔嚓咔嚓"按下快门前，明星或时尚模特摆出各种姿势，是时尚服装行业的经典镜头。于是我们就让平面杂志封面上原本静止的明星动起来，让代言人拍摄直面镜头摆姿势展示服装的定格视频，上演电梯变装时装秀，发挥戏剧性，吸引电梯里受众的注意力。

用同一个超级镜头创意"Ctrl C + Ctrl V"

完成"时装杂志封面"的画面超级符号后，让身着不同系列款式鸭鸭羽绒服的明星代言人，统一拍摄展示服装的定格视频。通过创意"超级符号"和"超级镜头"的方法，用同一个拍摄创意，让鸭鸭年度10余位代言人拍摄的每一秒都是超级镜头。

10余位明星独立拍摄视频，可以任意排列组合明星的素材，混剪群星广告片，满足小成本制作明星拍摄的需求。为了最大化释放鸭鸭的品牌势能，吸引不同明星的粉丝流量，画面全程放大加粗YAYA品牌字标及品牌谚语，鸭鸭投放的所有广告一以贯之。

重复是广告宣传的本质
15秒单曲循环鸭鸭品牌醒脑歌曲

多位明星代言人在画面中酷酷美美地摆着姿势，不仅广告画面是重复的，我们还要让广告的背景音乐不断重复。品牌歌曲就是电梯广告的传播利器！整条广告的背景音乐，就是不断重复鸭鸭品牌醒脑歌曲，"天冷了，就穿鸭鸭，鸭鸭鸭鸭鸭鸭鸭鸭鸭"。让每一位明星代言人的出场时间，满足唱完一句完整品牌谚语的唱词，然后将明星定格视频素材组合剪辑成 15 秒梯媒广告，单曲循环品牌歌曲。

为鸭鸭创意的时尚杂志超级符号，被华杉评价为华与华"加粗加大"放大术与时尚的完美结合。该广告片更是用一套创意统领鸭鸭年度多位明星代言人，做到每一秒都是超级镜头，画面放大鸭鸭品牌名，全程重复品牌醒脑歌曲，在短短 15 秒内展示 10 款爆款产品！

2023 年度最佳 TVC 奖

东鹏补水啦广告片创意解析

王慧敏

华与华对 15 秒电视广告的创作要求是：

- 记住品牌名；
- 记住商品长什么样；
- 给人购买理由和冲动；
- 建立品牌符号和企业战略优势。

电视广告要求我们要用15秒的表演，让一个消费者注意到并有意愿购买他第一次听说的产品。

但消费者为什么要购买你的产品？你的产品跟其他品牌相比有什么优势？想要成交就一定要在短时间内将产品信息清晰地传递给消费者。如果消费者看完整个广告感觉不到你的产品与其他品牌的不同，那注定是一个失败的广告。

我们通过五大超级放大术放大品牌信号能量，实现这些传播目标。

放大购买理由
重复！重复！重复！打造超强刺激信号

广告创作不是天马行空地想"创意"，而是带着目标的投资取舍。当只有15秒时，每一秒投资在哪里，都值得精打细算。

我们都知道，要让人记住你的名字，最重要的就是把名字喊出来，其次就是尽量多喊几遍。同理，要让人记住你的样子，最重要的就是把样子露出来，其次就是尽量多露几次。

当一个消费者进入电梯时，我们的广告就在发射信号，我们文案喊了5次品牌名"补水啦"，2次品牌话语"快速补充电解质"，那他出电梯门时，脑子里全部是我们的品牌名和品牌话语。

```
15S文案—41字
补水啦（喊）—————————→放大品牌名戏剧性
东鹏补水啦（喊）———————→重复品牌名，加强记忆
快速补充电解质
运动就要补水啦————————→给出购买理由，下达购买指令
天热就要补水啦————————→给出购买理由，下达购买指令
快速补充电解质
东鹏补水啦（喊）———————→重复品牌名，加强记忆
```

放大声音符号
把"补水啦"信号能量喊出来

华与华方法认为：所有的传播都是释放出一个刺激信号，谋求顾客的行动反射。广告就是发射信号，信号越强就越有效。

同样一句话，通过看和说两种形式，消费者收到的信号刺激和能量是不一样的，尤其是在封闭传播的电梯环境中，传播效果和能量更不一样。

"补水啦"的品牌名，天生就是大众口语报道。我们发挥品牌名的戏剧性，把"补水啦"的品牌名在广告片中喊出来，让"补水啦"更口语化，绕过人的心理防线，并且我们喊不止一遍，我们喊5遍，进一步放大信号能量。

我们开头就喊出品牌名，用镜头语言演绎的同时，打造独特的品牌声音符号，积累品牌资产。

15s 文案
补水啦 （喊）
东鹏补水啦 （喊）
快速补充电解质
运动就要补水啦
天热就要补水啦
快速补充电解质
东鹏补水啦 （喊）

补水啦

放大超级字幕
强化品牌名，没有声音也能传

华与华方法认为：一切传播都是符号的编码和解码。传播是进行符号的编码，再给接收者解码的过程。我们所做的一切努力就是要将品牌价值信息，以最小的传播成本实现最大的传播效果，解决编码和解码过程中信息损耗的问题。

目前的媒体传播环境，除了电视，更多的是电梯。梯媒是目前接触消费者最常见的媒介，也是品牌必投和必争之地。我们要核心思考如何降低传播的损耗。比如电梯屏幕非常小怎么办？电梯没有声音怎么办？

在这样的情况下，我们通过华与华放大术，将字幕在视频画面中放大呈现，超大字幕，几何级放大品牌信息，加大传播。让电梯中的人即使听不到声音，也能看到文字。

附录 1　华与华 2023 年度专项奖精选内容

那什么样的大字幕更适配梯媒环境呢？我们经过三轮研究，在 57 个大字幕参考中总结出 5 种出现形式，最后通过三轮字体设计、五轮字幕细化打磨定型。通过放大透视的字体设计和镜头人物做到更好的结合。

321

放大水花符号
超级水花炸出超级补水感

广告片就是耍把戏,就是产品演出。

"把戏"是能让人目不转睛地看,一字不落地听,全盘接受你传达的意见,并倾向于接受你提供的结论。

把戏,不仅在于整体,也在于细节。得其真味者才知道,到底是什么地方、哪句话、哪个画面、哪个表情、哪个眼神替你卖了钱。

作为饮料广告片,我们的核心是放大画面的食欲感,给人购买理由,让人知道产品好在哪里,让人来买。

"东鹏补水啦"的广告片就是用镜头视觉语言放大品牌名的戏剧性,让夏日补水感看得见。同时考虑夏季投放,水花直接炸出来,让补水感溢出屏幕,让人瞬间补水。

确定好炸水花的形式，就要思考如何炸。我们从 67 个参考作品中总结了 4 种水花的出现形式，最后结合实际拍摄难度、镜头呈现效果选择了背后炸水花。感觉喝完不仅仅是身体补水，皮肤都能补水。

放大补水蓝
建立"东鹏补水啦"品牌视觉传播基调

一个广告片除了要有好的创意、好的镜头表达,还要思考如何建立品牌符号和企业战略优势,如何留下品牌资产,让人持续购买。

东鹏补水啦是用一支广告片建立品牌视觉传播基调。

我们在颜色上做到了极致,同时借鉴宝矿力,颜色蓝得有层次,每个镜头的布景、服装搭配等做到了橙蓝撞色搭配和谐。这次的广告片不但奠定了东鹏以后拍摄广告的基调,还奠定了东鹏品牌的整体基调,对之后的终端活动、线下平面设计等都有借鉴价值和指导意义。

附录 1　华与华 2023 年度专项奖精选内容

325

2023年度最佳发布会奖

西贝华与华合作十周年庆典

冯雨

2023年9月19日，西贝华与华合作十周年庆典暨西贝品牌资产发布会，在北京嘉里大酒店圆满落幕！

西贝是华与华第四个持续合作超十年的客户，第一个是厨邦酱油，第二个是六颗星长效肥，第三个是奇安信。

在这场盛会上，华与华服务的60多位客户齐聚一堂，西贝董事长贾国龙和华与华董事长华杉分别做了主题演讲，回顾了双方在合作的十年里共同创造的价值和成果。

△ 厨邦 × 华与华合作十年、奇安信 × 华与华合作十年

△ 西贝 × 华与华合作十年回顾视频

华与华的经营理念是"悦近来远",即不要老想着去抓外面的新利益,而是把手上的事做好,让新利益自己来。

任何生意的获客成本都应该是越做越低,如果获客成本越做越高,那一定是哪儿做错了。因为经营的时间越长,服务过的顾客就越多,顾客不仅会复购,还会介绍新顾客。

华与华在服务西贝之前,也没想到做成西贝后能为华与华带来这么多餐饮业客户。

下面就从华与华自身分析,作为 B2B 企业如何为客户持续创造价值,通过办好一场庆典实现悦近来远。

项目背景

西贝的成功是 4P 的成功，4P 是营销的全部与全部的营销

2013 年，西贝的渠道从街边转向购物中心，以渠道为原点，转动其他 3 个 P（产品、价格、推广）的创新。西贝在 2013 年到 2018 年的飞速增长，就是此刻确立的渠道红利。

门店由 3000 平方米到 300 平方米，产品由 130 道菜到 33 道菜，同时，创意改变命运，"I ♥ 莜"解决了西贝品牌名的传播问题。超级符号的时尚更是改变了西贝的外观、包装、产品、体验，甚至改变了顾客来西贝的理由。

△ 西贝门店前后对比

十年间，华与华不断转动 4P，围绕品牌五年计划从超级符号、品牌定型、持续改善、营销日历、产品开发、传播推广、营销教练到品牌公民……在西贝案例的实践中完整地诠释了"华与华＝战略咨询公司＋产品开发公司＋广告公司"的价值，见证了西贝从地方菜品牌跃升为中式正餐领先品牌。

△ 西贝华与华合作十年成果展示

B2B 企业如何办好庆典活动，实现悦近来远

合作第十年，我们希望通过这场庆典达成两个目的：一是悦近，给西贝带来服务之外的惊喜价值；二是来远，吸引更多的客户。

如何让一场活动同时达到以上两个目的呢？华与华顾客价值方阵强调，要从来宾的角度进行思考，主要有四个方面：

第一，做什么（To Do）；

第二，体验什么（To Experience）；

第三，学到什么（To Learn）；

第四，成为什么（To Be）。

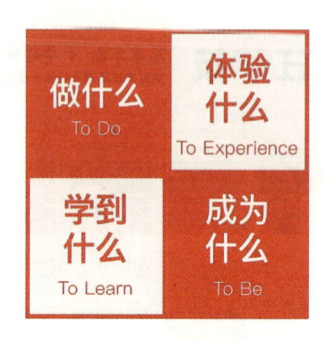

△ 华与华顾客价值方阵

在"做什么"上，我们希望来到庆典的主角——西贝客户能享受华与华为他们提供的增值惊喜，感受十年相伴共同走过的情谊；

在"体验什么"上，我们希望来宾能在这场大会上体验到知识的盛宴，认识知名企业大咖，结交朋友，了解最新的行业资讯；

在"学到什么"上，我们希望能给来宾提供最新的咨询理念，提供品牌营销理论知识；

在"成为什么"上，我们希望来宾能成为更有品牌营销知识的企业家，成为能够持续和华与华合作的客户。

在这场庆典的实践上，我们具体做到了以下几点。

像打造品牌一样设计庆典

华与华认为，企业主办的活动应该像打造品牌一样做顶层设计，始终服务最终目的，随时回到原点去思考如何悦近来远。

命名就是召唤

首先我们决定给十周年活动取一个名字，因为没有固定的名字，顾客就无法进行传播。我们将活动命名为"西贝华与华合作十周年庆典暨西贝品牌资产发布会"。

"十周年庆典"意味着以后要重复投资，与合作十年的客户办庆典。有了命名后，我们就有了固定的大会主题、一个新的品牌资产，每年都可以重复投资、重复积累。

设计庆典专属符号

I♥莜是华与华超级符号代表作，此次十周年庆典符号，我们巧妙地将代表华与华的 H 与代表西贝的 I♥莜结合，同时拥有了寓意。

现场 H♥莜的符号特别抢眼，贾国龙先生更是身穿 H♥莜服装，为西贝和华与华代言。

固定时间

把大会举办的日期固定下来，这样客户在规划下一年活动时就会记得华与华的合作周年庆典活动。西贝的十周年庆典在"9·19"举办，两个数字 9，表达了和华与华合作越久越有价值，让"9·19"这个日期形成新的品牌资产。

固定地点

媒介即信息，而酒店是大会的重要媒介。所以我们把大会地点选在北京的地标性酒店——北京嘉里大酒店，借势北京商务中心区顶级高档的酒店，增加庆典的势能。

像打造电视节目一样策划环节

对一个庆典来说，固定环节非常重要。有了固定环节，顾客在来之前就已经开始期待了。

本次庆典一共有以下六大环节。

第一个环节：华杉主题演讲——"年年不断　十年起步"

发布会是一个传递品牌知识的大会，我们要给客户提供最前沿的品牌理论和知识。

华与华认为，全球目前没有合格的品牌理论。华与华把品牌理论构建完成，为人类填补了一项理论空白。这次庆典上正式发布了华与华十年咨询产品和品牌资产理论，未来更将成为全球通行的权威理论。

附录1　华与华 2023 年度专项奖精选内容

华与华对"品牌"的符号学定义：

品牌是产品、话语和符号的三位一体。一个本体，三个位格，可对应皮尔斯符号学三角形的符号、对象、解释项。

话语创造产品，符号创造感知，三者密不可分，同时诞生，同步进化。品牌管理就是同步管理产品结构、话语体系、符号系统。这就是华与华说的"所有的事都是一件事"。

华与华品牌三角形
（事业理论、产品科学、品牌文化、企业文化、企业故事；话语体系、符号系统；意识、潜意识；物质；产品结构）

△　华与华超级符号哲学模型
（大规模播传、无法卸载、预制件组装、超级符号、文化母体、集体潜意识、经验秩序、知觉框架）

333

第二个环节：贾国龙主题演讲——"咨询是企业家的生活方式"

贾总的演讲表达了他对咨询公司的认知和理解，咨询也是华与华为西贝贾总提供的增值服务，客户可以在这里展示自己的产品和品牌。同时，贾总的演讲也给华与华提供了一份强有力的信任支持，提升了华与华的品牌影响力。

更重要的是，贾总的演讲有经验、有教训，给来宾带来了企业经营的新知识，这是重要的价值体验。

△ 西贝董事长贾国龙在庆典上分享

第三个环节：赠送十周年纪念礼物仪式

为纪念西贝和华与华合作十周年，华与华也为西贝准备了十周年礼物。本次献礼的作品是由华与华超级符号艺术工作室精心打造、华杉的弟亲自指导的一笼和田玉莜面。用和田玉做的一笼莜面，一共68卷，历时88天雕琢而成，中间舍弃重来5次，共使用了和田玉54.80斤，由5位老师参与完成。

这是华与华超级符号艺术工作室第一件公开发布的作品，华与华不仅将超级符号思想用于商业创意，也用于艺术创作。

纪念品的赠送更是充满了戏剧感。我们先送给贾总一块玉石做的莜面，小小的一个设计，贾总在现场并未感到惊喜。

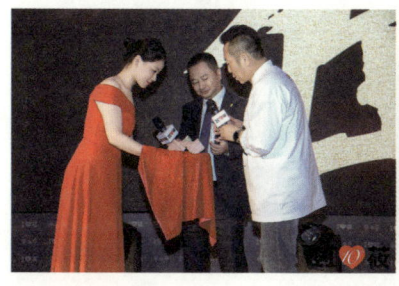

△ 第一件纪念品 　　　　　△ 第二件纪念品

接着，呈上"第二盘菜"，用玉石完整还原了莜面的制作过程，贾总小有感动与惊喜，并坦言："华与华有心了。"

接下来，我们播放了赠礼视频。

一笼莜面，三生三熟。传承两千年的莜面手艺，内蒙古非物质文化遗产。

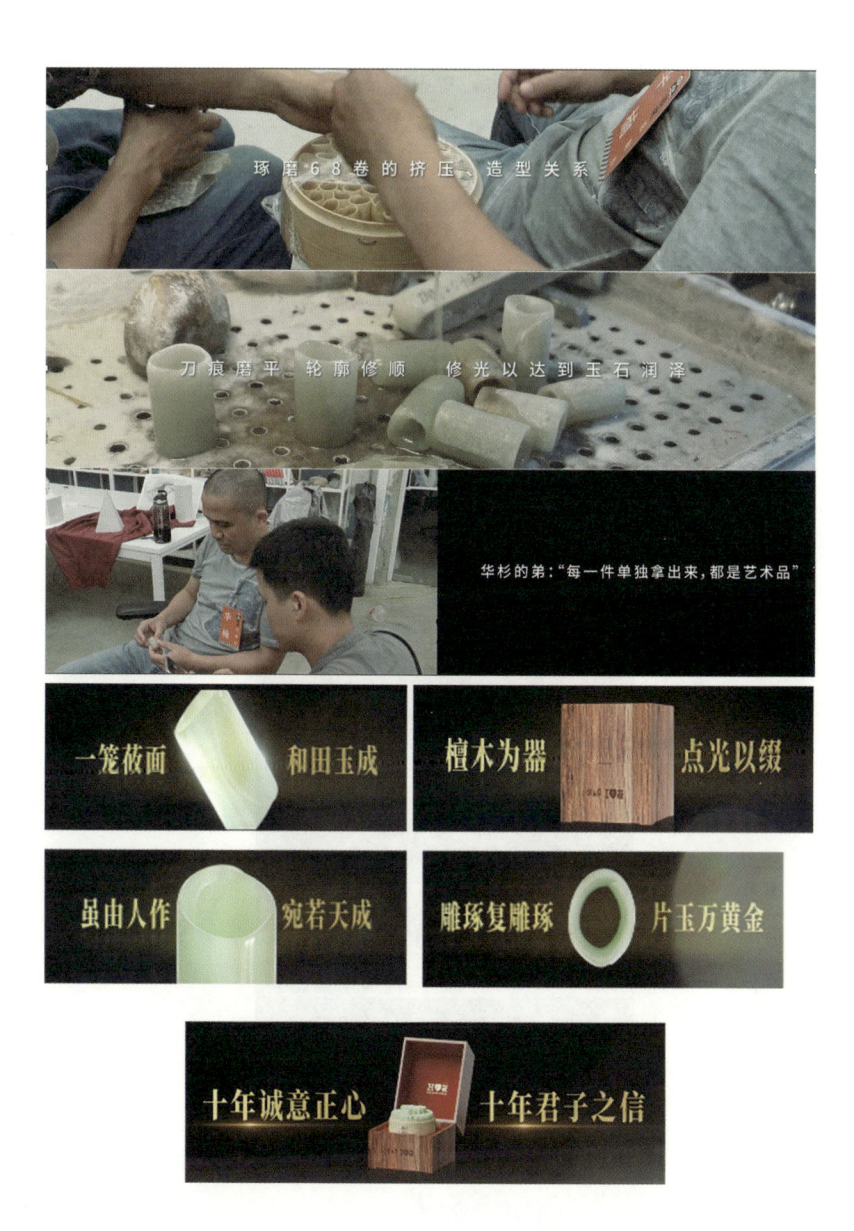

附录 1　华与华 2023 年度专项奖精选内容

琢磨 68 卷的挤压、造型关系

刀痕磨平　轮廓修顺　修光以达到玉石润泽

华杉的弟："每一件单独拿出来，都是艺术品"

一笼莜面　和田玉成

檀木为器　点光以缀

虽由人作　宛若天成

雕琢复雕琢　片玉万黄金

十年诚意正心　十年君子之信

337

视频结束，震惊全场，然后呈上终极大礼——玉石莜面。贾总被深深打动。

这就是体验的设计。

△ 西贝董事长贾国龙收到玉石莜面后与华与华董事长华杉在现场热泪相拥

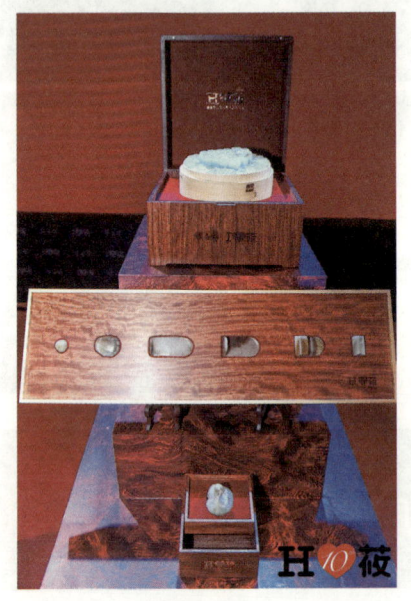

△ 三件莜面纪念品合体

第四个环节：企业家与咨询顾问论坛

咨询行业是一个信息不透明的行业。客户不知道自己把钱投资给咨询公司的价值究竟如何量化，也不知道品牌广告投放究竟该如何定向。比如有些广告公司利用信息不对称与顾客进行博弈，赚取客户与媒介之间的中间费，咨询行业也同样面临这种问题。

我们荣幸地邀请到了得到创始人罗振宇、瓜子二手车董事长杨浩涌、新潮传媒董事长张继学，现场围绕"企业家与咨询顾问"的主题，进行了论坛对话，帮助企业家更加理解咨询行业，了解如何用好咨询公司的价值。

△ 论坛现场

第五个环节：晚宴

这场庆典是一个充满情感链接的盛会，可以通过让企业家聚餐的方式，给来宾带来链接更多不同行业、结识多方优秀创始人的机会，同时也能向客户展示有众多优秀的企业在与华与华合作。

第六个环节：邀请北京民族乐团和西贝草原乐队现场演唱

北京民族乐团于 2015 年 9 月正式组建，隶属于北京演艺集团，其前身为北京歌剧舞剧院民族乐团，是北京市属文艺表演团体之一。

在此次盛会上，北京民族乐团演奏了《云宫迅音》《女儿情》《贝加尔湖畔》《花好月圆》《彩云追月》《新赛马》《春江花月夜》等曲目。

△ 北京民族乐团演奏现场

西贝集团的九十九顶毡房艺术团成立于 1999 年，从最早的莜面村小歌队，到腾格里塔拉艺术团，再到后来的九十九顶毡房艺术团。一直致力于传播西北民间文化、蒙古族文化，并一路伴随西贝成长至今，为西贝餐饮增添了一道独特的风景线！

在晚宴期间，西贝九十九顶毡房艺术团现场演奏了《万马奔腾》《黄河船夫曲》《天边》《敢问路在何方》《庆功礼仪》等曲目。

△ 西贝集团的九十九顶毡房艺术团演奏现场

现场更有华杉倾情献唱，由此晚宴氛围达到高潮，让西贝客户和来宾感觉宾至如归。

△ 华与华董事长华杉现场倾情献唱

像办展会一样打造强大现场

作为一个 B2B 企业，尽管很多客户与我们已经建立了长久的合作关系，但仍然无法准确记忆我们的业务范围。为了将这一信息简明地传达给客户，我们打造了强大现场。强大现场就是具有极强的仪式感和信号能量的品牌道场，也是企业的主场。

强大现场通常有两个，办公室和企业主办的线下活动。如何设计一个强大的线下庆典现场呢？

我们将整场划分为两大体验区：西贝产品展示区、西贝 × 华与华合作历程展示区。

始终服务最终目的，随时回到原点思考。我们希望通过庆典达成"悦近来远"的目的，西贝产品展示区就是为了"悦近"。

我们通过与西贝团队沟通，结合品牌临近的营销节点，一致决定产品展示区分别为："健康抓关键，主食吃莜面""西贝专业儿童餐""西贝杂粮月饼"。通过有仪式感的小型道场，让来宾沉浸式感受西贝产品带来的惊喜价值。

△ 西贝三大热门零售产品展示区

同理，关于"来远"我们也规划了两大区域：西贝华与华合作十周年历程时光墙、华与华品牌五年计划墙。

△ 西贝华与华合作十周年历程时光墙　　△ 华与华品牌五年计划墙

让来宾直观地感受到华与华是如何在战略涌现的进程中体现订阅制咨询服务的。

整个庆典现场的设计，我们历经半个多月的选址，从租一个厅改到租一整层，从400平方米到1000平方米。

最终，我们设计出了充满仪式感的动线，让西贝客户和来宾一起走过西贝十年，走进西贝"门店"。

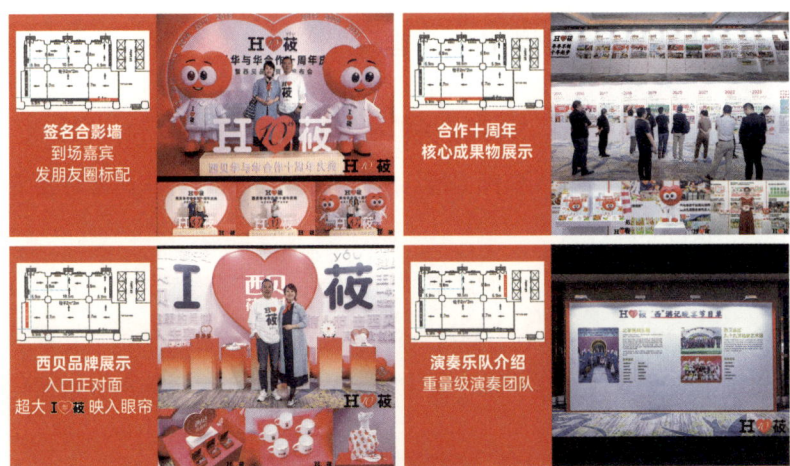

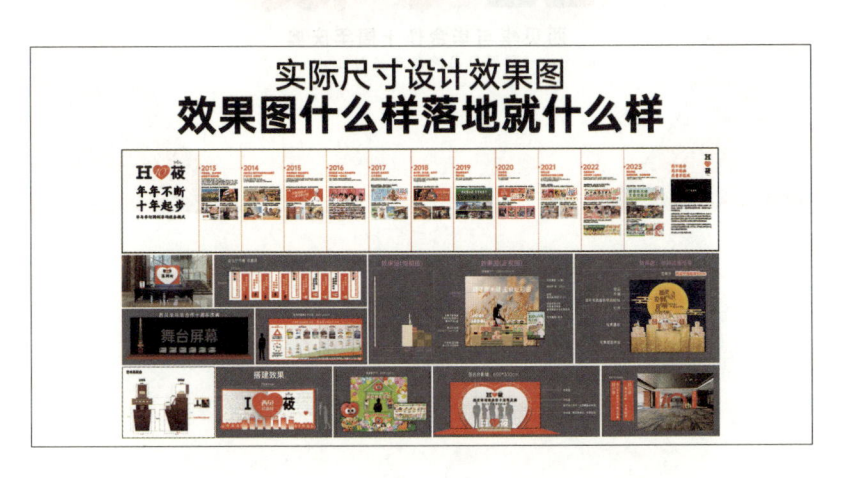

附录1 华与华2023年度专项奖精选内容

345

像宣传明星一样制定传播内容

华与华方法认为,"传播的关键在于传",我们做的所有东西一定是基于它能够传才投入资源去播。所以我们要定义这场庆典最终要传什么,这很关键!

在庆典预热阶段,我们就提前为媒体预设好了传播话题"9月19日,贾国龙要和华杉一起,搞个大事情!",并提前在邀请函中发布了本场庆典主题"西贝华与华合作十周年庆典暨西贝品牌资产发布会"及主视觉。

我们也为每一个活动环节拍摄超级照片,让内容可视化,主动为媒体提供传播素材。

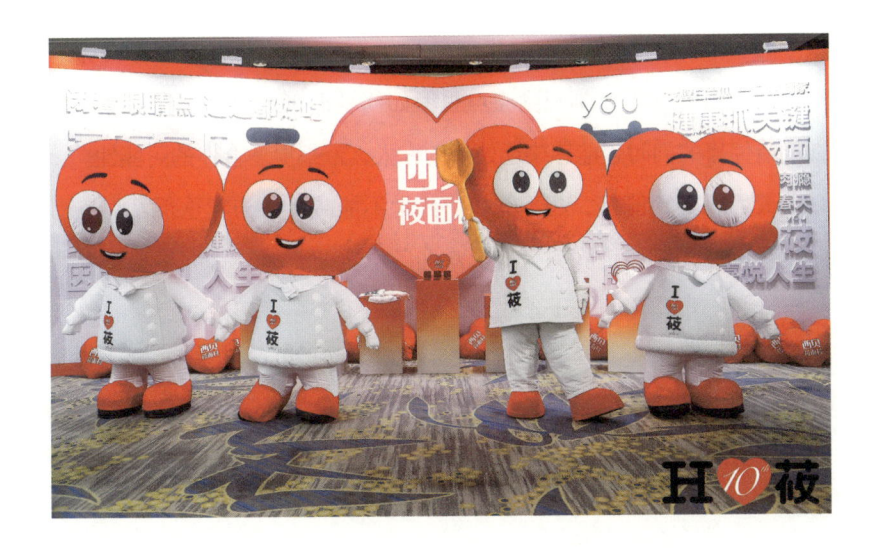

附录 1　华与华 2023 年度专项奖精选内容

一场庆典下来，我们共发布文章 5 篇，这也是庆典的最终成果物之一。具体详情搜索华与华公众号，输入关键词"十周年庆典"即可观看了解。

西贝和华与华合作十周年庆典是一次华与华方法应用的成功案例，决胜点就在于时刻回到原点思考如何悦近来远，在为现有客户持续创造惊喜的同时也能感染远处来的客人，带来更多合作的可能性。

最后，药不能停，药不能换，药量不能减。华与华重新发明咨询业，开创订阅制咨询服务模式。欢迎各位企业家持续订阅华与华品牌五年计划，年年不断，十年起步，和华与华一起做出永续经营的超级品牌！

2023 年度最佳营销日历奖

梦百合案例解析

孙艳峰

试睡 10 分钟，免费送枕头
门店终端引流 + 品牌触觉符号，帮助梦百合终端门店一年引流 8 万人

2022 年初，在华与华为梦百合提报的《2022 战略重心方案》中，"试睡越久越优惠"营销推广创意，作为"全年常态化执行"关键动作被提了出来。2022 年 3 月 21 日第六届梦百合 321 全民试睡节，以"试睡越久越优惠"为主题，活动创意贯穿全程：到店试睡 10 分钟，送 219 元梦百合枕头 1 个；试睡 20 分钟，新品软床半价；试睡 30 分钟，购万元床垫送指定新品床架。

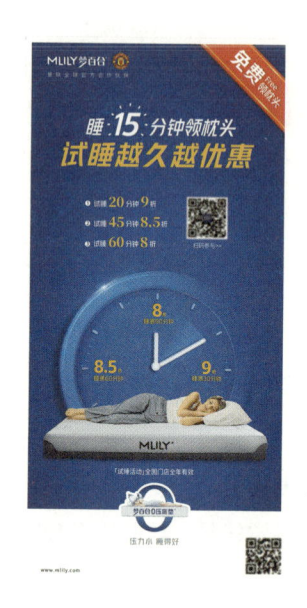

沉淀一年，引流活动创意凝练为"试睡10分钟，免费送枕头"，2023年底我们做了试睡成效统计：一年引流预约人数86 000，同比增加了150%；总核销人数45 000，总成交4483人次，试睡转化成交金额4077万元，客单价平均9094元，门店平均参与率70%，同比增加了22%以上。

试睡10分钟，免费送枕头
一年引流8万人，积淀一年成效翻倍

2023年试睡转化数据

	总预约/人次	总核销/人次	总成交/人次	总金额/万元	客单价/元	平均门店参与率
2023年	86000+	45000+	4483	4077w+	9094	70%
2022年	34579	16627	1826	1886W+	10213	58%

总预约人数+150%，试睡GMV+120%
到店后成交率达9.66%
核销人数+170%，预约核销率仅52.33%
活动门店参与率70%

数据截止2023年12月31

活动背后的策略和创意到底有什么原理和方法？

基于产品触觉符号，创意顾客体验营销方式

家居卖场客流下降！从各种公开的调研分析来看，近年来家居卖场市场销量占比下降已是不争的事实。以软床家具所在的家居卖场门店来说，有甚者，周均客流不足 10 组，严重降低单店营收。在众多问题当中，扩大客流来源是最大的问题，也是最终的目的。

华与华方法的价值之轮模型将企业价值分为产品、服务、体验、知识、梦想，逐步递进。对于梦百合而言，门店除了提供热情且专业的导购服务，还帮助顾客对产品进行深度体验。

△ 华与华价值之轮模型

梦百合的产品在睡感上跟同行业其他品牌的产品有明显差异——非温感 0 压绵的"慢回弹，均匀承托"特性，在客户躺上去的瞬间，有缓缓的沉降感，开头的 1~2 秒完全没有任何的反作用力，能够瞬间缓解、放松全身压力。

这一独特的身体触觉感受明显区别于其他材质的床垫，可以说是梦百合0压床垫（以非温感0压绵材质为主制成）独一无二的触觉符号。

超级符号就是超级创意，视觉符号是超级符号的重要形式，但不是唯一符号。所谓五感品牌，就是通过视觉、听觉、嗅觉、味觉、触觉建立符号识别。而且，对于家居产品客户而言，进店时长越久，导购讲解、介绍的时间也越长，容易被打动选购产品的概率也越大！所以，我们就结合梦百合0压床垫独特的睡感符号，创意了到店试睡的体验营销方式，让导购人员能够在客户试睡的间隙，适时地进行产品和频偏信息介绍。

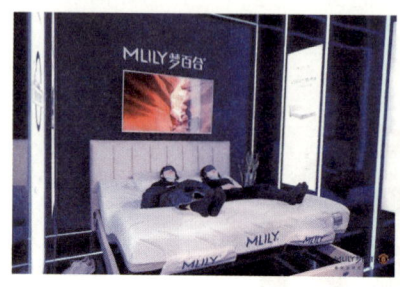

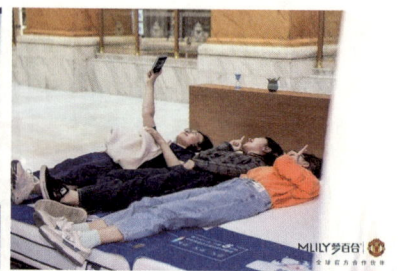

试睡越久越优惠
逐级优惠刺激，让顾客来之前心向往之

在客户体验阶段，又分为：

来之前——让客户有所期待；

来之中——要有惊喜，惊喜创造体验；

走之后——让客户感觉这段体验值得回忆，让他们乐于谈论。

所以，我们在"试睡"触觉符号体验营销之外，又叠加了逐级优惠刺激：

试睡 10 分钟，送 219 元梦百合枕头 1 个；

试睡 20 分钟，新品软床半价；

试睡 30 分钟，购万元床垫送指定新品床架。

每一个试睡时长，都有相应的优惠政策，这就让客户在来之前就充满期待。如果正好要去家居商场，那么就会想去梦百合的门店试睡一下，虽然不确定会不会买大件，但是试睡 10 分钟就可以领一个枕头。更何况，万一大件或者套餐产品合适，试睡时间更长还有更大的优惠。

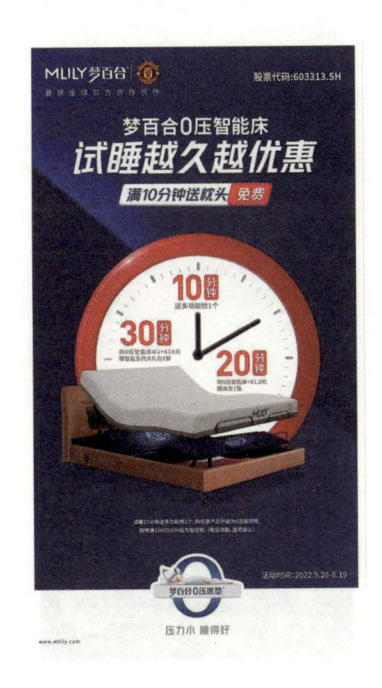

单个营销节点 + 全年营销日历贯穿
试睡成为全年常态化引流推广动作

试睡活动的原点是"321 梦百合首席体验官"。早在 2018 年,梦百合便联合新浪家居、小鸟快验和春雨医生发起第一季"首席体验官"活动。梦百合通过线上发起、征集并挑选出 100 名"梦百合首席体验官",将实体床垫邮寄到体验者家中,让其进行长达 1 个月的睡眠深度体验。相比较在家居卖场中的现场"试睡""试躺",这一"0 压体验"活动让客户与品牌之间的互动更加密切,让产品真正融入了实际生活空间,而用户与品牌也在空间上建立起更感性的联结。

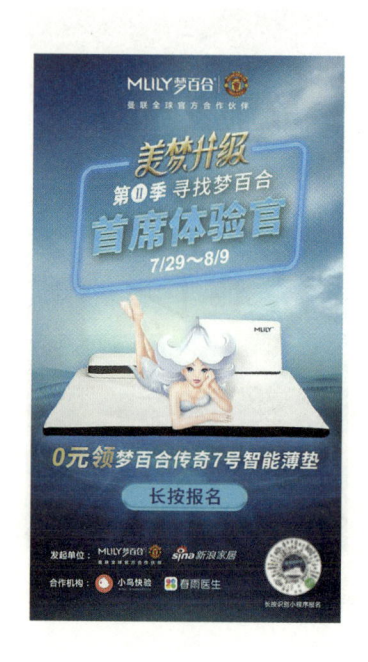

华与华首先从创意的单一性上做了提炼：把一个单一节点的营销活动，变成了全年持续推行的常态化引流活动；把一个节点的促销政策，横向拉长附着于全年的营销日历和所有户外广告。这就极大地强化了"试睡"的信号能量，让活动创意本身更具传播力度，同时"试睡越久越优惠"的递增优惠也让活动更具参与上的吸引力。

△ 试睡信息叠加全国高铁站灯箱广告

355

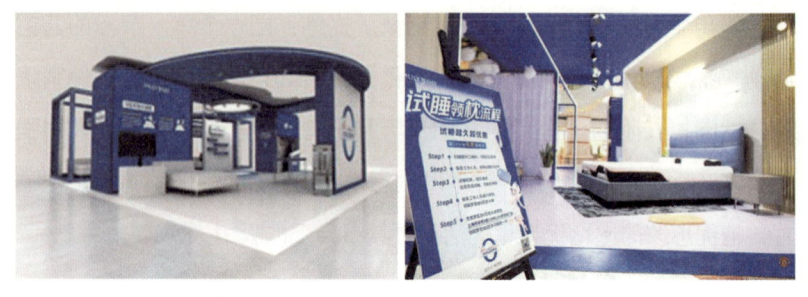

△ "试睡10分钟，免费送枕头"独立快闪店活动

△ "试睡10分钟，免费送枕头"门店宣传吸引客户进店

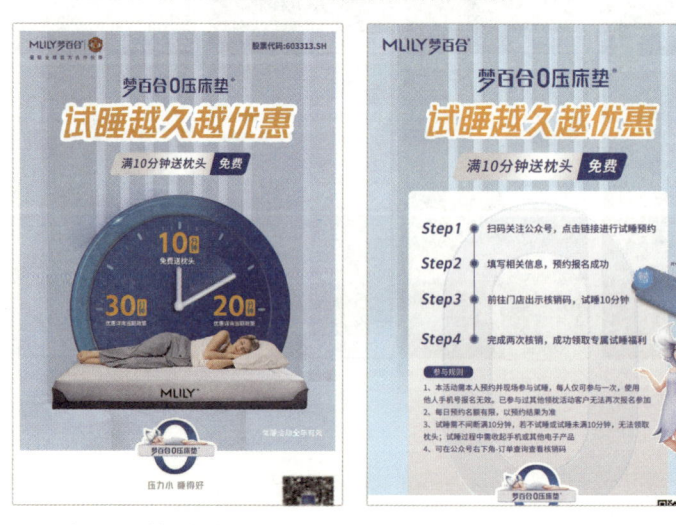

△ "试睡10分钟，免费送枕头"线上推广引流

2022年初创意诞生，实践一年后2023年得以系统发力。短短两年时间，从门店导购到经销商、区域负责人，再到梦百合品牌总部，从最初的怀疑、尝试到今天的从上到下、从内到外都在积极地推动"试睡活动"开展，在家居商场客流持续减弱的大背景下，实现了品牌获客流量的提升和突破！

2023 年度最佳推进执行奖

鱼你在一起案例解析

孙艳艳

创意的关键在于执行，执行的关键在于凡事彻底！鱼你在一起是华与华推动创意执行落地的标杆案例，全国门店综合日均营收提升 14.75%。

2022 年 3 月 8 日，鱼你在一起首季度提案中，围绕"店店盈利"的战略课题，开启了门店增收大作战。连锁生意的核心是单店盈利能力和连锁扩张能力。连锁门店是对单一门店的标准化复制，而好的单

店盈利模型是连锁扩张的重要前提。所以，服务加盟连锁客户，就是服务客户的客户，帮助每家门店的老板把生意越做越好。

如何提升单店盈利能力？我们用华与华第三个核心技术"持续改善"来做。持续改善强调从小处着手，积小改善为大改善，本质上是"反向海因里希法则"。

我们相信每 300 个小改善会产生 29 个大改善，继而会产生 1 个超级大改善。如果能把每一个可以立刻着手改善的小创意进行改善，就会产生巨大的价值。

项目组到上海江桥店和金海路店两家门店，学习、理解店里的生意，在店里思考提升方案，并执行落地到店，测试效果。两家门店营收分别提升 34.58%、42.64%，日流水额分别达到 15 957 元、11 776 元。提案后，鱼你在一起总部迫切希望华与华能将持续改善方案分享给全国加盟商，帮助门店提升营收。

先打标杆店，再做赋能会

在门店干过才算真正了解门店生意，才能提出提升方案，这样分享的提升方案加盟商才愿意听。

2023 年，我们分别去杭州小河路店、郑州瀚海海尚店和锦艺城店进行持续改善，改善后的门店日均营收分别同比增长 102%、13.74%、25.79%。

△ 杭州门店持续改善

△ 郑州门店持续改善

△ 杭州小河路店改善前后对比

△ 郑州瀚海海尚店改善前后对比

△ 郑州锦艺城店改善前后对比

门店提升的方案，不是让加盟商照着做，而是服务加盟商，让加盟商知道为什么这么做。华与华和分公司一起，组织了区域赋能会，手把手教加盟商怎么做，堂食营收怎么提高、外卖业绩怎么提升、线上抖音怎么传播，都是帮助门店的具体内容，加盟商都愿意听。

杭州小河路门店改善成功后，我们陆续接到北京、杭州、郑州等地分公司的邀请，前往进行加盟商赋能大会，传授门店落地经验和业绩提升技巧。在郑州的两场持续改善中，我们提出了门店增收最新两个大招，并在开封、江苏、天津、上海等加盟商赋能会上分享。

第3场：郑州加盟商赋能会

第4场：西安加盟商赋能会

第5场：河南区域加盟商赋能会

第6场：北京加盟商赋能会

第7场：开封家委会游学分享

第8场：开封加盟商赋能会

附录 1　华与华 2023 年度专项奖精选内容

2023 年 9 月，在华与华 31 楼知胜会议室，举办了全国加盟商委员会、上海优秀加盟商分享会，有 130 人现场来访华与华。

实战经验分享，加盟商愿意听

在加盟商赋能分享中，会直接拿门店实操成功案例，来展示改善方法、落地方式，即使是对华与华方法零基础了解的加盟商，也能听懂并理解其中含义。所以，作为分享者必须了解鱼你在一起门店，了解老板们的经营动作，才能从他们的日常问题上，提出相应的解决方案，加盟商才能更深入地理解并运用到自己门店的日常经营当中。

分享之后，通常会设有问答环节。通过这个过程，可以让现场加盟商针对自己的门店提出问题，思考如何改善，现场答疑解惑。

成功经验成果物化，拿到店里就能用

每次门店持续改善结束后，华与华项目组团队都会将门店持续改善落地经验录制成实操视频，还原门店改善全流程，详细介绍每个环节改善的目的和意义，让加盟商一看就懂，同时将持续改善物料设计文件打包分享，拿到店里就能用。成果物可视化，才能让一家门店的改善经验更好地辐射全国门店，从而提升日均营收，实现"店店都盈利"。

为每一个城市的加盟商门店面对面培训，真正做到了带教角色，也拉近了加盟商之间的伙伴关系。**这就是华与华的渠道观：渠道不仅是分销体系，更是一个组织生活共同体。**渠道是相互依存、共同发展的组织统一体，是人的组织统一体。通过会议聚集新老加盟商，实现组织战略、思想和行动的一致性。这是建立鱼你在一起组织生活节拍的关键动作，也是组织生活的管理行为。

在华与华团队的持续帮扶下，华东、华南大区伙伴学习华与华方法，在大区用持续改善方法提升门店营收。华东大区总负责人带领运营团队在门店打扫卫生，用华与华持续改善的方法，帮助门店提升营收！

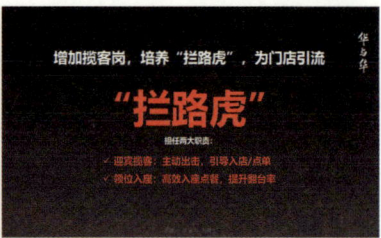

附录1　华与华2023年度专项奖精选内容

6个月共计10场宣讲大会，门店改善物料100%落地全国2000家门店，1000家店门头换新！推动了持续改善方案，在全国1500家门店全面落地。全国门店综合日均营收同比提升14.75%！

2023 年度最佳产品命名奖

正新鸡排　金锤翅根

吴建波

华与华对于品牌的定义：品牌是产品和它的牌子。华与华品牌三角形最底下的一条边也是产品。所以说产品是品牌的基石，是一切品牌管理的基础，不管做什么品牌，核心都是围绕产品展开的。

2022年10月，正新鸡排与华与华达成品牌战略合作，此时正新鸡排已经拥有"鸡排、炸鸡、串串、饮料"四大品类，但是只有"香辣鸡排"一款拳头产品，长尾效应明显，没有新的拳头产品出现。

第一步，选产品

2023 年正新鸡排"散称炸鸡"上市，通过"自选散称"模式和"9.9 元半斤"的超低定价，一上市就热卖。通过调研我们发现"现炸翅根"不仅很有增长潜力，更有可能成为正新鸡排的下一个拳头产品。

顾客愿意买

翅根产品普适性非常强，各大炸鸡品牌的鸡翅产品都是"中翅+翅根"的组合，翅根是每个炸鸡品牌必备产品，人人都爱吃。

门店愿意卖

现炸翅根产品有一定的利润空间，而且操作方便，和其他炸鸡一起丢入炸锅 6 分钟，捞出撒调料即可。

公司愿意推

炸鸡是公司的发展战略，现炸翅根又属于上架率较高的产品，将翅根打造成拳头产品不仅能够提升门店销量，也能帮助公司推动炸鸡品类的发展，一举两得。

第二步，改名字

华与华产品开发路线图

华与华对产品有一个定义：产品就是购买理由。我们会先想出一个购买理由，有了购买理由就有了广告创意、命名和包装设计。所以说产品开发就是创意购买理由。华与华的产品开发不是从产品开始，而是从销售开始，是后工序决定前工序。

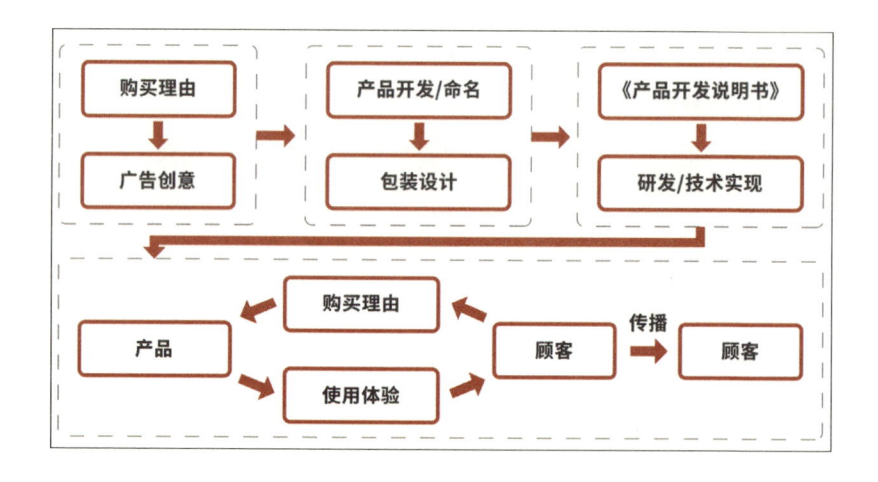

```
购买理由 → 产品开发/命名 → 《产品开发说明书》
  ↓           ↓              ↓
广告创意    包装设计       研发/技术实现

产品 → 购买理由 → 顾客 —传播→ 顾客
    → 使用体验 ↗
```

现状：购买理由同质化、选择成本高

从"现炸翅根"这个产品命名我们可以看出，这个产品是想强调"现炸"的购买理由。但是当时除了"现炸翅根"，其他散称炸鸡产品都叫"正新××"，或者"现炸××"，比如"现炸鸡锁骨""现炸小酥肉"。这些都属于购买理由的同质化。

附录 1　华与华 2023 年度专项奖精选内容

正新鸡米花　现炸鸡锁骨	购买理由同质化
正新鸡柳　　现炸小酥肉	几乎所有炸鸡都是
正新薯条　　现炸翅根	**正新XX、现炸XX**

更关键的是，顾客根本不认识"翅根"！

我们访谈了 6 位同事，他们都不知道翅根是什么样的，以为翅根就是全翅，选择成本非常高！

实际的翅根　　　　　　同事理解的翅根

创意购买理由，重新命名翅根

翅根最大的特点就是它的外形，"上大下小，形似锤子"，也被广

369

大网友称作"鸡小锤"。而炸完之后的翅根全身金黄,像极了金黄色的锤子,我们发挥产品与生俱来的戏剧性,直接将产品命名为"金锤翅根"!让人一听就知道产品长什么样。

基于9.9元半斤的定价,我们还提炼了"一个也卖 只要2块多",这降低了顾客的购买门槛,让人忍不住想买一个尝尝!

第三步,组合产品开发

单品的热卖不是产品开发的终点,而应该是产品开发的起点。因为你已经验证过这个产品是受市场欢迎的,所以要围绕这个产品做更多产品组合和营销活动的开发。

金锤翅根桶、新年快乐桶、9.9炸鸡节、万元炸鸡操作比武大赛……

正新鸡排以金锤翅根为抓手，逐步组合产品开发、营销活动开发和内部管理活动的开发。

金锤翅根不仅帮助公司和加盟商提升了业绩，还帮助正新鸡排建立起了产品开发的思维和意识，增强了企业经营体质！

2023 年度十大包装设计

统一老坛酸菜牛肉面

华与华天鑫组团队

产品即信息，包装即媒体。每一次包装设计都是对产品的再开发，一个好的包装能让产品自己说话，自己把货卖出去。

基于统一老坛全新品牌三角形，通过 10 大设计动作，小处着手，机关算尽，改善统一老坛产品包装，最终提高销售转化，建立品牌资产并持续投资。

附录 1　华与华 2023 年度专项奖精选内容

1. 超级符号上包装，老坛爆发新能量

2. 统一紧靠产品名，品牌一眼就看清

3. 重拍产品图，放大食欲感

原产品图　　　　新产品图

4. 打出品牌谚语，引导产生购买

老坛酸菜牛肉面
认准统一是关键

品牌谚语"老坛酸菜牛肉面 认准统一是关键"上包装，传递关键购买理由，打出权威位势，让消费者建立排他性的选择导向。

5. 投资酸爽口味，刺激消费需求

就是酸爽！

6. 放大"辣"字标，口味更明了

辣

附录 1　华与华 2023 年度专项奖精选内容

7. 信息绕着产品排，产品完整亮出来

8. 讲清五大关键，建立产品科学

9. 亮出专利证书，就是权威背书

10. 扫码观看生产线，安心工厂看得见

附录1　华与华2023年度专项奖精选内容

> 2023年度最佳logo设计奖

匡迪logo设计案例分析
超级手艺实现超级创意落地

项乐双

匡迪杯壶于1997年成立至今，专注杯子制造27年，自建10万平方米厂房，每年3000万只产量，把杯子卖到59个国家，积攒了雄厚的制造及经销实力。我们首次提案中的一个课题是匡迪保温杯超级符号的设计，目的是为客户打造一战而定的品牌符号，建立品牌储蓄罐。

377

华与华
超级符号案例集 5

OKADi 匡迪®
SINCE·2001

设计前

原来的 logo 在产品、终端物料的应用：

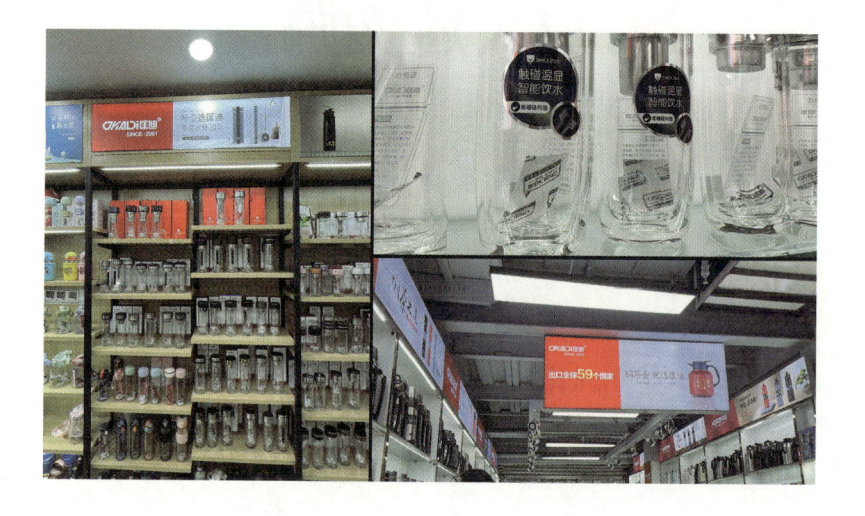

378

附录1　华与华2023年度专项奖精选内容

匡迪保温杯超级符号设计最终效果：

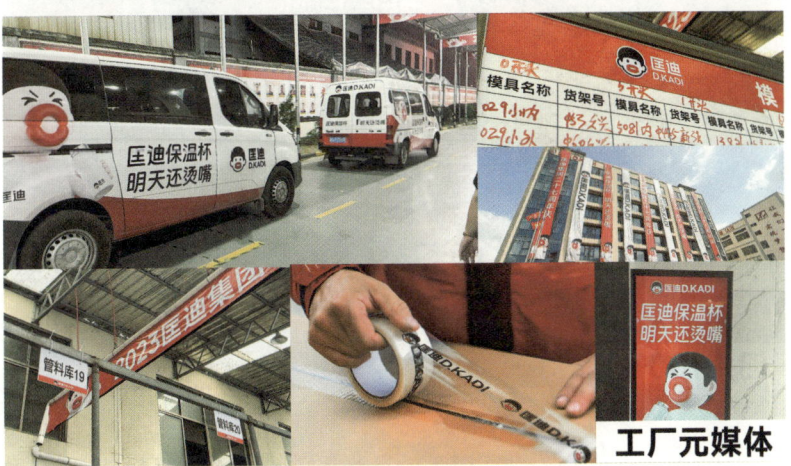

户外广告

门头100家

　　从图中我们可以看到，落地效果非常好。这样的符号设计可以用一句话概括：找到超级创意，然后用超级手艺实现超级创意！

超级创意

在匡迪项目初期，我们就明确需要一个超级符号把匡迪产品"保温"的理念准确地诠释出来。整个团队不断寻找多种符号组合的方案，如"企鹅+王冠""企鹅+杯子""摄氏度℃+匡字标""爱心+狮子""小狗+杯子""马的图腾"等多个创意方向，但是都不能准确地表达匡迪产品"保温"的理念。

品牌谚语定创意：匡迪保温杯，明天还烫嘴

在5月底创意指导会上，华杉指导："匡迪12小时保温杯，今天倒水，明天还烫嘴——'匡迪保温杯，明天还烫嘴'，这个一下就记住了。你现在需要一句话，让人能记住保温杯就是保温。香肠嘴，可以画一个小丑，马戏团小丑也是香肠嘴，也可以把这个嘴夸张一下。"

品牌谚语确定以后，项目组都很兴奋。这样一来，话语创意和符号创意可以一体化诠释"保温"的理念，释放更大的信号能量！我们也更加确定，匡迪的超级符号就应该围绕"保温""烫嘴""烫嘴烫到舌头都痛了"这种使用保温杯的共同经历。接下来就需要用符号去展开想象和具象化这一经验。这个挑战在于怎么把"烫嘴"的概念用一个具象化的图形表达出来。

经过几轮的创意会讨论，华杉看到电影《东成西就》中梁朝伟的香肠嘴形象时，就说："这个可以成为我们烫嘴符号的母体。"有了这个非常具体的灵感来源，我们的设计工作也就能更加顺利地开展了。

从这阶段开始，这个超级符号的创意就变成了一个命题作文。在动手设计之前，我们也进行了深入的思考，不仅要实现烫嘴的创意，还要能保证符号的美观，以及在产品上的使用效果。对于匡迪保温杯超级符号的创作，至少要做到以下三点。

1. 符号一定要具有"烫嘴"形态特征的辨识点，一目了然，一看就知道烫嘴。

2. 既有公共符号的属性，又能私有化，具有匡迪保温杯品牌的独特性。

3. 在产品使用中能达到很好的效果。匡迪的元媒体是保温杯、玻璃杯、焖茶壶，瓶身、瓶盖上符号展示的面积一般不超过45毫米，而且工艺多为单色丝印、热转印、激光打标，符号在这种大小和精度下也能易于识别，就得足够简洁。

超级手艺

有了创意，手艺不精、做不到位，还是等于零。用超级手艺实现超级创意落地。设计本质就是通过设计的转译，将一个想法或者观点表达给目标对象。表达最重要的是你要表达什么。

如何打造一个有识别度、有独特性、易于记忆的烫嘴符号？符号设计总共分成三步：选择符号风格，归纳烫嘴图形，打磨符号细节。

选择符号风格

1. 以终为始。符号最终是用在哪里

无论什么设计都要着眼全局，不能单一、片面地看设计问题，要把事物放在全局中考虑，不仅要考虑事物本身，还要考虑它和其他事物之间的关系。只有这样，才能洞察到事物的本质，无从下手往往是看得不够广、不够深，找不到切入点，"眼盲所以手乱"。

华与华的合伙人宋雅辉也说："杯壶产品上的符号，一定要足够简洁。"杯壶产品上符号的面积小，有两种最常使用的印刷方法：激光雕刻和丝网印刷。这就要求符号要足够简单，才好应用。

2. 参考找得好，下班回家早

可能大家不知道，其实喜茶的风格表现参考了插画家 Noritake 的作品，研究原始参考作品，拒绝中间商赚差价，风格直接对标该艺术家。

归纳烫嘴图形

全局的思考最后都要巧妙地落在细节上，深入浅出，用细节的力量触动人心。细节来自观察，设计第一步就是查找烫嘴原型，研究寻找烫嘴的识别特征，再提取出表现特点，最后在符号上体现。搜尽奇峰打草稿，只有根据大量的观察提炼特性，才能机关算尽，才知道机关在哪儿，才知道怎么操作。

什么是搜尽奇峰打草稿？通俗一点说，就是找参考，总结规律、找到特点，然后用在自己的设计中。只要在搜索框里打上这个问题的关键词，如"香肠嘴特点"，就能搜索出多个特点。再进一步整理，就可以总结为三大类：在面部占比大、下唇更厚、下唇更宽。这样，我们就可以用图形化体现出来，嘴唇无论是在嘴部自身还是脸部，比重都是绝对大的。

总结出特点之后，就可以根据创意进行符号尝试，着手进行绘制了。我们在尝试中明确了两个重点。

一是符号要做到突出重点，减少设计噪声，不抢戏，突出烫嘴的戏剧性。在整个设计过程中，重点在于明白要表达什么。

二是符号要使人愉悦，符合点、线、面的设计原理，结构紧凑，符合徽标设计的基本美学。

打磨符号细节

根据上面说到的两个重点，我们开始进行一些设计上的探索。

符号叠加的尝试

一开始使用多符号相加的符号创作套路，即"香肠嘴+水滴""香肠嘴+字母 D""香肠嘴+熊猫""香肠嘴+猴子"。

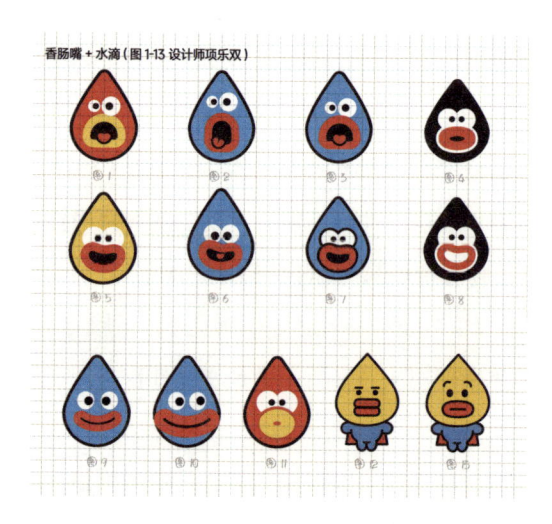

香肠嘴+水滴（图 1-13 设计师项乐双）

附录 1　华与华 2023 年度专项奖精选内容

香肠嘴 + 字母 D (图 14、15 设计师项乐双)　　香肠嘴 + 熊猫 (图 16、17 设计师项乐双)

香肠嘴 + 字母 D/ 猴子 (图 18-21 刘永清老师)

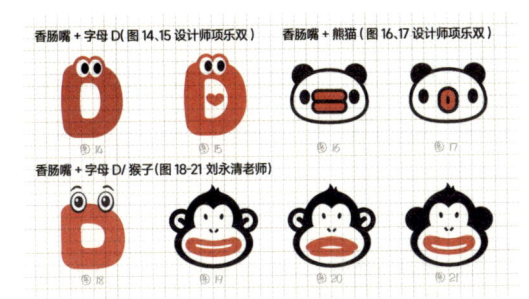

华杉说这些都不行,这是一个关于经验秩序的问题。当人的感官接收到信息,这些信息经过人脑处理之后,就会形成一个经验秩序。经验秩序之上,就是我们的意识。比如,当人在看到这个大嘴猴符号的时候,会先联想到什么?人们看到它的第一眼,第一联想一定是"这是只猴子"。

同时,我们还需要思考,人们会怎么去描述这个符号?华与华讲"播传","播传"的关键就在于转述,你希望人们用什么词去转述它?这在一开始就需要设计好,想明白。如果用熊猫或者猴子,人们肯定会说它是大嘴熊猫或者大嘴猴,大嘴熊猫或大嘴猴的结论都落在了熊猫或猴上,人们就不会记得香肠嘴,更不会知道这是被烫出来的。因为在大众的经验秩序里,"熊猫或猴"的经验秩序,一定高于我们想要表达的"烫嘴"概念。

本质上我们想要获得的成果物,是想让人们转述"烫嘴",而且是被匡迪保温杯烫的,所以我们就需要一个单一的、单纯的信号。为了这种单一的信号,我们又继续做调整,打算通过夸张嘴巴的方式来凸显"烫"的感觉。过程表现在如下几个方面。

385

夸张方式

比例夸张：平面构成中，特异是一个提升识别度和独特性的表现手法，抓住香肠嘴"面部占比大"的特性，尝试放大嘴唇轮廓到极致，夸张到比脸还大。

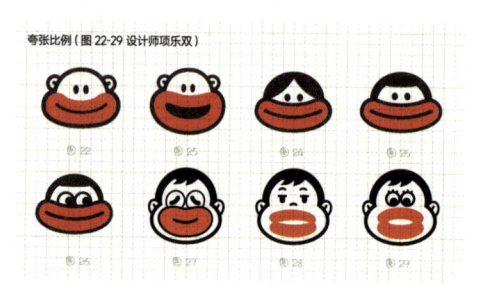

夸张比例（图 22-29 设计师项乐双）

表情夸张：从嘴唇的形态探索，到形态上微笑的弯曲弧度大小，到烫到呼气的表情，再到烫到吐舌头变化调整的尝试，想用五官辅助表达烫的瞬间，去抓惊讶、小心翼翼喝热水或喝热水舒服的表情瞬间。

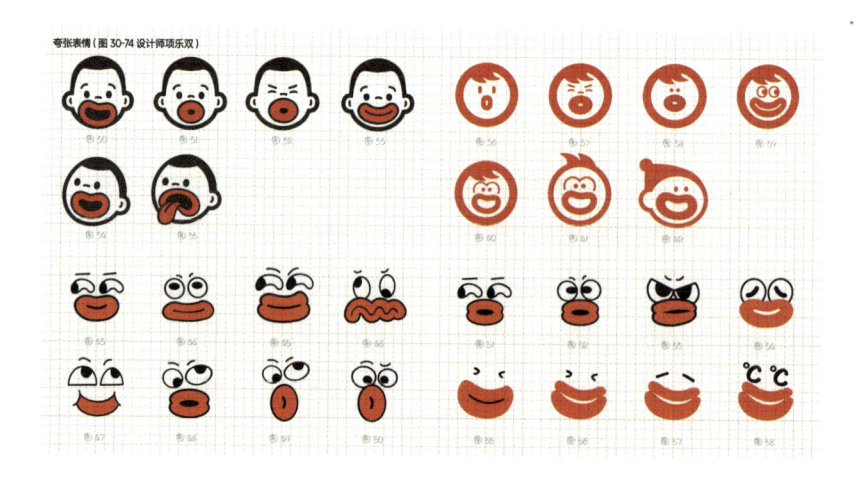

夸张表情（图 30-74 设计师项乐双）

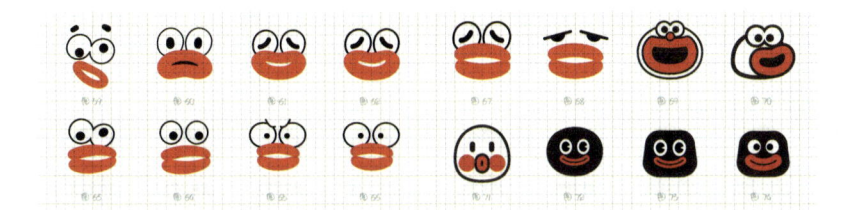

附录1 华与华 2023 年度专项奖精选内容

然而这些尝试都没有达到我们想要的标准。复盘来看，这些方案设计不到位其实就是因为噪声太多，这些设计噪声在抢戏，在抢烫嘴创意的戏。它们表现的信号不够单一，需要继续做简化。

极简方式

要简化，就是要做减法。减法首先减概念，只保留烫嘴，去掉猴子、水滴、表情等这些"噪声"。

头部角度的尝试：尝试把人物头转过去，突出香肠嘴的体积感。结合快速拼图法快速出符号，但我们发现该方向没有达到特别的效果，牺牲了极简的中轴对称策略，整体气质却不够有张力和冲击力。

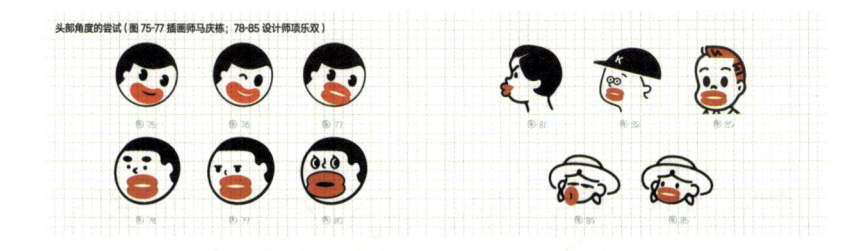

头部角度的尝试（图 75-77 插画师马庆栋；78-85 设计师项乐双）

身体的简化删除：几轮尝试修改下来，我们最终锁定中轴对称的构成方式。主视觉是烫嘴哥的嘴唇，身体部分可以简化，甚至可以删

387

除。这样视觉中心还保留在面部，整体图形的视觉语言也更加简练。

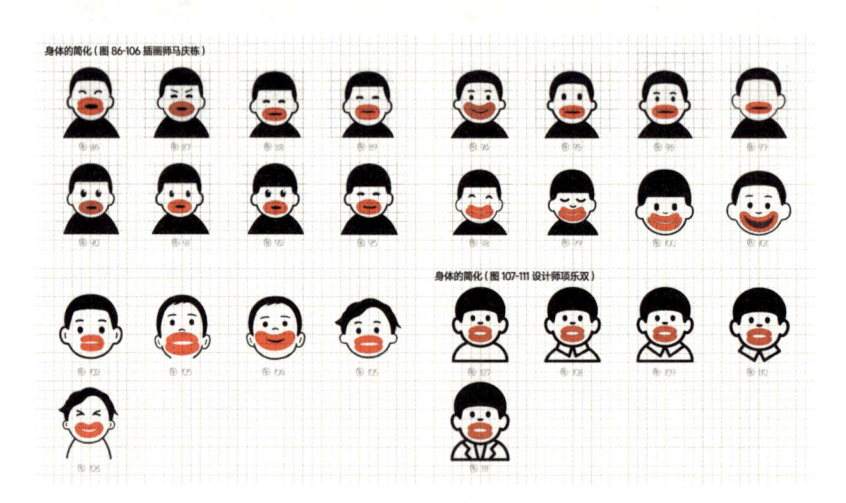

身体的简化（图 86-106 插画师马庆栋）

身体的简化（图 107-111 设计师项乐双）

几何化的提炼：眼睛、眉毛、鼻子被缩小在一个杯子上，作为单色使用时，一定会模糊掉很多细节，让最终呈现的效果大打折扣。进一步简化符号中的单个元素，进行五官元素的提炼，去眉毛、去鼻子、去发型细节，把面部概括为一个标准圆形。但我们发现这种处理手法给人一种距离感，不够接地气，缺乏亲切感。提炼与简化也需要掌握一定的平衡。

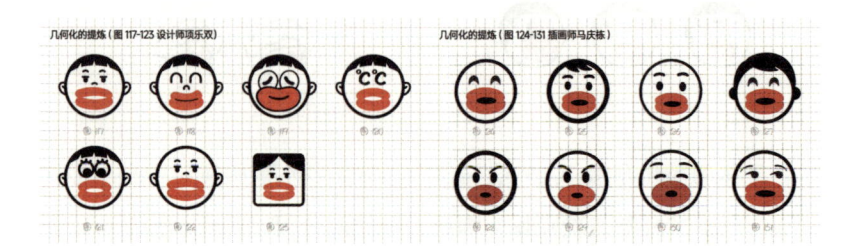

几何化的提炼（图 117-123 设计师项乐双）　　几何化的提炼（图 124-131 插画师马庆栋）

附录 1　华与华 2023 年度专项奖精选内容

去外轮廓的改变：坚持简化思路，那能不能更加简练呢？可以把能识别出脸的所有元素简化、虚化，甚至删除吗？尝试只保留眼睛、眉毛、嘴巴，就能识别。但是去掉外轮廓的表现手法，会让整体图形显得散。

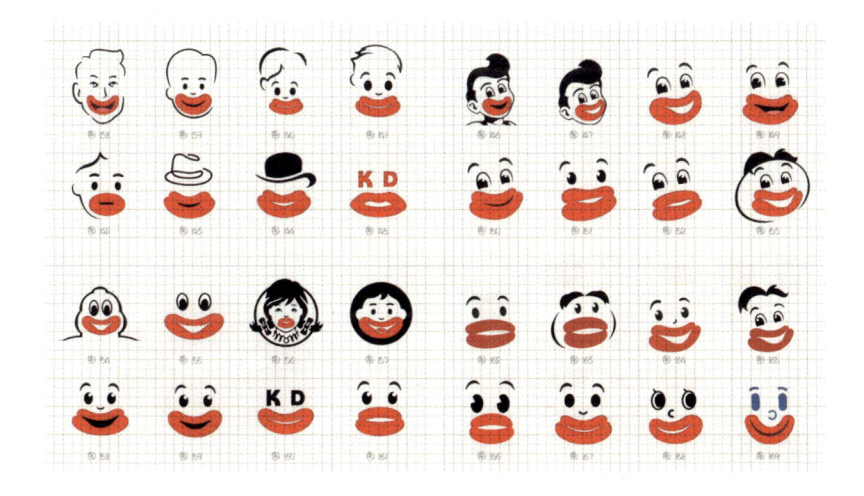

2023 年 6 月 1 日，我们汇总所有尝试方案。华杉看后，觉得下图的方向有烫嘴的感觉，但还是不够。于是，怎么把嘴唇"烫"的感觉设计出来，就成为这个符号设计的重中之重。

嘴唇图形的提炼：分析问题、解决问题，这个方案哪里行、哪里不行。能感觉到有点烫的原因是什么？嘴巴像香肠，两片式结构造型是明显的。那问题又在哪里？不够聚焦，元素是分散的，这个"力"就不聚焦，会轻飘，会显得随意，也不像个 logo。

重新整理复盘，嘴唇的简化图形，从构成上主要分成 2 种，是 2 个椭圆，还是 3 个椭圆的变形。从识别角度出发，我们最终锁定还是采用两片式结构、3 个几何椭圆、绝对对称的图形，能高度概括烫嘴的表现特点。在细节上调整图形，下唇更厚、更宽。

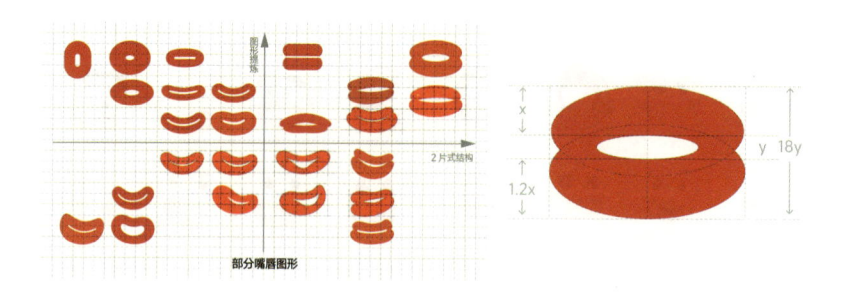

调整比例与简化细节：事情的结果总在不知不觉中出现，把头发用最简单的表现形式——平刘海跟烫嘴哥相结合，头发形成一个几何面，与嘴唇在图形的配重上就能达到平衡，整体轮廓线条等粗，眼睛的 2 个椭圆点画龙点睛。点线面的艺术提炼加工，等粗线条、平衡对称、极简符号，从细节到整体上机关算尽，线条的呼应关系，刘海、嘴唇、耳朵、鬓角的线条呼应关系，整体比例非常协调。

附录 1　华与华 2023 年度专项奖精选内容

图 170

我们再把方案汇总上会讨论，华杉一眼就选中了，后来经过细微的调整，项目组长周云凤提出：面部表现还可以做减法，去掉鼻子，加强突出香肠嘴，一眼看去就能够识别到香肠嘴。最后确定了方案。

图 171

你看到的所有匡迪超级符号的图形，都是圆形的变形与重复排列。图形简洁，点线面的造型组合恰当，整体轮廓流畅，视觉中心集中。用黑白红的颜色对比、轮廓线条与嘴唇的粗细对比、图形特异形状的对比去设计阅读逻辑，做到不抢戏，让大家把视觉焦点落在"香肠嘴"上。这是一个绝对对称的 logo 符号，设计语言凝练，视觉简洁，放大了香肠嘴的戏剧性。匡迪符号既有超级符号的传播力，又有设计感。

"烫嘴哥"的香肠嘴很有特点，让大家过目不忘，在杯壶产品上使用独特且易于识别。

附录 1　华与华 2023 年度专项奖精选内容

"烫嘴哥"的符号无论是在产品、包装上,还是在展会、门头上都能让人过目不忘。所谓"长腿的创意",就是它自己能跑,自己就能一语风行、传播世界。该符号一经客户发布,在广告行业、杯壶行业双出圈引热议,引发媒体自发传播。

393

2023年度最佳海报设计奖

蜜雪冰城冬季营销海报设计

何梦薇

季节海报一直都是蜜雪冰城每年的重要课题，一张秋冬视觉海报会在门店呈现长达4个月。

附录 1　华与华 2023 年度专项奖精选内容

设计之前，先做现状盘点

目前市面上大部分秋冬海报都是以枫叶为主要元素来烘托氛围，包括蜜雪冰城往年的秋冬海报也是放大"枫叶"这个母体元素。但是，消费者对枫叶这个符号已经产生了审美疲劳，这类海报不再有太大的共鸣。

所以要重新寻找有关秋冬的母体符号，让我们的主视觉从众多"枫叶"海报中脱颖而出。

最终，我们决定用"围巾"这个能代表冬天的元素，作为新海报的母体符号，将围巾应用到画面中的每一个元素上。

通常在设计一张海报前我们会先进行元素盘点，盘点画面中会出现的元素。除了每个蜜雪冰城海报必然会出现的产品、话语、产品名、价格、雪王这些元素，我们还需要思考画面中需要呈现哪些元素来突出温暖的调性。

我们选择的母体道具是围巾，至于色彩的选择，根据心理学知识，红色和橙色常能让人联想到燃烧的火焰和旭日东升，让人有温暖的感觉。

最后，画面氛围感和质感的打造，靠的就是设计师手艺的打磨和细节的观察。我们发现，冬天在室内外温差强烈时经常可以看到玻璃上产生水雾。当热气腾腾的奶茶遇到窗外寒冷的天气时，热气和水雾可以烘托奶茶的温暖。

到此，我们的基本调性和画面中的主要元素就已经确定了，接下来我们要做的就是将围巾的母体符号植入画面的每一个元素（雪王、字体和场景）中。

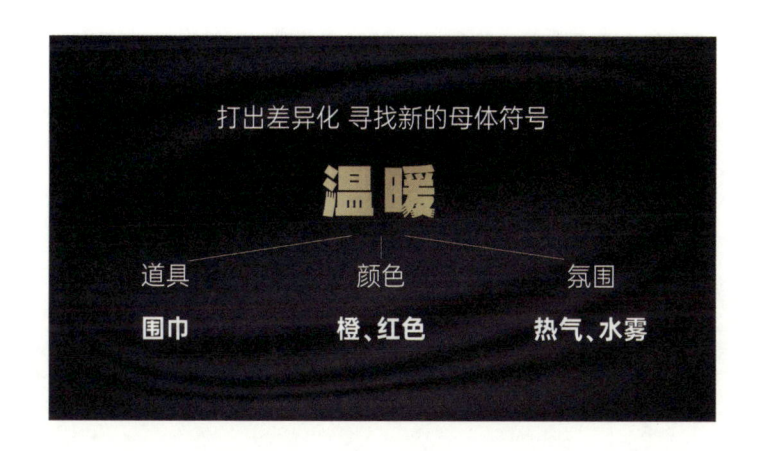

附录 1　华与华 2023 年度专项奖精选内容

给雪王戴上围巾，雪王也会怕冷？

经过 5 年对雪王形象品牌资产的持续积累、投资和曝光，消费者对雪王越来越喜爱，也越来越关注。所以有雪王形象的海报一定会更加有影响力！这一次我们把雪王形象进一步放大，放入到占整个画面近 1/4 的比例。

围绕秋冬主题"奶茶在手天冷不抖"和围巾母体符号，我们创意了雪王戴着毛线围巾、手捧热奶茶的动作，赋予雪王性格和生命。设计稿出来后蜜雪冰城非常喜爱，蜜雪冰城认为"雪王也会怕冷吗"或许可以成为一个话题点，以此引发网友在网上的二次播传。

我们也非常注重细节的刻画，3D 渲染的雪王会显得生硬，我们把围巾的绒毛感用毛绒笔刷一点一点地画出来，再在雪王的杯子里加上热乎乎的奶茶。眼睛是心灵的窗户，也是与消费者沟通的连接点，所以我们将眼睛做了 blingbling 的感觉，让雪王真正地活起来。

字体设计在海报设计中尤为重要
合适的字体能够快速准确地传达画面情感

依据画面的调性来选择字体，类似于围巾的质地。这种字体应该具有圆润、柔和的线条，给人一种温暖、舒适的感觉。我们在蜜雪冰城版权范围内选择了一款合适的字体，作为主视觉的字体。

我们并不直接使用，而是在字体笔画上做了处理。将围巾末端的特征符号化，替换掉部分笔画的末端，让字体更像一条围巾。

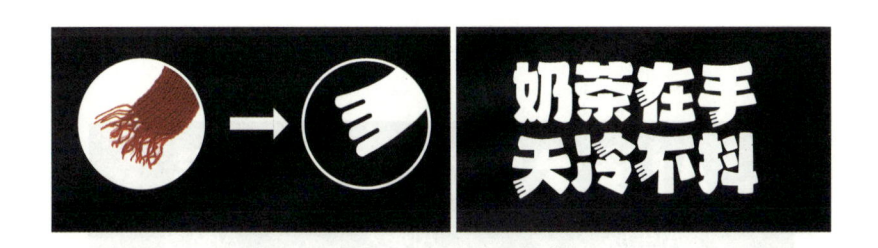

围巾作为我们的核心元素，自然在我们的场景中必不可少。

我们塑造了这样的场景：在原木桌面上铺满红色围巾，背景是温暖光影的窗户，奶茶被围巾包裹着，雪王戴着毛绒围巾和手套，手捧热奶茶。

原木材质给人柔和温暖的感觉，我们所有的元素都是围绕"温暖"和"围巾"这两个关键词产生。

使用 AI 工具，提升设计效率

然而在创作的过程中由于围巾形态的可塑造性和不可控性太强，我们一直找不到符合画面走向的围巾素材，于是我们求助了 AI 工具。

将我们理想材质的围巾图片上传，再输入关键词，通过反复尝试和不断调整关键词，最终符合画面的围巾素材就诞生了。

我们不只用 AI 工具 Midjourney（简称"MJ"）生成素材，还用 AI 工具 Upscayl 放大素材。因为落地时尺寸比较大，而 MJ 生成的图片精度大小并没有办法达到我们的要求，Upscayl 可以在放大图片的同时智能生成围巾纹理的细节。

我们还用 AI 工具 Purephotos 抠图来提升工作效率，围巾一根一根的毛绒感，如果通过设计师手动抠图，那将是巨大的工作量。

解决素材问题后我们开始打磨画面细节，首先观察"温暖冬天的窗户"有什么特征，要有暖色光影、窗外寒冷的冰霜、因室内外温差产生的水雾、木色的桌台和毛线围巾。

通过背景和关键视觉的明度对比
来检验信息层级是否清晰

完成画面设计后，我们通过背景和关键视觉的明度对比，来检验信息层级是否清晰。具体做法就是将设计画面转为灰度模式。

前景雪王是双色，背景的光影是灰色，中景的字体和产品，也就是最重要的元素，用最有冲击力的暗色，让它能在画面中跳出来，让消费者一眼看到。

至此，一张全新的海报就被设计出来了。

蜜雪冰城
奶茶在手
天冷不抖
厚芋泥奶茶
冰 热
¥中杯8
草莓啵啵
冰 温热
¥大杯9

蜜雪冰城
*广告所示图片仅供参考，产品请以实物为准。2023.08.05
奶茶在手
天冷不抖
草莓啵啵
冰 温热
¥大杯9
厚芋泥奶茶
冰 热
¥中杯8

当然，最后要进行全面媒体化，不放过任何一个与消费者沟通的机会。

在后续的物料延展上，我们也不断开发围巾的戏剧性。我们不光给雪王围上围巾，还给产品围上围巾，包材、杯身也围上围巾，蜜雪冰城团队甚至给杯底也加上了围着围巾的雪王。通过一个围巾母体符号，达到蜜雪秋冬视觉系统的聚焦，突出秋冬温暖的氛围。

2023 年度最佳门头设计奖

好想来门头设计

李伟华

街道就是货架，门店就是产品，门头就是包装。门头设计就是要和街道上一切信息竞争，要想尽办法在货架上释放最强刺激信号，让包装会说话，与消费者快速沟通，并把产品卖出去。

这就是华与华提出的货架思维。如何打造超级门头，用信号拦截顾客？

大：打破 VI 思维，设计信号炸药包！

门店 VI 思维，就是无论什么比例的门头，都将一个标准的 VI 组合在不同比例的门头上到处搬家，并把门头的 1∶1、2∶1、3∶1、4∶1、5∶1 等比例规范做出来，形成 VI 手册！

按照常规的做法，我们也将好想来通用物料上使用的图形与品牌名的组合规范放到不同比例的门头上测试。

附录 1 　华与华 2023 年度专项奖精选内容

我们发现，标准的超级符号与品牌名组合，在平面上达成了整体的和谐。但落到多变复杂的空间，尤其是门头这样固定的有限空间，其传递信息的信号能量并不能发挥到最大。

405

我们总结了很多零食品牌的门头形式，并将对应的门头全部等比例画了出来，来寻找在门头上的最好组合规范！让符号和品牌名都能放到最大，激发信息爆炸，传递信号能量！

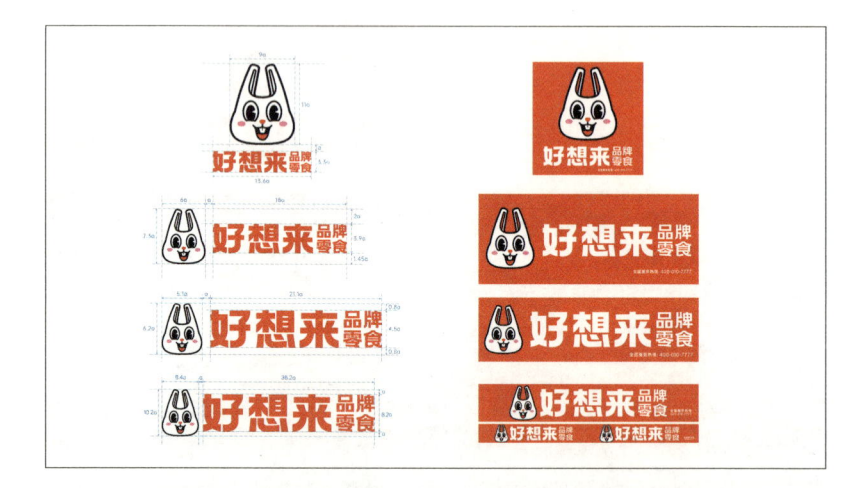

我们将超级符号、品牌名、品类和其他信息进行归类，归纳出了4种组合形式，适用所有门头符号与品牌名的放大需求。

附录 1　华与华 2023 年度专项奖精选内容

为了能更好地推进门头比例规范落地，我们将门头比例规范更细致地分为 0.75∶1、1∶1、1.5∶1、2∶1、2.5∶1 等，以实现更精确的套用，确保快速复制不出错。

当然，实际门店落地过程中，也会出现很多"L"型的门头，我们对"L"型门头的使用方式也做了规范，确保让每家门店都能迅速落地。

407

通过因店制宜的门头设计规范，我们解决了在不同尺寸上实现门头信息最大化的问题。门店无论距离远不远，都有很强的发现感。

▎亮，门店越亮，生意越旺！

提高门头发现感的另一个方法就是让门头更亮，亮度高就要求我们的门头颜色饱和度高，同时门头材质要能发亮光并且不易破损、不易褪色。亮度整体涉及3个相关要素：材质、色温、色彩饱和度。

色彩饱和度上，我们选取了饱和度最高的亮红色作为背景色，形成视觉强制性。

材质上，我们选择了3M膜。3M膜具有整面可亮、亮度高的特点；强度高、透光均匀、抗紫外线，同时安装施工方便，不易渗水也不易褪色。为增强透光性，我们还用在白色透光3M膜上贴镂字红色彩膜的制作形式，让门头更亮。

附录1　华与华2023年度专项奖精选内容

色温上，我们直接到门头制作现场，为门头选择最佳色温。原本制作商建议使用6000K色温让门店更雅致。但我们坚持使用10 000K的色温，因为亮度越亮，生意越旺。

409

多：重复重复再重复！

我们在研究门头的过程中，发现好想来有很多较宽的门头，这些门头如果只放一个超级符号组合，门头空间将得不到充分的利用，发现感也会大大降低。我们坚持让超级符号重复放，重复就是投资，重复才有品牌。

如何创造重复，其实可以分为3种情况。

情况1：单个门头，空间用全，不断重复。

情况2：多面组合，见缝插针，多面重复。

情况3：创造空间，尽一切可能广覆盖、多触达。

大、亮、多是门头设计的必要要领。当今流量成本巨高，线下门店应该充分利用好元媒体的优势，让这个不花钱的广告位发射出最强的信号能量，为品牌赋能！

附录1　华与华2023年度专项奖精选内容

`2023年度最佳展览设计奖`

四只猫首个线下展会设计

王思媛

华与华方法认为，品牌资产是能为品牌带来效益的消费者品牌认知，所以，做任何一件事，一切以是否形成资产、保护资产、增值资产为标准。而品牌资产的最终目的是让消费者买我产品，传我美名！这就需要提供能够供消费者识别、记忆、谈说的词语、符号、话语或故事。

展会设计是通过动线及视觉引导，在现场实现高流量转化，通过整个游览闭环，让供应商短时间内对品牌有好感、有成交。每一处物料和元媒体的设计都是生意，我们关注的永远是能够带来生意。

413

每一处动线和设计细节都是生意

四只猫的首个线下展会是在深圳蛇口希尔顿酒店举办的,由于定的时间比较晚,处在一个很偏的位置,空间不规则,有很多柱子遮挡。在整体都不如意的情况下,华与华是怎么进行设计的呢?

排查:详尽了解现场,规划整体

华与华讲三现主义,就是设计师必须到现场感受,现场测量,了解周围的环境,以一个来访者的角度反向思考。我们必须进行有效的设计,同时明确每个阶段所需处理的设计问题。

第一步就是规划整体,设计行进动线,"在现场脑海里有蓝图",始终服务最终目的,思考我的最终呈现是什么样的。于是我们到现场进行实际测量,把每一处细节画出来,规划整体布局及动线。

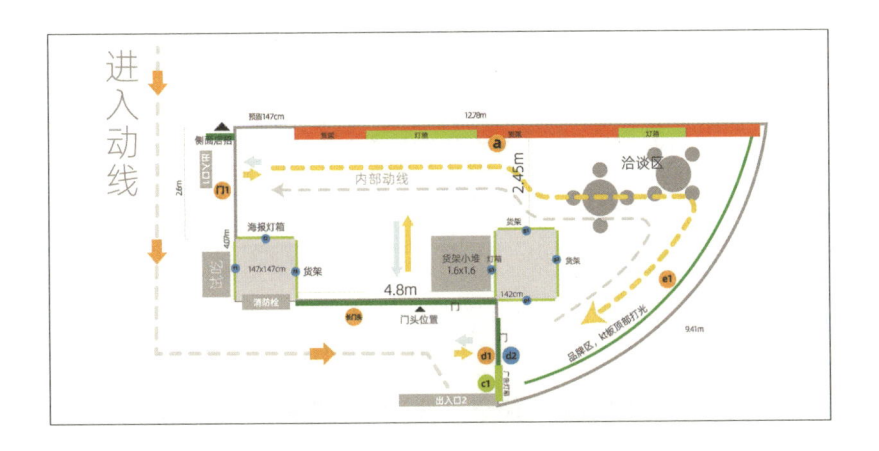

附录1 华与华2023年度专项奖精选内容

接触点设计：基于动线做视觉引导

我们的最终目的是要让经销商记住品牌，在前期的整体规划基础上，进行每一个接触点的设计，从进门就让人发现，并按照我们的引导，捕捉到现场的信息。

接触点，从大堂—通道—侧招—双门头—广告灯箱—连排货架—电梯广告位全方位进行指引。

415

层层机关打造整体的浏览体验

机关 1：双门头设计，全方位迎接客流！

由于位置比较靠边，在设计展会时我们结合了展位方位和参展者的行为动线，采取"双门头"设计，配合灯箱将刺激信号最大化，迎接和吸引两侧人流的视觉动线，不断向参展者"招手示意"。

机关 2：利用"奖牌"超级符号，将"双第一"最大化！

充分发挥四只猫咖啡"抖音咖啡销量第一""云南咖啡销量第一"的最大行业背书，发挥"No.1"的戏剧性，将"奖牌"这一世界级文化母体延展成超级购买理由空间，并在招商广告位、核心 KV 视觉上不断地重复，把 No.1 信息最大化！

机关 3：门口摆上试喝台，远方顾客自然来，进门来一杯，边品尝边了解，提升顾客体验感！

通过空间布局设计，将试喝台放置在距离参展者最近的入口处，利用四只猫咖啡的香气招揽顾客的同时吸引参展者主动上门。并通过试饮建立起对四只猫品牌和产品的喜爱，为下一步销售成单建立良好的产品印象和心理基础。

机关 4：三大产品灯箱展示拳头产品，人体工学设计让包装一目了然！

走进展位，最重要的就是产品展示。让参展经销商感受到四只猫产品包装的吸引力，则是至关重要的一环。因为我们将产品包装的海报放置在人体工程学的最佳视角，让参展者仰视与俯视 30° 角的范围就能将产品尽收眼底，缩短了信息获取的时间，提高参展的"翻台率"，留出更多时间与招商团队交流成单。

机关 5：品牌荣誉全方位上墙，一秒建立信任感！

四只猫咖啡获得的品牌荣誉数不胜数，用哪些才最能凸显四只猫咖啡的品牌知名度，且能瞬间捕获经销商、建立品牌信任呢？

我们选择了四大品牌背书："国务院经济研究所点名邀请交流的中国电商标杆案例""云南省级农业龙头企业""WBC 世界咖啡师大赛评委拼配支持""云南农业科学院农产品加工研究所技术支持"。分别从政府背书、学术背书、行业背书、产品研发背书四个方面，全面建立经销商的信任感，传递四只猫咖啡的政企合作基因与产学研优势。

机关 6：超级口号及产品海报持续重复，持续重复就是持续积累品牌资产！

元媒体战略是华与华品牌传播的核心战略。让所有媒介都成为品牌信息的载体，因此在展会设计中，无论是电梯海报、墙面海报，还是招商手册、礼品袋，甚至是地贴等物料，我们都将超级口号不断重复，持续积累品牌资产！

四只猫咖啡
NO.1
抖音咖啡
销量第一
云南咖啡好
认准四只猫
双第一
CAT FOUR COFFEE
经典馆藏系列
云南咖啡好·认准四只猫
拿铁咖啡
抖音第一咖啡品牌
火热招商

附录 2

华杉 2023 年度演讲

——行为主义与行动导向

各位朋友，大家下午好！又到了我的年度演讲时间。去年我就说了，如今在中国你要是没有一个年度演讲，你都不好意思说你是企业家。但我的年度演讲和别人会有一点不同，就是我每年几乎都在讲同样的内容，但每一年又都会有新的提升。今天我要给大家汇报的主题叫作《行为主义与行动导向》。

什么叫行为主义？什么叫行动导向？我用两句话来说：**我们在营销上，只关注行为，因为行为才是结果；在战略上，只关注行动，因为行动才有结果。**

在前面大家听到的七个案例演讲里，每个项目是不是都在观测消费者的购物旅程？观测消费者的购物旅程就是在观察消费者的每一个行为，而消费者的行为，都是由于我们释放了信号，带来了行为反射。所以消费者端，我们研究的都是怎么通过调整刺激信号，去改变或引导人的行为。

在"鱼你在一起"这个案例演讲里，我们就特别强调了"执行"，战略最重要的是什么？事实上战略最重要的就是第一个行动，因为只有行动才能带来结果。但第一个行动之后的第二个、第三个行动计划，却随时都有改变的可能，因为事情也会随着行动而产生变化。

所以，在今天我要讲的内容里，我们只要锁定"行为主义"和"行动导向"这两个根本的哲学抓手，就能够祛除一切思想的谬误，堵塞一切错误的源泉，这就是哲学的意义。

康德说："我所做的工作，不是对人类知识的范围加以扩展，而是加以缩小。从这个角度来说，我的工作是消极的。但是，这种消极有其积极的意义，那就是堵塞一切错误的源头，而这正是哲学家的天职。"

做事情我们就会面对三个选项：要么不做，要么做对，要么做错。那最好的结果就是做对，其次是不做，最糟糕的结果就是做错。在华与华的哲学里，我们从来不追求进步，我们追求的是不退步。因为你只要不退步，每动一下都是进步，但如果你老是追求进步，后面的风险敞口就会越拉越大，可能进了一步，最后的结果却退了三步。我反复强调的消极哲学，就是这个意思。

祛除一切思想谬误
堵塞一切错误源泉

这就是哲学

三项选择题：　☑ 不做　　☑ 做对　　☐ 做错

一切问题都是哲学问题，所有现象都有理论解释。在"9·19西贝和华与华合作十周年"活动上，罗振宇评价对我的印象，他说："华杉是穿西装的，不是穿唐装的。穿西装的人，就是要每件事都必须搞清楚，一定是黑白分明，如果有一点没搞清楚，就要继续去把它搞清楚。"我很感谢他的这个评价，我认为做企业就是做学问，所有的问题都是学术问题。

华与华是一家伪装成企业的学术机构,我们的学问就是我们的华与华方法,华与华方法是一套让企业少走弯路的经营哲学、企业战略、营销传播方法。通过超级符号理论和战略、营销、品牌三位一体的解决方案(所有的事都是一件事),以订阅制的服务模式,帮助客户成为所在行业基业长青的领导品牌。

在华与华的案例中,大家都能看到,我们是把战略营销、品牌、企业文化、产品开发等所有事,放在一个系统、一个团队里面,一次做对、一次做全。然后以订阅制的服务模式,帮助客户成为所在行业里基业长青的领导品牌,这就是华与华的事业理论。

我们还有一个词叫作"人类总智慧",在任何一个领域中,都已经有很多前人在这里耕耘过,那我们有没有掌握在这个领域里的人类总智慧呢?比如你做寿司,那么多人做过寿司,这就有一个关于做寿司的人类总智慧,同样羽绒服行业也有一个做羽绒服的人类总智慧。

如果你掌握了相关的人类总智慧,那基本就没有什么你解决不了的问题了,因为你要解决的问题,前人都解决过了。如果你在这个人类总智慧上,还增加了新的智慧,那你就是对人类的知识和进步做出了贡献。

我们的华与华方法,就是基于一个庞大的学术体系,包括了人类学、社会学、经济学、心理学、生理学、符号学、语言哲学、修辞学、宣传学、传播学、媒介环境学和管理学等。

1 为"人类总智慧"增添新智慧
华与华两大模型发布

今天我首先要给大家讲的，就是我们在传播学这个领域，为人类总智慧增添了新的智慧，我将正式发布华与华两个方法模型，这两个模型在以往的文章里面都有提过，今天我们来做个正式发布：第一个是"华与华超级符号哲学模型"，第二个是"华与华播传模型"。

这两个模型在整个传播学里面，可以说做出了新的贡献。我说这个话不是吹牛，因为我读书多，我知道现在的传播学发展到了哪一步。

▎华杉 2023 年最得意的两个作品

在正式发布之前，我想先分享一下我 2023 年最得意的两个作品。这两个作品应该会登上明年百万创意大奖赛的舞台，但我等不及了，先嘚瑟一下！这两个作品都是我们下半年做出来的，一个是"好想来品牌零食"，一个是"匡迪保温杯"。通过这两个案例，大家也会对我们的超级符号理论有更深的认识。

好想来是个零食量贩连锁企业，算是个新的业态，现在已经有 7000 多家门店了，而且很快就能达到一万家、两万家。所有做零食的

附录 2　华杉 2023 年度演讲

△　华与华为好想来创意的超级符号

企业都喜欢做一个卡通形象，华与华给好想来做的这个兔子形象，跟别人的卡通形象有什么区别？

好想来作为量贩零食品牌，每年有数以亿计的购物袋被顾客使用。购物袋不仅是好想来门店的关键道具，也是代表量贩零食行业的公共符号。因此，我们将购物袋的提手和兔子的耳朵进行关联设计，创造出了好想来的超级符号：一只腮帮子鼓鼓的"袋子兔"！

从这里也就揭示了华与华超级符号的创意方法，它是两个符号的叠加。我们上星期又给另一个客户发布了一个新的兔子符号，大家明年就会看到，那只兔子又是另外一个很绝妙的创意。所以啊，松鼠可

425

以有很多不同的松鼠，兔子也可以有很多不同的兔子，关键是你要找到品牌的戏剧性，再找到创意的爆发点，把它们结合起来，这就是华与华超级符号的方法。

第二个我非常得意的案例，就是我手上拿着的匡迪保温杯。其实刚刚接到这个案子的时候，我们的压力也很大。匡迪的吕总做了27年的保温杯，做到10亿元的规模，现在想要做自己的品牌。匡迪保温杯靠的也是优质平价，之前基本没有什么品牌，就是在流通渠道靠过硬的质量和平价做到了10亿元的规模。

企业在这个时候要建立品牌，我还开玩笑地跟吕总说："你能第一个就找到华与华，也真的是运气啊！如果不是华与华，换到另外一个公司，很可能就是让你请个明星代言，然后再让你打两个亿的广告，这样就能起来。因为你想成功，你就很容易相信会成功，然后你就真敢砸下去两个亿，结果就是血本无归，元气大伤，几年都缓不过来。"

我们都知道企业其实没有多少资源去做这样的事情，那只有靠超级符号的创意和品牌修辞学来极大地降低消费者的记忆成本，极快地使消费者产生熟悉感。

最后在匡迪这个案例上，我们找到了"烫嘴哥"和"匡迪保温杯，

△ 华与华为匡迪保温杯创意的超级符号

明天还烫嘴"这个创意。一切传播都是符号的编码和解码，大家看华与华前的编码和华与华后的编码，是不是拥有完全不一样的营销传播效率？

△ 华与华为匡迪保温杯创意的超级符号

超级符号创作的技术要点，就是找到品牌与生俱来的戏剧性，和我们的品牌或者价值利益的强相关性来进行拼装和编织。在好想来的案例里，我们是把购物袋和兔子耳朵编织在一起，而在匡迪这个案例

427

里，我们是在利用这个烫嘴哥——电影《东成西就》里梁朝伟香肠嘴的创意，加上保温杯的属性，创造了一个很大的戏剧性和一个愉悦的效果。

华与华超级符号哲学模型

华与华超级符号哲学模型，是对超级符号理论的升级。我们在2013年出版了《超级符号就是超级创意》这本书，当时华杉的弟写了这样一段话：超级符号是人人都能看懂的，并且能听它指挥的符号，将品牌嫁接超级符号，能在一夜之间让一个新品牌成为亿万消费者的老朋友，并建立品牌偏好，发动大规模购买。

对大家来说，匡迪保温杯是不是就是一个陌生的新品牌？但是我们创意的"匡迪保温杯，明天还烫嘴"和"烫嘴哥"的形象，是不是能让你看一遍就永远再也忘不了了？而且你还会很喜欢它，觉得这个形象很可爱，有愉悦感。那么，这背后的哲学逻辑是什么呢？我们来看华与华超级符号哲学模型。

熟悉华与华的可能都知道，超级符号和文化母体是一个硬币的两面，我们从文化母体中提取超级符号，进行预制件的拼接、组装和编织，然后直接把它安装在受众的潜意识里。由于我们制作的预制件，都是受众所熟悉的东西，所以一旦安装，它就无法卸载，能直接进入他的经验秩序，相伴终生，而且他还老想告诉别人，帮我们进行传播，这就是超级符号的哲学原理。

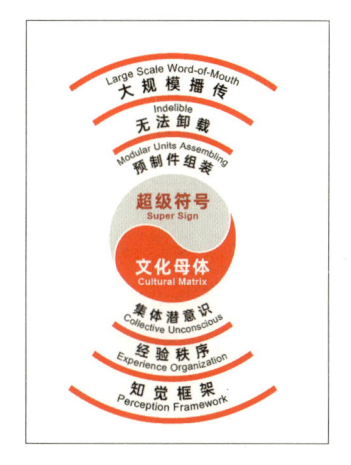

△　华与华超级符号哲学模型

① 知觉框架（Perception Framework）

在这个模型的最底层是人的知觉框架，知觉框架就是"人脑处理器"。按照康德的哲学来说，这就是"悟性"。人都有"悟性"，能把感官接收到的直观信息，经过处理变成概念和经验。知觉框架是人将知觉信息加工处理成经验的能力和逻辑。

我们今天说的大数据和人工智能大语言模型，其实都是在模拟人的这个处理器，只是它模拟的方式不是通过"拷贝"一个知觉框架出来，而是绕过人脑研究信息在处理前和处理后这两者之间的逻辑关系。

② 经验秩序（Experience Organization）

当我们的感官接收到信息，进入到知觉框架，经过人脑处理之后，它就会形成一个经验秩序。经验秩序，是知觉框架处理形成的所有经验的集合，以及它们的排列方式。你所获得的经验，它在你的经验秩序里是怎样排列的，这点对我们来说非常关键。

你创作的广告语，你设计的形象，你所做的一切，如果跟消费者的经验秩序是一致的，符合（fit）他的经验秩序，是不是就能顺着他的经验秩序溜进去，并完成安装？如果跟他的经验秩序不一致，不符合（unfit）他的经验秩序的排列，他就会自动排斥。

你们很多的广告创意和设计，往往都用了大量的精力，最后出来的作品却跟消费者的经验秩序不一致，你还以为就行了。而当我们的作品能跟消费者的经验秩序保持一致时，你反而觉得这不行，说这太接地气了，你拒绝接地气其实就是在拒绝跟消费者的经验秩序联结。

③ 集体潜意识（Collective Unconscious）

在经验秩序之上是人类的集体潜意识，集体潜意识处于人类精神的最底层，且为人类普遍所拥有。为什么用动物或者植物来取名字就很容易被记住？比如我们的客户瓜子二手车。因为这就是符合人类的集体潜意识，人类从原始社会开始就是狩猎采集，所以动植物是人们最关心的、最敏感的东西。

特别是可以吃的植物，所以大家取名字就喜欢用瓜子、西瓜、花椒等，基本没人用白桦或者杉树做名字，为什么？因为不能吃，不能吃的东西在他的潜意识里离经验秩序就比较远。所以，这是个人类学的问题。

④ 文化母体（Cultural Matrix）

再往上是文化母体，文化母体在集体潜意识之上。"文化母体"这个词也是华楠提出来的，他是从《黑客帝国》看了 matrix（母体）这个词得到了启发。文化母体理论中还有两个词，叫"文化契约"和"文化半径"，不同的文化就有不同的文化母体。

经常有人问我说："华与华在全世界都管用吗？"我说："华与华方法在全世界都管用，但是我没法儿做到在全世界都管用。"为什么呢？因为我到了印度尼西亚或者美国，我对他们的文化、他们的梗不熟，不熟我就抖不出那个包袱来。其实我们每一个创作，都是在"抖包袱"，就是要找到品牌的戏剧性，再抖一个创意的包袱，让人快速地记住。

⑤ 超级符号（Super Sign）

超级符号基于文化母体，我们从文化母体中提炼出超级符号。超级符号是人人都能看懂的，并且听它指挥的符号，将品牌嫁接超级符号，能在一夜之间让一个新品牌成为亿万消费者的老朋友，并建立品牌偏好，发动大规模购买。

⑥ 预制件组装（Modular Units Assembling）

为什么华与华的超级符号能让人快速产生熟悉感？因为华与华所有的超级符号，都是用预制件来进行组装的。这一点我要给大家特别地强调，你只要学会这一点，就相当于已经学会一半了。

什么叫预制件？预制件是建筑学上的术语，指的是用预制件组装建筑物。在华与华这个模型中，预制件就是超级符号的零部件，而且是不会让人产生歧义的标准件。那什么样的预制件才不会让人产生偏差？那就是绝对只用最公共化的符号。

我们给蜜雪冰城做的"雪王"，它是不是跟所有的雪人都一样？它不是一个独特的雪人，它就是一个最普通的雪人。最普通的皇冠，最普通的权杖，权杖上也是一个最普通的冰淇淋，然后再加一个披风斗篷。大家知道为什么要加这个斗篷吗？是因为白色的雪人在白底上不好用。

这些标准件组装起来之后，组装成的那个东西就是私有化的东西，是我们的商标。由于它是用标准件组装的，它是不是就很容易组装到人的意识里面去？这就是从潜意识进入了意识。

弗洛伊德把意识水平分为潜意识、前意识和意识，潜意识是你不知道的潜在的意识，潜意识要成为意识的话，中间就要经过一个"门卫"的检查，这个"门卫"就是前意识。就是说那些潜在的本能的意识，需要慢慢地被前意识所发现、认识，它才会变成我们能清晰感知到的意识。

⑦ 无法卸载（Indelible）

那么，当你制作的东西跟别人的经验秩序一样，又是用他最熟悉的标准件拼装的时候，它就容易被装进他的意识里，而且装进去之后它就无法卸载，再也忘不掉了。这就是潜意识标准件的意义，它能产生非自愿的符号意志力。

这种超级符号一旦被知觉框架捕捉，就能快速接入受众的经验秩序，从而唤醒他的集体潜意识，刺激他的行为反射，并且持续有效。就像你今天看到了我们的"烫嘴哥"和"匡迪保温杯，明天还烫嘴"，你就再也忘不了。

⑧ 大规模播传（Large Scale Word-of-Mouth）

只是忘不掉还不够，还要让他老想跟别人说，这就叫发动大规模的播传。播传就是发动消费者替我们传，是激发消费者的潜意识和本能情绪，乐于分享。这里我引用塔尔德的一句话，他说："舆论是一种评论，是短暂的、或多或少合乎逻辑的成串判断。换句话说，对当前的问题做出回应，在同一时期里被同一个国家、同一个社会里的人多次重复地判断，就叫舆论。"而舆论最终一定会形成"人传人"的现象。

为什么企业要做渠道？今天的案例里我们讲了 N 多寿司的寿司大赛，讲了要搞组织活动，这就是要让我们的经销商们能够面对面地交谈，形成共鸣，这样你的影响、舆论和文化才能够养成。

这就是华与华的超级符号哲学模型，我们从哲学层级解释了超级符号传播的逻辑。

华与华播传模型

第二个模型，就是华与华的播传模型。"播传"这个词我讲了 20 多年了，2002 年我在广州成立华与华的时候，我们想注册播传广告公司，工商局说这个名字太怪了，不给我们注册，这才有了华与华。

"播传"是什么意思呢？它的底层基于麦克卢汉的《媒介环境学》，他提出，媒介及信息以及媒介是人的延伸。在华与华的播传模型里面，我们又首先提出了"元媒体"理论：

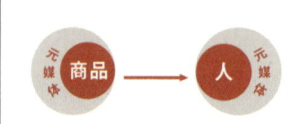

华与华元媒体模型

商品和人，本身就是最好的媒体，华与华称之为元媒体。在商品和人之间的那些需要花钱购买的媒体，华与华称之为延伸媒体。

人们一说推广，就在延伸媒体上下功夫，花大价钱投资，却没有对元媒体进行任何规划，这是普遍的问题。对元媒体的无知，是一种重大的理论缺陷。

上面这个模型图，在今天的案例演讲里也有讲到，一般来说，我们商品的信息，是通过符号的编码，再经过媒体传播给消费者，这是一个传播的基本路径。就是有一个发送者，他把符号进行编码，然后通过媒体发送给接收者。

在华与华的元媒体理论里，我们把发送者和接收者都看作是媒体，我们称之为不需要额外花钱的"元媒体"。企业是发送者，你做广告、设计包装，这些都是在把你的信号发送给消费者。发送者和接收者中间,是需要花钱的延伸媒体,但我们认为元媒体是比延伸媒体更有价值的媒体。这样,整个传播的过程就变成了从元媒体到延伸媒体,再到元媒体。

元媒体和延伸媒体有两个区别:第一是元媒体比延伸媒体更强大、更有效;第二是元媒体不要钱,延伸媒体要花钱。但是企业往往不懂得在不需要花钱而且更强大的元媒体上下功夫,而是把很多的钱和功夫放在花钱的延伸媒体上。

我一直在说,任何一种经营的获客成本都应该是越做越低。就是因为我们要把顾客也当作我们的媒体,发动他们去替我们传播。那么多人去蜜雪的门店唱"你爱我,我爱你,蜜雪冰城甜蜜蜜",还有20年前华与华策划的"拍照大声喊田七",有那么多人都在拍照时喊"田七",这是不是都在免费给我们做广告啊?这样一来我们就把接收者又转化成了发送者,这是不是就形成了流量的循环?

在华与华播传模型中,我们还在接收者的前面加了一条虚线,把它叫作"心理防线"。消费者对于广告,是天然地有着不信任和心理防线的。

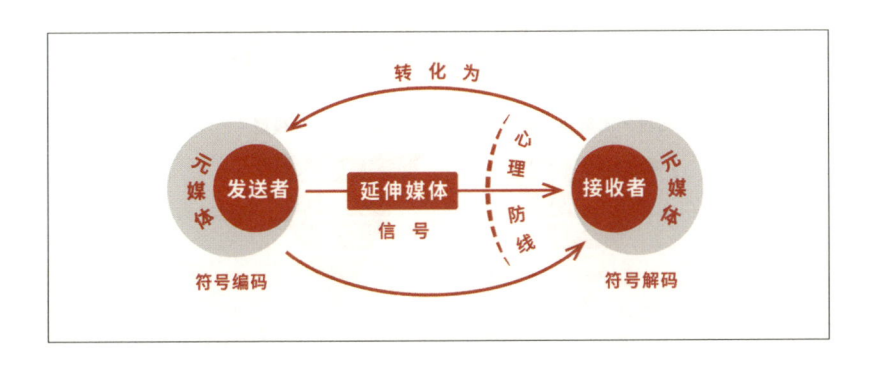

如果匡迪保温杯的广告语叫"保温24小时",当你说这句话的时候,消费者是不是就会天然地产生心理防线?因为他能明显地感知到你在对他做广告。但当我们运用修辞学把它改成"匡迪保温杯,明天还烫嘴",这种押韵、顺口溜的形式,就能巧妙地绕开消费者的心理防线,并且还能让他一下子记住,甚至会说给别人听。

所以,可以看到华与华的播传模型和传统的传播模型有三个不同点:第一就是提出了元媒体理论;第二就是提出把接收者再转化为传播者的播传理论,它能够让人传起来,并形成流量的循环;第三就是我们在这里提出了用超级符号和修辞学,利用人的经验秩序、文化母体和潜意识,来绕开受众的心理防线。这三个传播学的进展,也形成了我们传播的绝技。

接着上面的流量循环我再说一点,大家一说销售,就喜欢讲流量漏斗,一般的流量漏斗就是我发送,然后他注意,然后打动,最后购买。这样的流量漏斗有什么问题?它的问题就在于它是单向的,它把购买看成最终的结束。而华与华的播传模型,是不要流量漏斗,而要

不要流量漏斗!要流量循环!

传统的流量漏斗模型

发送
注意
打动
购买

华与华流量循环模型

发送
注意
打动
购买
播传

流量循环，是不管你买还是不买，我都要把你倒上去，让你来替我传播，形成新的信号并发送出去。

这次演讲，我要讲行动导向，那超级符号方法到底有什么样的行动？它有三个行动：

第一个行动是对你的品牌，用超级符号来进行重新编码，这个编码的成果物就是后面我要讲的品牌三角形，是品牌的产品结构、话语体系和符号系统。

第二个行动是利用和开发元媒体，完成全面、彻底的媒体化，你的店面其实就是个媒体。10 年前我们刚做西贝莜面的时候，我们就提出了要在店面里多装电视机，这就是在增加媒体，企业要把你所有媒体的能量都发挥出来。

第三个行动是在延伸媒体上，投入力所能及的资源，并进行永续投资。这就是华与华的广告观。对于企业老板投广告，我为什么一定要你们消极呢？因为大家都太积极了，然后就很容易一厢情愿，贪巧求速，一个亿、两个亿、五个亿都敢往上砸。让你投少一点儿，你还不愿意。

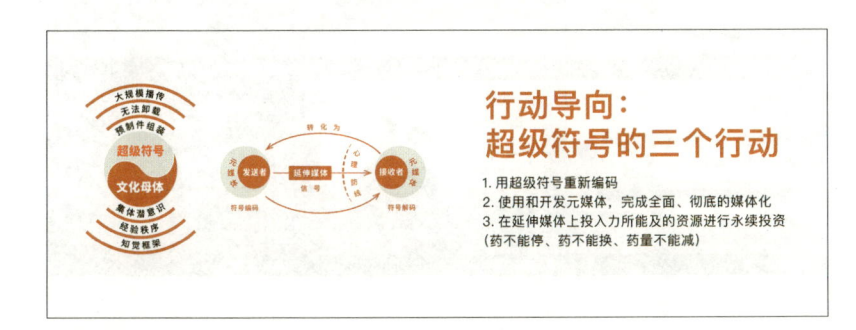

**行动导向：
超级符号的三个行动**

1. 用超级符号重新编码
2. 使用和开发元媒体，完成全面、彻底的媒体化
3. 在延伸媒体上投入力所能及的资源进行永续投资
（药不能停、药不能换、药量不能减）

我经常说人一到花钱的时候，他的智商就会急剧下降，要么就是一厢情愿，多少钱他都敢砸，身家性命都敢豁出去；要么就是一分钱都舍不得，你要他花一分钱好像割他的肉一样。

人做事情，最糟糕的情况就是他做什么事情都要追求效果，追求效果要么就是为了自己想象中的效果赔上了性命，要么就是一看没效果就开始一毛不拔。

华与华自己算是做了一个投广告的标准示范，大家在上海机场就能看到我的广告。我在虹桥机场每年就有1000多万元的广告投放，今年我们一共投了3000多万元的广告。

经常有人问我说："华杉，你投那么多广告在机场，到底有没有效果啊？"我说："我不要效果啊，谁说投广告要有效果呢？如果要效果，我早就不投了。而且你是要三个月的效果，要一年的效果，还是要三年的效果？当我要的是30年的效果时，那现在也还没到检查效果

△ 华与华为广告投放

的时候，再过 20 年我再看看效果怎么样，最后再决定要不要继续往下投。"

但是现在大家投广告都开始要一秒钟的效果了，这个钱花出去，就要有流量进来。现在机场的广告位都卖不出去，我觉得这真是没天理，我现在是没那么多钱，不然我就把它全买了。我知道现在有好多人在拼命挣钱，为了有一天能请华与华做咨询，我也跟你们一样，也在拼命挣钱，就是为了有一天能把机场的广告位全买了，让机场到处都是我的广告，这不是很好吗？

为什么机场这些广告位会卖不出去？因为现在投广告都要效果，而互联网上的广告都能给你算出效果来。如果你说不出你投了这个钱能有什么效果，投广告的预算到了财务部就批不下来。但是，凡是能计算出投入产出回报的广告，它都有一个特点，就是它的价格都很贵，它都能算出来你没风险了，那怎么会轮得到你来赚这个钱呢？

我从 2008 年开始投广告，开始一年投了 200 多万元，然后开始投了 500 万元、700 万元、1000 多万元、2000 万元，到今年投 3000 多万元，明年可能会投 4000 万元。我是把投广告当作交品牌税，你可以自己定一个税率，然后你往下交就是了，不要指望靠砸广告一把砸成，这个风险太大了，而且不可持续。

另外，当你学会了运用元媒体之后，你在广告上也就没有那么紧张了。我们喜多多就是在包装这个元媒体上下了极大的功夫。

明年我们为什么要去新加坡做百万大奖赛？是因为我们要走向国际化，关于走向国际化我做的第一件事，就是把新加坡樟宜机场 T1 和 T3 行李提取处所有的广告灯箱全包了，而且我只要一上去，基本就不会下来了。但这话我不能老说，一说他们就连年给我涨价，他知道我不会下来，最后可能反而把我撵走了。

2 行为主义与行动导向

第二大部分内容，我就来讲讲行为主义和行动导向。华与华方法是行为主义的方法，我们称之为"行为主义符号学"。

这一部分内容，我首先要祛除几个思想的谬误。在过去的 20 年里，有两个对中国营销界思想破坏最大的观念，一个是整合营销传播 4C，另一个就是定位。4C 后来也被定位取代了，所以今天我就不讲 4C 了，主要把定位这个思想谬误在这里跟大家说清楚。

祛除思想谬误，消费者心智是假知识

我们的知识有两种，一种是真知识，一种是假知识。我要郑重地告诉大家，消费者心智就是一个假知识，是外行话。今天听了我的演讲后，你就再也不要讲消费者心智了，再讲消费者心智那就要闹笑话了。

听到这里你肯定在想：我们每天都在讲消费者心智啊，消费者心智怎么会是假知识呢？那我就要问你了，你每天都在讲的那个消费者心智，你知道它是什么吗？其实你从来就不知道它是啥，但是你需要有一个词挂在嘴边来作为代号。为什么我说它是假知识呢？因为消费者心智就是一个黑箱，它不可观测。

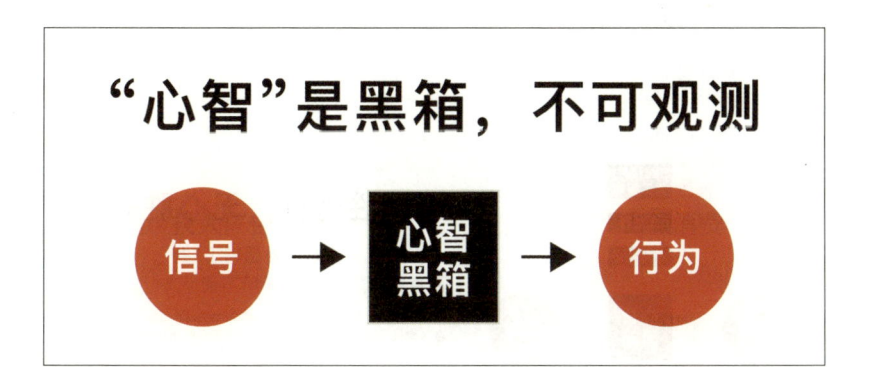

"心智"是黑箱，不可观测

信号 → 心智黑箱 → 行为

我们做包装设计、做广告，是为了把信号发送给消费者，让它进到他的心智里进行运转，最后促使消费者做成决策和行动："购买"或者"不购买"。然后，你们就开始根据他最后的行动，来分析这个消费者当时在心里是怎么想的，分析他在什么心智下导致了最后的购买。

但是，他究竟思考了什么，你难道亲眼看见了吗？你没看见，实际上你也观察不了，因为那些都是他在心里完成的，你看不见，摸不着。于是，你就只能去问他："你当时想了什么？你知道你的心智是什么吗？"事实上他也不知道，并且他给你的回答跟他的想法也不会是完全重合的。所以我说，心智是一个黑箱，是不可观测的。

既然心智不可观测，那我们应该怎么办？其实，我不需要知道消费者心里是怎么想的，我们只需要绕开消费者的心智，直接去研究信号和行为的对应关系就行了，这就叫"行为主义"。

行为主义再进一步就是"大数据"，大家都知道"大数据营销"，那么，我们的大数据机器有没有心智？有没有心？有没有智慧？没有。大数据机器就是通过统计信号和行为的对应关系来进行预测，或用调整信号的方式来输出命令，操控行为。

无脑胜有脑，无心胜有心

人工智能，正是因为超越了"智"，
而直接"能"，所以无所不能

人类社会几千年，就是"进步—退步—进步—退步"几千年。
在人类社会进步退步的反复中，只有技术的进步是不可逆的。

由大数据再进一步，就到了人工智能、ChatGPT。目前，对于人工智能，有两个观点，一是说人类不可能造出比人更聪明的东西；二就是马斯克说的"人工智能很危险，可能会统治人类"。我认为马斯克是正确的，因为人工智能处理事物的逻辑跟人一样，但是它的能力却是人的无穷多倍，而且它还不会犯错、没情绪。

人工智能的诞生，其实就是基于"行为主义"。而对于"心智"的研究，是从弗洛伊德开始的，并且一直停留在了弗洛伊德的那个时代。

祛除思想谬误，占领消费者心智是假知识

占领消费者心智，也是一个假知识。我说："走！我们一起去占领消费者心智吧！"接着，我想问："我们要去哪儿占领？"占领消费者心智就不是一个行动，我们所有的工作，永远都要穿透到行动。

纵观定位理论就只有一个行动，那就是让你投入足够的传播资源，但这也是一个假知识，因为世界上永远没有足够的传播资源，并且"投入足够的传播资源"也不是一个行动。我们再继续穿透，定位说的投入足够的传播资源，最后其实就是"投大广告"。

事实上，所谓的"占领消费者心智"根本就不存在，它要你做的，其实就是"投大广告"，而且是一直投下去，投到"占领消费者心智"为止。

投大广告，就意味着巨大的风险。新潮传媒的梁总跟我说他就最喜欢定位理论，因为定位理论说到最后，就得找他们投广告。我说："你用华与华的理论来拉广告客户也可以啊，因为华与华虽然不让客户一下子投那么多钱，但却让大家年年都来投广告，长期主义、持续不断，你为什么不走我这条道呢？"

通过这样一层层地穿透，我们会发现所谓的"占领消费者心智"，

根本就是扯淡，其实我们的生活里有85%以上的对话都是扯淡。在此我要给大家推荐一本书《论扯淡》。作者认为，我们的社会生活中充斥着大量的扯淡，但是却没有一个关于扯淡的理论，于是他就写了这本书，3万多字，但畅销百万册，非常受欢迎。

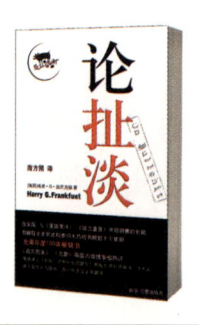

刺激反射原理，发信号要行动

所有营销传播的理论，都基于心理学的两条主线，就是弗洛伊德的精神分析和巴甫洛夫的刺激反射。巴甫洛夫和弗洛伊德是同时代的人，并且巴甫洛夫十分看不上弗洛伊德的理论，他觉得弗洛伊德的理论没有实验、没有数据、不能检测，而他自己的每一项理论都有实验和数据，比如大家都听说过的经典实验"巴甫洛夫的狗"。

巴甫洛夫的刺激反射原理有三句话。第一，一切都是假的，只有肌肉和腺体的反射是真的。现在有很多企业家得了焦虑症和抑郁症，你可以去看心理医生，但还是吃药来得直接，那个药的本质是调整腺

刺激反射原理（条件反射）

一切都是假的，只有肌肉和腺体的反射是真的。人的一切行为，都是刺激反射行为！刺激信号能量越强，则反射越大。

巴甫洛夫的狗实验
1 条件反射前
2 条件反射前
3 条件刺激中
4 条件刺激后的反射

体的分泌，从而缓解抑郁和焦虑的情绪。这也就是从刺激反射原理开始，一路取得了科学的进步。

第二，人的一切行为，都是刺激反射行为！大家为什么都在今天来到这里？因为在座的各位都收到了一个刺激信号——华与华说今天有百万创意大奖赛，于是你就做出了相应的行为反射——来到这里看比赛。

第三，刺激信号能量越强，则反射越大。同样的信息，在不同的媒体上，释放的信号能量也是不一样的。我经常用华与华兄弟的广告举例，华与华兄弟的照片出现在国际机场，那就是策划大师，而且是策划大亨的形象，机场的信息能量是最强的，因为谁都知道机场广告要花很多钱。

但如果我把这个照片贴在电线杆上，估计大家会以为这是江湖游医，是垃圾小广告，电线杆的信号能量就会变得很弱。要是将这张照片贴在我们贵州省遵义市道真县的长途客运站，那看起来就像是通缉令了。

所以，刺激信号的能量不一样，它的行为反射也不一样。华与华做的"爱干净，住汉庭"也是同理，我让他们做的最重要的一招，就是把这六个大字放上了楼顶。同样六个字的刺激信号，只有在楼顶出现的时候，它的能量才是最强的。如果放个小卡片在床头柜，那一定没有消费者会做出行为反射。

> ## 刺激反射原理，发信号要行动
>
> 人的一切行为都是刺激反射行为
> 传播就是释放一个刺激信号，谋求顾客的一个行动反射。
> 只有顾客的反射是可以测量的，这才是我们的最终目的。

1920年，美国的约翰·华生提出，心理学应该摒弃意识、意象等太多主观的东西，只研究所观察到的，并且能客观地加以测量的刺激和反应。

今天我们在进行"鱼你在一起"案例演讲时，提到项目组去"鱼你在一起"的门店做持续改善，其中有一项改善就是通过调整店面的刺激信号来激起更强的注意，引发消费者进店和购买的行为反射。至于消费者在"看到门面、进入门店、发生购买"这些动作之间是怎么想的，我们只能凭常识去揣测，就不要再去想那么多了。

在华生之后，斯金纳又提出了一个"强化理论"，即先有信号，再有行为反射，最后还要对行为进行强化。比如我们每年都举办的华与华百万创意大奖赛，当我们把"百万创意大奖赛"的信号发出之后，

强化理论（操作性条件反射）

创立实验型分析行为学，对中枢神经系统进行测试。《科学与人类行为》。

斯金纳的鸽子

在座各位做出了"买票观赛"的行为反射。

我们现在已经连着举办了十届，明年我们还要去新加坡金沙酒店举行第十一届，我们定会场的原则就是不求最好，但求最贵，因为最贵的地方的刺激信号能量也最强。每年百万大奖赛门票都卖光，今年至少有一百人没买到票。再等后年回来，我们可能就要到一个一千人的场地举行大奖赛，这就是行为被强化了。

再比如你去一家餐厅吃饭，如果第一次吃就不好吃，你肯定会说："这个餐厅以后我再也不去了。"但如果你去一家经常光顾的餐厅吃饭，比如西贝，它每次的菜品都很好吃，突然有一天，不仅菜不好吃了，服务员的态度也变差了，那你应该也不会毫不留情地一刀两断，还是会再去吃一两次。

因为你去西贝的行为已经被强化了，所以你只会想：今天这是怎么了？下次再试试吧。第二次再去，菜品和服务果然又变得很好了，那你一定会认为之前只是一个偶发的事件。要是第二次去还是那么糟糕，你大概率还会再给一次机会，再去看看西贝是不是真的不行了。这就是强化理论的作用。

所以，从巴甫洛夫到华生，再到斯金纳，他们其实都在说，你不要去研究那个不可靠的心智，要去研究刺激信号和行为反射的对应关系。我们现在为什么会有测谎仪？因为只有肌肉和腺体的反射是真的。测谎仪，就是检测人在说话的时候心跳有没有加快，手心有没有出汗，喘气是不是更粗了。

斯金纳还说，比起心智，神经系统还更可靠一些，因为它可以被观测、记录和实验。比如我们对大脑进行扫描，能发现男性在发生性行为时，被激活的皮层区域仅在右侧半球的小部分，而女性在性行为中，几乎整个大脑都会处于活跃状态。所以男生是来得快去得快，女生是来得慢去得慢。这些例子就能证明，我们对整个神经系统是可以进行研究和测量的，但心智却无法被检测，你永远不知道他内心的真实想法。

斯金纳：相对于心智来说，神经系统还更可靠
（可以观测、记录、实验）

女性性高潮：
科学家利用MRI机器观察女性高潮时脑部的变化
暗红色：活跃程度最低；黄色／白色：活跃度最高。
当性高潮时刺激脑部80多部位，几乎整个大脑都会变成黄色，代表大脑在性高潮时是处于非常活跃的状态。

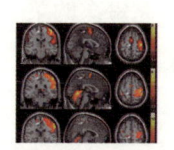

男性性高潮：
男性性高潮，被激活的皮层区域部分几乎全位于右侧半球，双侧小脑区域等均发生强烈激活。相反，左侧杏仁核与左侧嗅皮质邻近区域皮层发生激活的下降。

到了 1940 年，美国的科学家维纳提出了"控制论"。他说刺激反射的回路不仅人身上有，动物身上也有，甚至植物身上也有，就像含羞草，你碰一下它就卷起来了。他提出我们能不能把这个刺激反射的回路，从生物体里抽出来，放到机器当中。由此，维纳提出了"机器学习"和"机器繁殖"的概念，这就是现代人工智能的起点。我们今天所说的"机器繁殖""机器学习"，实际上都是 20 世纪 40 年代就存在的理论。

所以我们看到，从巴甫洛夫的刺激反射，到行为主义、控制论、强化理论、人工智能、大数据、ChatGPT，这整个系列实际上都是从行为主义开始发展的，人工智能就是行为主义，没有行为主义就没有人工智能。

行为主义三步曲：信号—行为—强化

如果我们要再往前讲，行为主义实际上是康德先验哲学的问题。什么叫先验哲学？人是靠感官接收信息，再处理成经验，最终形成经验秩序的。可以说，我们的知识都是靠经验来的。对此康德就问了："既然你的知识都是靠经验、靠学习得来的，那你这个把信息处理成经验的能力，又是从哪儿来的？"这是天生的，是上帝给你的，是先于经验的，这就是先验主义的思想。

其实到现在，也没有人说得清"心智"到底是什么，但是人工智能可以越过"心智"，把"信号"和"行为"这两头的对应关系都模拟了。所以我说，人不一定是神造的，但是人已经造出了"神"。我讲的这个"神",就是行为主义的神,而我们所有的方法,都是围绕着行为主义的三步曲——信号、行为、强化来展开的。

行为主义三步曲

信号 → 行为 → 强化

刺激信号　　行为反射　　模式强化

这就是我为什么总是强调,品牌不要轻易做改变,不要总是想着品牌升级,因为一旦改变、升级,就是把好不容易强化的东西又推翻了,还得重新再来一遍,这都是大家在理论认识上还不够清晰的缘故。

心智的真知识:意识、潜意识、集体潜意识

我刚才讲了消费者心智是假知识,占领消费者心智也是假知识。那么"心智"的真知识是什么?是意识、潜意识、集体潜意识。这就是从弗洛伊德,到荣格,到坎贝尔,再到卢卡斯的历程了。

弗洛伊德提出了关于无意识精神状态的假设,把意识划分成意识、前意识和潜意识,又把完整的人格分为了本我、自我和超我。举个例子,如果有个人,他老是忍不住要咬指甲,为了控制自己不咬指甲,他就把手放到了裤兜里。那么,当一个人把手放进裤兜,以控制自己

潜意识和集体潜意识

弗洛伊德精神分析，研究人的心智，并提出潜意识。
荣格在此基础上提出集体潜意识。
坎贝尔是荣格的学生，他在《千面英雄》里，提出了"神话原型"，开创神话学。
超级符号的方法，就是运用集体潜意识的方法，是激发人的整体性经验的方法。

不咬指甲的时候，这是谁在控制谁？不想咬指甲的是他，想要咬的也是他，这里面就涉及意识和潜意识，自我、本我和超我的概念。

所以，如果你要去问消费者的心智，你怎么可能知道他的回答是哪个意识在发挥作用？连他自己都不知道，你又去研究它做什么呢？但是我们可以研究潜意识，其关键是要到集体潜意识中，去找到人类的原初意象和文化原型。

对此，坎贝尔在开创神话学的时候，总结出了"神话原型"。大家应该都看过《英雄的旅程》和《千面英雄》，它的核心观点是：虽然各个族群之间没有联系，但他们的神话都是一样的，所有的英雄故事都有一个固定模板——发现问题、踏上英雄的旅程、得到名师的指点、来到圣殿、打败怪兽、获得金羊毛、拯救世界。

《荷马史诗》《希腊神话》《007》《碟中谍》《星球大战》……所有的故事都是这样一个套路，这跟我们的超级符号要寻找文化母体是一样的。坎贝尔的老师是荣格，荣格的老师是弗洛伊德，卢卡斯也是读了坎贝尔的《英雄的旅程》和《千面英雄》后，才创作了《星球大战》。

> **坎贝尔：神话原型**
>
> 日常世界—历险的召唤—拒绝召唤—遇到导师—跨越阈值—考验—征途—磨难—回报—返回—复活—带回灵药

所以华与华不是不研究心智，而是将心智的研究落实到华与华方法中，形成了我们之前讲的"超级符号哲学模型"，我们研究的是潜意识。

今天这个演讲，主要是进行知识打假，刚才我们讲了消费者心智的问题，那么接下来我们要来看看定位到底是什么。

3 《定位》每个字都是假知识

我在中欧国际工商商学院上学的时候，有同学曾经请教过我们的战略教授吕鸿德，问定位到底是什么。教授回答说："定位是竞争战略的一种，适用于产品同质化的情况。"那么，让我们再来看《定位》这本书里是怎么写的，书上说：

"产品的同质化和市场竞争的加剧，经营方式已从顾客导向转向了竞争导向，避开竞争对手在顾客心目中的强势，或者利用其强势中蕴含的弱点，确立品牌的优势位置——定位。传播上要有足够多的资源，以将定位植入顾客的心智。"

产品同质化是假知识

我认为以上这段话里面的每个字都是谬误，为什么？因为里面有四个假知识。第一，产品同质化是假知识。大家动不动就说产品同质化的时代到来了，可是你的产品真的跟别人同质化了吗？事实上，绝大多数企业的主要矛盾，恰恰是自己的产品在质量上做不到同质化。

一、产品同质化是假知识

【1】绝大多数企业的主要矛盾是做不到自己的产品在质量上同质化，而不是跟别人同质。
【2】很多行业市场集中度极低或者不存在同质化。
【3】市场不是平面的市场份额饼图，而是多空间的。
【4】企业的胜出都是在创新上胜出，"五个创新"第一条就是产品创新。如果没有创新，所谓"占领消费者心智"是不成立的。

比如说中国餐饮业，原先的困境不正是因为中餐做不到标准化吗？大家都在说同质化，可究竟是哪类产品同质化？我做咨询公司，我的产品跟别人同质化吗？并没有。

熊彼特：五个创新

只有创新才有利润，创新的利润是短暂的，因为对手会学习，所以需要不断地创新。有五个创新：
1、创造一个新产品，或者给老产品一种新特性。（苹果手机、足力健、华与华）
2、创造一种新的生产方式。（西贝莜面村、米村拌饭、华与华）
3、采用一种新的原料。（优衣库 HEATTECH）
4、开辟一个新的市场，不管这个市场之前是否存在。（海底捞海外业务）
5、创造一个新的商业组合，建立或打破一种垄断。（滴滴打车、饿了么）

所有竞争都要讲创新，而创新就是熊彼特讲的五个创新：第一，创造一个新产品，比如说苹果手机；或赋予老产品一种新特性，比如说足力健老人鞋，就是给老产品创造了一种新的特性。

华与华实际上也是给咨询产品创造了一种新的特性，我们讲"所有的事都是一件事"，华与华＝战略咨询公司＋产品开发公司＋广告公司，现在还要再加上一个"企业文化咨询公司"，这也是在咨询产品上面进行了创新，而不是跟其他咨询公司同质化。

第二，创造一种新的生产方式。比如说我们的客户米村拌饭、"鱼你在一起"，都是新的生产方式。华与华同样也是，所谓不投标、不比稿，并不是我们公司牛了才这样，这是我特意设计的生产方式，我们是从一开始就不投标、不比稿。

第三，采用一种新的原料。比如说优衣库，现在的服装行业很大程度上是面料的竞争。

第四，开辟一个新的市场。比如足力健开辟了"老人鞋"的新市场，海底捞在海外开拓了"四川火锅"的新市场。

第五，创造一个新的商业组合，建立或打破一种垄断。比如滴滴打车就是打破了出租车的垄断，但又建立了新的垄断，还有大众点评、饿了么、抖音都是在打破垄断和建立垄断，这些都是它们的创新。所以，企业经营竞争永远得靠创新，而不是在产品同质化的情况下，跟他人抢所谓的消费者心智。

总结一下，产品同质化是假知识。第一，因为绝大多数企业的主要矛盾，都是自己的产品在质量上做不到同质化。第二，很多行业市场集中度极低，或者根本不存在同质化。第三，市场不是平面的市场份额饼图，而是多空间的。第四，企业的胜出，都是在创新上胜出，五个创新第一条就是产品创新。如果没有创新，所谓"占领消费者心智"是不成立的。

"顾客导向"转向"竞争导向"是假知识

竞争导向也是假知识，没有一个企业经营是竞争导向的，经营永远都是顾客导向，因为买卖是我们和顾客之间的事。要我说，甚至连顾客导向都不是第一位的，第一位的应该以自我为导向。你认为这件事该怎么做，你能把什么事情做好，你就这样做，并且在这样做的同时，你也选择了你的顾客。所以，我们是先选择了顾客，然后才去服务这些顾客的。

竞争是一种幻觉，同行是一种假设，就像我经常讲的泡妞论，泡妞的关键在于妞，而不在于情敌。假设我们班上有个班花，10个男生都想追她,你就算把这 10 个男生都击败了,她也不一定跟你,因为还有其他更多的男生。但她如果愿意跟你,哪怕还有 100 个男生追她,也对你没有妨碍。

人为什么总会关注竞争者?这是人性的弱点,总是不看谁给他钱和饭碗,反而老盯着谁能抢走他的饭碗。我们在职场上也是一样,假设公司要提拔一个副总裁,有老张和老王两个候选人,最后老板提拔了老张。在这种情况下,落选的老王不敢记恨老板,往往就会恨上自己的竞争对手老张。所以,我们永远都应该是自我导向和顾客导向。

要讲真正的竞争,我们就要说到迈克尔·波特的五力模型。在这个模型中,定位是只关注了中间这个"同行业现有竞争对手"的圈,然而事实上,我们的经营是一个五力模型的综合博弈,除此之外,还有"对下游的议价能力""对上游的议价能力""新进入者的威胁""替代品的威胁"。如果只研究现有的竞争,哪怕了解彻底,也只研究了 20%,还有 80% 没有研究。

二、顾客导向转向竞争导向是假知识

【1】首先是企业家导向,企业家导向就是创新导向。
【2】其次是顾客导向,为顾客解决问题,创造价值。
【3】竞争也不是竞争导向,而是波特的五力模型。
【4】应该禁用"竞争"这个词,而用"创新"和"博弈"。
【5】竞争是一种幻觉,同行是一种假设。
【6】人性的弱点,就是不看谁给他饭碗,而是总盯着谁抢了他的饭碗。

比如我们的餐饮业，企业当然对顾客有议价能力，因为从来没有顾客站在门口跟我们讨价还价。我们在菜单上定了一个价格，顾客爱吃不吃。但现在，餐饮企业和顾客中间插进了美团、饿了么，下游的议价能力变强了，企业的议价能力也就因此变弱了。这就是现在餐饮企业面临的最大变化，并且这个变化比其他餐馆给你带来的竞争压力要大多了。

还有餐饮企业三个最大的上游：食材供应商、房东业主、员工，这三个也是最大成本。对这三者的议价能力，同样事关企业的生死。另外就是新进入者的威胁，比如有人看见"鱼你在一起"的酸菜鱼生意做得挺好，他也要来做酸菜鱼，这就是新进入者。

最后还有替代者。比如，当数码相机出现的时候，胶卷就被替代了；当手机出现的时候，数码相机也就被替代了，这是替代者的威胁。对于竞争，我们要具有这五个方面的思考，这才是完整的逻辑，而在此之中，"同行业内现有竞争对手的这个竞争"，事实上是最不重要的。

华与华 = 战略咨询公司+产品开发公司+广告公司

对于迈克尔·波特的五力模型，我经常会拿华与华自己举例，这次百万创意大奖赛，我们一共卖了324张门票，其中1/3是华与华的现有客户买的，另外1/3是其他企业买的，还有1/3是广告公司、咨询公司的同行买的。

对此很多人会问我："你天天写那么多书，还经常开品牌课、发公众号、做直播，你就不怕华与华的这套方法全被其他同行学去了，之后对你产生什么影响吗？"但对我而言，这些根本就不是竞争，同行学得越多，我就越高兴，这跟DVD和VCD用谁的制式一样，以后大家都用我的制式，那我的市场就成为最大的了。

事实上，真正对我威胁最大的，应该是我们华与华的合伙人。我们公司的合伙人，很有可能明天就自己出去开一个公司，成为五力模型当中的"新进入者"。所以，我最关键的不是要对付其他咨询公司，而是要去对付我们的合伙人。

怎么做？我是用定价来解决这个问题的。首先，我不会收客户太多的钱。其次，我要给合伙人分很多的钱。如此，由于我收客户的钱并不多，合伙人出去想降价跟我竞争，这对客户的吸引力并不大。而且，由于合伙人已经挣了好多钱了，他们自己出去干的动力也就不大。这样一来，客户和合伙人就都不会"叛变"，"新进入者"给我带来的威胁也就化解了。

另外，有很多餐饮企业想开一万家门店。要做万店，首先要考虑的是我的食材以后绝对不能受上游的控制。因为有很多上游供应商并不是说你采购越多就越便宜，而是当你买到一定量的时候，他就开始卡你脖子。这样的威胁，当然也在我们的五力模型当中。

所以，竞争导向完全是一个错误，"现有竞争"在我们的整个经营当中是最不重要的，你老盯着它，是因为这是人性的弱点。

必须成为第一，才能占领消费者心智是假知识

必须成为第一，才能占领消费者心智，这是定位最大的假知识。对此《定位》是这样说的：第一个登上月球的是阿姆斯特朗，但是第二个登上月球的人，大家都不知道。全世界卖得最多的书是《圣经》，但是销量第二的书，大家也都不知道。所以，我们必须成为第一，才能占领消费者心智。

对此，我只问一个问题：第一个生产可乐的是可口可乐，那么第二个生产可乐的是谁？大家应该都知道，是百事可乐。那么，可口可乐和百事可乐哪个卖得多？市场数据显示是百事可乐。

第一个生产智能手机的是谁？有人说是苹果，但是我们查资料说是IBM，我们假定它是苹果，毕竟它是第一个做成的嘛。那你们知道第二个是谁吗？你们是不是还能说出一大堆？三星、华为、小米、OPPO等。第一个生产汽车的是奔驰，那你是不是还知道大众、丰田、宝马、福特等。这样的例子太多了，谁说你只记得第一，不记得第二？

所以，为什么必须成为第一？做第二也可以啊。黑格尔说："微言大义和打比方带来的不是真正的思想，而恰恰是思想软弱和不成熟的表现。"要我说，"打比方"就是思想的陷阱，因为只要我再换一个比方，你的论点就站不住了。

足够的传播资源是假知识

足够的传播资源也是假知识。首先,这世上没有绝对足够的传播资源,以及大家经常说的"饱和攻击"都是不存在的。

由此我们看到,产品同质化不存在,竞争导向不存在,占领消费者心智也不存在,人们只记得第一不存在,投入足够的传播资源也不存在。五条主要观点都是假知识,那么定位难道还存在吗?

一个理论的立论根本没有一项是是对的,一个如此错误的理论究竟为什么能得到如此多的追捧?华与华认为,一切问题都是哲学问题。一个错误的理论,却得到如此多的追捧,这背后的哲学,就是英国哲学家培根说的"人类理解力的共性缺陷"。

人类理解力的共性缺陷

对于"人类理解力的共性缺陷",培根提出过六点解释。

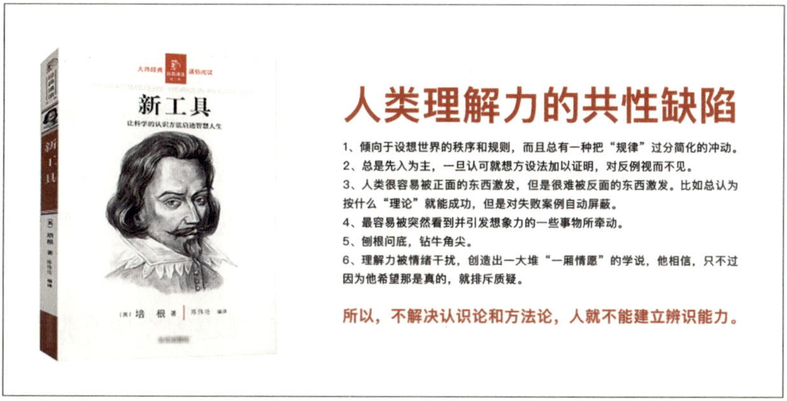

人类理解力的共性缺陷

1、倾向于设想世界的秩序和规则，而且总有一种把"规律"过分简化的冲动。
2、总是先入为主，一旦认可就想方设法加以证明，对反例视而不见。
3、人类很容易被正面的东西激发，但是很难被反面的东西激发。比如总认为按什么"理论"就能成功，但是对失败案例自动屏蔽。
4、最容易被突然看到并引发想象力的一些事物所牵动。
5、刨根问底，钻牛角尖。
6、理解力被情绪干扰，创造出一大堆"一厢情愿"的学说，他相信，只不过因为他希望那是真的，就排斥质疑。

所以，不解决认识论和方法论，人就不能建立辨识能力。

（《新工具》培根 著）

第一，人们倾向于设想世界的秩序和规则，而且总有一种把"规律"过分简化的冲动。所以这种理论就是傻瓜理论，所有的傻瓜都会信，因为大家都很难理解复杂的东西，都想把它简化。《定位》后来有一句很流行的话："定位理论一学就会，一用就错。"这是因为它本来就是错的。

第二，大众总是先入为主，一旦认可，就会想方设法加以证明，对反例视而不见。

第三，人们很容易被正面的东西激发，但是很难被反面的东西激发。因为定位理论说要成为第一，要占领消费者心智，这些都是正面的东西，大家就很容易受到激发。但一旦讲负面的，他们就很难接受。我们现在有一个词叫"负增长"，用这个词来替代"经济不好"，这说得就好像负增长也是增长的一种，这样表达就能让大家舒服了一样。

第四，人们容易被突然看到并引发想象力的一些事物所牵动。

第五，人们容易刨根问底，钻牛角尖。

第六，理解力容易被情绪干扰，创造出众多"一厢情愿"的学说，他相信，只不过是因为他希望那是真的。所以，不解决认识论和方法论，人就不能建立辨识能力，这些都是人性的缺陷。

同时，培根还提出了"四假象说"，分别为种族假象、洞穴假象、市场假象和剧场假象。种族假象是一种集体假象，人性的缺陷、人对外部事物的感知，是主观的、自我的标准。洞穴假象是个体差别造成的缺陷。

"市场假象"这个词用得不太好，我把它改成了"词语假象"。它指的是在语言交往中产生误解，人们以讹传讹，都按自己的意愿去理解信息。比如"定位"这个词，特劳特的定位和迈克尔·波特的定位完全不是一个意思，但是他们都用这个词，这就是词语给你造成的假象。

剧场假象，各种哲学理论，实际上都是一个剧场。我今天给大家讲华与华理论，你就在华与华的剧场，按华与华的剧本走了。换到别的剧场，你就按别的剧本，跟着别的理论走了。但这些剧场它是有真有假的，并不是所有的理论都是真实可靠的，这就叫剧场假象。

对于"剧场假象"的问题，王阳明也有过类似的观点，他说："世之学者如入百戏之场，欢谑跳踉、骋奇斗巧、献笑争妍者，四面而竞出，前瞻后盼，应接不遑，而耳目眩瞀，精神恍惑，日夜遨游淹息其间，如病狂丧心之人……"所以，他管这叫"拔本塞源"，把本拔掉了，把源头也堵住了。

我们总结下这四大心理，第一是"简化心理"，不愿意也没有能力去研究真正的理论；第二是"侥幸心理"，一厢情愿地相信自己能赢；

> "世之学者如入百戏之场,欢谑跳踉、骋奇斗巧、献笑争妍者,四面而竞出,前瞻后盼,应接不遑,而耳目眩瞀,精神恍惑,日夜遨游淹息其间,如病狂丧心之人,莫自知其家业之所归。时君世主亦皆昏迷颠倒于其说,而终身从事于无用之虚文,莫自知其所谓。"
>
> —— 王阳明 《拔本塞源论》

第三是"赌徒心理",在已经下注的地方继续下注,老想着翻本;第四是"为虎作伥",自己明明已经吃了大亏,但是不愿意让别人知道自己失败了,就算问他,他都说挺好,其他人不明所以,就一个接一个地继续往坑里跳。

所以,真理往往是消极的,而谬误都是积极的。这就是我一直跟大家讲的,我们要有消极的智慧。我在这里,也要跟大家说一句话:忘掉消费者的心智,关注一下自己的心智吧!

4 华与华品牌三大理论

最后一部分,我要给大家分享的是华与华品牌三大理论。这部分的内容还是要从康德开始讲起,康德在《纯粹理性批判》这本书中说:

"我要建立批判哲学的大厦,当大厦建立起来的时候,在这个大厦之内,没有一件和批判哲学无关,在这个大厦之外,没有一件和批判哲学有关。"

同时康德还提出,要建立一门学问有三个条件:一是每个概念都要有清晰的定义;二是依靠严密的逻辑来推进;三是不能有任何大胆的跳跃。简单来说,就是不能打比方,也不能微言大义,全部都要有严密的推理。

以此为标准,华与华也建立了自己的品牌理论,并且我也要说:在华与华的品牌三角形理论之外,没有一件事和品牌有关;在这个三角形之内,也没有一件事和品牌无关。这跟康德哲学的标准是一样的。

康德:纯粹理性批判

我要建立批判哲学的大厦,当大厦建立起来的时候,在这个大厦之内,没有一件和批判哲学无关,在这个大厦之外,没有一件和批判哲学有关。

我所做的工作,不是对人类知识的范围加以扩展,而是加以缩小。从这个角度来说,我的工作是消极的。但是,这种消极有其意义,就是堵塞一切错误的源头,而这正是哲学家的天职。

要建立一门学问,有三个要求:
一是每个概念都要有清晰的定义,
二是依靠严密的逻辑推进,
三是不能有任何大胆的跳跃。

▎"品牌"错误定义的起源和品牌的目的

理论中的每个概念都要有清晰的定义,因此我们首先就要来定义什么是品牌。之前在全世界范围内都还没有解决品牌理论问题，是华与华第一个解决了品牌理论问题。

为什么全世界都做了 100 年的品牌了，品牌理论却还是没被解决？这是因为大家一开始对品牌的定义就错了。美国市场营销协会在《营销术语词典》中对"品牌"进行了定义："品牌是用以识别一个或一群产品或劳务的名称、术语、象征、记号或设计及组合，以和其他竞争者的产品或劳务相区别。"

错误的起源关键词：区别、辨认、象征、心中

美国市场营销协会（AMA）在 1960 年出版的《营销术语词典》中把"品牌"定义为：用以识别一个或一群产品或劳务自的名称、术语、象征、记号或设计及其组合，以和其他竞争者的产品或劳务相区别。

以菲利普·科特勒为代表的传统营销理论认为：品牌是"一种名称、术语、标记、符号或设计，或是它们的组合运用"，目的是"借以辨认某个销售商或某群销售者的产品或服务，并使之同竞争对手的产品和服务区分开来"，品牌的要点是"销售者向购买者长期提供的一组特定的特点、利益和服务"。

品牌形象理论的代表人物——大卫·奥格威认为，品牌是一种错综复杂的象征，它是品牌的属性、名称、包装、价格、历史、声誉、广告风格的无形组合。

品牌战略管理专家凯文·凯勒指出，品牌的力量存在于消费者心中。构建起在消费者心目中强烈、独特、美好的品牌知识（消费者对品牌认知的总和，包括产品知识、视觉形象、购买体验、品牌联想等），进而使消费者对品牌发起的营销动作产生积极响应，从而达成持续销售、兑现品牌溢价、实现品牌可持续发展等目标，是开展品牌管理的核心动机和终极目的。

在这里，它定义了品牌的目的是和其他的产品、服务相区别，这个定义就是错误的根源。罪魁祸首的名字叫"英语"，这是一个语言的错误。"品牌"（brand）这个词语源出古挪威文 brandr，意为"烧灼、烙印"，最初来源于人们用烧红的烙铁给自己的家畜和财产烙上自己的标志，从而和别人的同类物品区分开来。

所以，之前的品牌理论其实都是围绕和别人相区隔而发展起来的，很多企业设计的"VIS"身份识别系统，也是为了和别人相区隔。但是我要问大家，品牌的目的究竟是不是跟别人相区隔？并不是，品牌的目的只有一个，那就是"销售"。

我今天老讲"穿透"这个词，刚才我们讲的是"穿透到行动"，在这里我们要"穿透到最终目的"，做品牌的最终目的就是引发购买。如果品牌还有第二个目的，华与华认为就是"让消费者替我播传"，这就是我们找顾客要的两个效益：第一，买我产品；第二，传我美名。"传我美名"还是为了更多的销售。因此，品牌一定不是为了区隔而存在的。

> **浓缩为两大目的：**
> **买我产品 传我美名**

首先是这个对品牌的定义，说品牌是用以区隔产品和服务的东西，也就是说，他们把品牌看成了产品和服务之外的东西，跟产品不是一体的。

如凯文·凯勒说的，品牌方的力量存在于消费者心中。我刚才已经讲了，心智是不可靠的，你说消费者心里装着品牌，你看见了吗？你看不见，所以品牌不在消费者的心里。至于它究竟在哪里，我们一会儿再来讲。

在上午点评参赛案例的时候，我说品牌、营销的这些学问都属于末端的应用学科，这些学科是不可靠的，你一定要到基础学科中寻找它们的基础。我在中欧上学的时候，在朱天教授的管理经济学课上学到了很多，他认为品牌是企业创造了重复博弈，给消费者惩罚自己的机会。

外在目的：社会监督目的

- 本质是消费者的权益保障，是消费者保护目的和社会监督目的。
- 我们建立品牌，是为了方便顾客和社会监督我们，把我们的一切工作置于顾客和社会监督之下。
- 如果我们做了对不起顾客和社会的事儿，我们行不更名，坐不改姓，我们就在这里，接受处罚，付出代价。如此，我们得到继续服务的机会。
- 这样的机制，是为了顾客，为了社会，也是为了我们自己，顾客在监督我们，也是在帮助我们自己监督自己，及时发现和改正错误，及时释放风险，让我们免于毁灭。
- 闻过则喜，发自内心，符合利益。

经济学用博弈论来讲品牌，你在旅游区买东西，为什么经常会挨宰？因为那里做的都是一次博弈，反正不指望你下次再来了。而你在社区店消费就不容易挨宰，因为大家互相都认识，店家也希望你下次再来。

所以，这次百万大奖赛牛大吉的案例，说吴老板做牛肉饭和牛肉面，都用同一个品牌，就是觉得一旦消费者认可你的牛肉饭不错，他也就会认可你的牛肉面。这就是符合了经济学的原理。

于是，我在这项理论的基础上提出了"品牌有效机制"，即品牌的存在，就是为了让顾客能惩罚企业。我的企业做得不好，你消费者可以罚我，并且如果企业在出问题的时候接受了处罚，则品牌有效；反之,如果你删帖、逃避、赖账,则品牌失灵。我说"危机公关"其实只用四个字就说完了,就是"错了就认",超出这四个字的,就都是小人视野,是不正常的工作。

既然接受惩罚,品牌就有效。那么,企业实际上也可以通过"主动加大对自己的惩罚"的方式来建立品牌。比如西贝莜面村,我们要打"闭着眼睛点,道道都好吃"这句话,但万一消费者就是说不好吃怎么办?那就不好吃不要钱。当我们推出这句话语之后,我就经常在网上看到顾客写的帖子,有人说今天在西贝吃饭觉得一道菜咸了,吃完跟服务员说了之后,对方马上就把菜撤走,说这道菜不要钱。而且服务员看到他们桌上有一道菜没怎么动,也立马把它抢走退掉了,弄得顾客都不好意思。

西贝的服务员为什么抢着退菜?有一部分原因是西贝定了退菜指标,同时也是通过末位淘汰制,加大对企业自身的惩罚,赢得顾客信任的方法。因此,西贝强化了"闭着眼睛点,道道都好吃"的承诺。

朱天教授还说:"广告是企业为了应对信息不对称,给顾客发送的信号,且这信号必须足够贵,如果信号不够贵,则信号无效。"为什么华与华都打最贵的广告?因为只有你花了钱,下了注,别人才会跟你的注,这是经济学和博弈论的视角。

当我们要给品牌下定义的时候,我们首先要问品牌的目的是什么。亚里士多德说任何事物的第一性概念都是目的性的概念,第二性概念是必然性的概念。目的性概念,就是我的目的是什么;必然性概念,就是我要怎么做才能必然实现这个目的。

而叔本华则把目的分成了"内在的目的"和"外在的目的",也就是说，除了你自己的内在的目的之外，你还要满足外在的目的。比如说，青草的意志是生长，但是上帝创造它的目的也是给羊提供食物；羊当然要享受快乐的大草原，但是它还有一个外在目的，就是作为狮子、老虎的食物。

我们人类也是一样，员工到了公司，都想要升职加薪，过上富裕的生活，但是他也得满足公司的目的，为公司创造价值。那公司更是了，公司想要成功，对外要满足社会的目的，对内要满足员工的目的。这就是目的的哲学。

始终服务于最终目的

目的分为内在的和外在的，必须先满足外在的目的，然后实现自己内在的目的

回到品牌，品牌的外在目的就是前面说的社会监督原理，品牌的存在实际上就是为了方便顾客监督我们，建立品牌就是要接受顾客的监督，而且不要怕舆情、怕出事，如果你真的有错，认错道歉就是了；如果没什么大错，人家闹一闹也挺好，有助于我们保持反省和自我监督。

品牌内在的目的，就是要让人买我的产品。要买的人多，还要一次买更多；要重复地购买，且重复买的频次要高；要愿意多花钱买，而且不仅自己买，还要推荐别人买。不管我卖什么，顾客都买，而且一直买，终身买，临终留下遗嘱，嘱咐子子孙孙接着买。关键的是，品牌偶尔出点儿差错，顾客也能原谅，照买不误。大家想，这些是不

是都是品牌可以做到的？浓缩为两大目的，就是"买我产品，传我美名"，将这两个目的合并，就是"买我产品"。

内在目的：企业经营目的

1、让人买我们的商品
2、买的人很多→就要知道的人多
3、一次买更多
4、重复购买
5、重复买的频次更高
6、愿意多花一点钱买
7、不仅自己买，还推荐别人买
8、不管我卖什么，他都买
9、一直买，终身买
10、临终前留下遗嘱，嘱咐子子孙孙接着买
11、品牌偶尔出了点差错，也能原谅，照买不误

华与华品牌三角形理论：产品、话语、符号

中欧的吕鸿德教授对"定义"这个词，提出过两个定义，一个是概念性的定义，一个是操作性的定义。概念性的定义讲的是事物的概念，操作性的定义就是我们应该怎么来实施。

对于品牌，我刚才已经否定了"识别区隔"的定义，而我认可的"品牌"的定义，源自《新华字典》，字典上说："品牌是产品的牌子，有时特指著名产品的牌子。"我在此基础上将"品牌"的概念性定义确定为：产品和它的牌子，特指著名产品的牌子。

对于"品牌"的操作性定义，我提出了华与华"品牌三角形"，我把它称为符号学的定义。品牌，是一个品、一个牌，是产品和它的牌子，也是"产品、话语和符号"的三位一体；是一个本体，三个位格，话语创造产品，符号创造感知，或者说企业家以话语创造产品，消费者

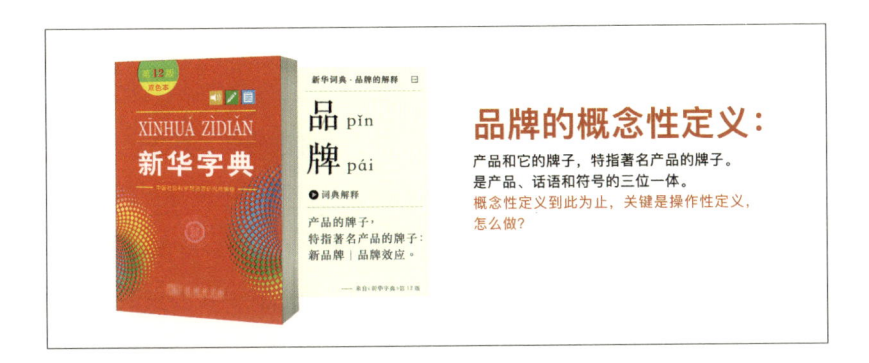

品牌的概念性定义：

产品和它的牌子，特指著名产品的牌子。
是产品、话语和符号的三位一体。
概念性定义到此为止，关键是操作性定义，怎么做？

通过符号感知，产品、话语和符号三者密不可分，同时诞生，同步进化。

而品牌管理，就是同步管理产品结构、话语体系和符号系统，这就是华与华说的"所有的事都是一件事"，这是一个哲学问题。

例如，现在我手里拿着一个产品，这个产品是匡迪保温杯，那么这个产品和"匡迪保温杯"这个名字能不能分开？我换一个哲学问题，比如我说"太阳"，它所指的就是天上的太阳，那么"太阳"这个词语和"太阳"这个物质能不能分开？有人说能分开，分成"太阳"这个词语和"太阳"这个东西。但是当你在说"太阳"这个东西的时候，还是得把"太阳"这个词语说出来，这就是一个基本的哲学问题，叫作"词与物是不可分的"。

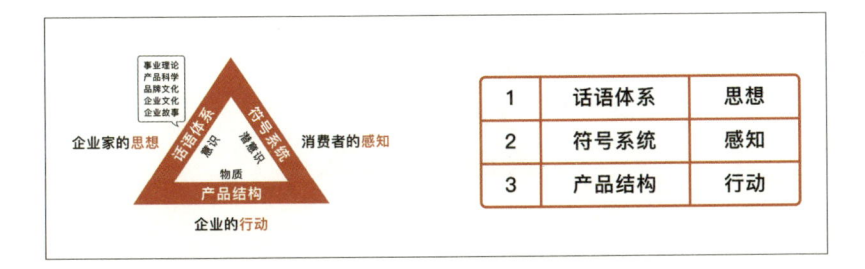

1	话语体系	思想
2	符号系统	感知
3	产品结构	行动

我手里的匡迪保温杯长成这个样子,这是它的符号、感官系统。这个词和这个杯子是不能分开的,这就是我说的"产品、话语和符号"的三位一体。三位一体,这是我借用了基督教的词。首先,从哲学层面来讲,产品就是物质,话语"匡迪保温杯,明天还烫嘴"是意识,"烫嘴哥"的符号是运用人的潜意识。物质决定意识,意识对物质有能动作用,在这个三角形里面,我们也浓缩了物质意识和潜意识。

在这三条边里,哪一项是第一条?第一条是话语。就像《创世记》中说的,神说要有光,于是就有了光。对品牌而言,比如喜多多,最初也是因为许总说:"我们要做一款甜汤产品,就叫喜多多。"这是因为企业家先说话了,并且把话语变成了行动,才有了这个产品,然后我们又给它设计包装,设计图像,最后变成了符号。而消费者则通过符号来感知这款甜汤,从而促使了消费者的购买行动。所以,这个品牌三角形,也是企业家、顾客和产品的三角形。

企业家就是造物主
用词语造物 用符号吸引顾客

- 企业家的**思想**(事业理论、产品科学、品牌文化、企业文化、企业故事)— 话语体系
- 消费者的**感知** — 符号系统
- 企业的**行动** — 产品结构
- 意识 / 潜意识 / 物质

为什么我说这个定义是符号学的定义呢？这就要说到符号学创立者皮尔斯的符号学三角形。符号学三角形由"符号、对象和解释项"构成。比如说"太阳"这个符号，它的对象就是天上的太阳，而关于太阳的一切，就是它的解释项。由此看来，我们每个企业、每个品牌也都是一个三角形。我们说有一个符号叫"鸭鸭"，那鸭鸭的对象，就是鸭鸭羽绒服这个企业、这个品牌。而关于鸭鸭的一切，就是它的解释项。

我说企业家是造物主，用词语造物，用符号来吸引顾客。而在话语体系中，不仅有大家通常说的广告层面的话语，还有事业理论、产品科学、品牌文化、企业文化和企业故事……我们把关于品牌的一切言说，通通纳入了品牌话语体系的范畴。也就是说，我们把品牌的概念放大了，不是只有一个定位、一种调性，而是指整个企业的精神财富。

在品牌话语中，其一叫"企业故事"，为什么我没有叫它"品牌故事"？因为"品牌故事"往往是编的，但是"企业故事"是真的，真的东西才有价值。就比如我们讲鸭鸭的时候，说鸭鸭羽绒服曾被送给戈尔巴乔夫，飞进克里姆林宫，这就是它品牌的一部分。张瑞敏砸冰箱，也是海尔品牌中很重要的故事。

在华与华看来，企业内部是经营，而企业外部一切为大众所知、所谈的都是品牌。所以我提倡说企业的品牌部、市场部应该成为上层建筑、顶级部门，而不是像很多公司那样，把品牌部搞成秀才部门，整天想些品牌联名之类的活动，那就把这个部门搞得太 low 了。一定要把品牌部的位置提上去，你才能理解话语体系的道理。

> **品牌部、市场部应成为企业的上层建筑、顶层部门**
>
> 企业内部是经营活动，企业外部全是品牌
> 企业为大众所知的所有信息，都是品牌
>
> 企业战略、企业文化、企业公关、企业公益、企业社会责任、事业理论、产品科学、品牌文化、企业文化，都纳入品牌管理的范畴

海德格尔说："词语不仅说事，而且做事。"就如乔布斯说的，要做个触摸屏的手机，于是有了苹果手机。贾国龙说，要做西贝莜面村，于是就有了现在的这个品牌。所以，品牌三角形是一切成功品牌管理的成果物。

以西贝的品牌三角形为例，它的话语体系首先是事业理论，就是你做什么事，用什么理论来解决这个问题，你解决的方案是什么。我觉得西贝提出了一个特别强的事业理论，叫"好吃、吃好、吃得住"。莆田餐厅的事业理论是"三分靠厨师，七分靠食材"，强调的是食材的新鲜。

> **事业理论**
>
> 西贝事业理论三角形——
> **好吃、吃好、吃得住**

西贝强调什么？靠什么来支撑"好吃"？靠闭着眼睛点，道道都

好吃，不好吃不要钱，而且像之前说的，一旦不好吃，服务员还要抢着给你退菜。什么叫"吃好"？吃的氛围好、环境好。什么叫"吃得住"？就是天天吃也不腻，就好像我们的学校食堂，不好吃，但是吃得住，一天吃三顿，吃个四年都没问题。

接着我们再说一说符号系统。依旧用西贝举例，西贝的符号系统从"I♥莜"开始，到它的红格子桌布、围兜，还有我们今年根据西贝儿童餐新增加的西贝爱心小厨菜单，这样形成了一整套的产品结构、话语体系和符号系统。

品牌三角形是一个成功品牌管理的成果，在和华与华合作的第一年，我们会为客户搭建出基本的品牌三角形，并且在之后的每一年都对它进行管理，不断地回到品牌三角形，看我们的产品结构、话语体系、符号系统有什么变化。没有一件和品牌有关的事在品牌三角形理论之外，三角形之内也没有第四件另外的工作。

华与华品牌资产理论

讲完了品牌的定义和品牌三角形理论，接下来我要讲的是品牌资产理论。我认为，华与华是第一个解决了品牌资产问题的企业。我们曾经研究了过去六百多种品牌资产理论，类似"品牌联想、品牌支持"的理论被说了一大堆，但却几乎没人知道怎么用。所以我们提出了一个问题：品牌存在于哪里？

事实上，刚才我已经"剧透"这个答案了。品牌不是活在消费者的心中，而是活在大众的嘴上。因为品牌是个谈说，大众在说的时候，就是在替我们播传。人们嘴上说什么，是可以被录音的，被记录的。但他心里想什么，就只能靠分析，而且分析了之后，也不知道那究竟是不是对的，所以他心里的念头是不可靠的，而他嘴上自发说出来的话却是可以被研究的。

所以，华与华对"品牌资产"就下了一个语言哲学的定义：品牌资产是能给企业带来效益的大众口语报道，也就是人们相互谈论品牌时说的原话。它能够给企业带来两个效益，就是我刚才说的"买我产品，传我美名"。而形成品牌资产的大众口语报道，就是品牌言说，是供大众识别、记忆、谈说的词语、符号、话语故事。

> **品牌是活在大众的嘴上**
> 不是心中，是嘴上，不是消费者，是大众，是所有人
> 四大人群：男、女、老、幼

值得一提的是，我们这里强调的是大众，不是消费者，更不是某个目标消费者，因为"目标消费者"也是个有严重缺陷的错误观念。大家要做什么事之前，往往先画目标消费者画像，好像只要把目标消费者画像画清楚了，就知道该怎么跟他们沟通了。

但事实上，"目标消费者画像"这件事根本就不存在、不成立。拿华与华来说，我们每个客户都不一样，每个企业遇到的问题，我们需要解决的课题，都是不同的。你也会有好多不同的客户，而不单单是某一类。

然而，当你说"目标消费者"这个词的时候，你是把某个人假定为你潜在的买家，先锁定他是目标消费者，然后逐步推销，让他消费。但是我在传播的时候，并没有把谁假定为潜在的买家，我是把每个人都假定为我的媒体，要发动他去替我传播。由此，我的整个的方法论就全然不同了。

世界就是言说，语言是存在之家，词语破碎处，无物可存在。这些语言必须是口语，因为只有口语里面才有情感表达、信号和二者之间的结合。比如我们说"匡迪保温杯，明天还烫嘴"，这里面有情感，有信号，有情绪，全都在一起了。但是如果说"匡迪保温杯，保温24小时"，它就没有情感，没有情绪，没有作用。

创作广告语就不能用书面语，要用口语。语言是有高低贵贱的，首先语音高于文字，语音为贵，文字为贱。其次口语高于书面语，口语为贵，书面语为贱。因为书面文字要发挥作用，也需要转换成语音，才能成为语言。对此我经常举的例子是，我们读书的时候，是不是都在脑海中默念出声，才能进行阅读？所以，一定不能用书面语。

语言的档次

语言是有高低贵贱的，简单地说，两条：
1、语音高于文字，语音为贵，文字为贱；
2、口语高于书面语，口语为贵，书面语为贱。
因为口语和语音才是最终的信号，并且包含和连接人的情绪。文字必须转换为语音才能成为语言，书面语相对于口语来说，没有热情，也就没有沟通打动的力量，或者说，它本身就是不属于沟通的。一般人不懂这个哲学道理，把书面语当档次，本质是内心对消费者的傲慢，总想凌驾于他人之上。

我还经常以厨邦为例，它原来的话语叫"金品质，味生活"，我觉得它甚至连书面语都算不上，因为即使在书上也没有这样的语言，它变成了一种广告新话。既不是口语，也不是书面语，就完全失去了沟通的功能。而如果改成"晒足180天，厨邦酱油美味鲜"，就一下子给厨邦品牌插上了腾飞的翅膀。所以我们品牌资产的工作就是寻找原话，创造原话。

哲学逻辑

口语
书面语
广告新话

金品质 绿生活
金品质 鲜生活
金品质 味生活
▼
晒足180天
厨邦酱油美味鲜

让我们再看看西贝在这些年中积累的品牌资产：I♥莜；闭着眼睛点，道道都好吃；25分钟上齐一桌菜；红格子桌布；亲嘴节；家有宝贝，就吃西贝；那达慕美食节；西贝儿童识字菜单；儿童美食节……是不是创造了一个又一个属于西贝的品牌言说？

所以到最后，我就可以用一张纸写完大家是怎样谈论我，或者我希望大家是怎样谈论我的，那么当我们这样去做的时候，就会发现所有的工作其实都非常简单。比如盘点华与华的品牌资产，首先大家得知道品牌名是"华与华"，然后老板是哥儿俩，其次是机场广告、华与华方法和超级符号、华杉讲透系列书籍、百万创意大奖赛、超级符号品牌课……

于我而言，我希望华与华明年去新加坡，能做到品牌出海，新增海外客户，所以给华与华的品牌资产目标中增加了一句："BUILD YOUR BRAND IN CHINA, JUST LOOK FOR HUA & HUA!"并且，为了和客户长期合作，让大家多留在这里，我又出了一个"华与华品牌五年计划"和"不要订单制，要订阅制咨询服务"，作为新增的品牌资

产目标，让大家去讨论，这些都是在制造元素。品牌资产，就是不断地制造元素。

今年我最重要的任务也就是制造"华与华品牌五年计划"和"订阅制咨询服务"的元素。而要解决这个问题，我就得想办法放个大招。所以在今年的 9 月 19 日，趁着西贝与华与华合作 10 周年这个机会，我把在座的各位客户都请去参加了庆典活动。

西贝是第四个跟华与华连续合作超 10 年的客户，只不过前三个企业没那么网红，西贝是网红，我也是网红，所以这个活动的号召力就足够大了。于是，我们在当天举办了一场盛大的活动，并且在活动中，我不仅强调了"华与华品牌五年计划"和"订阅制咨询服务"的品牌资产，还创建了一个新的品牌资产，就是华与华的超级符号艺术工作室。

这笼玉石莜面是华楠亲手雕琢的，在西贝与华与华合作 10 周年庆

附录 2　华杉 2023 年度演讲

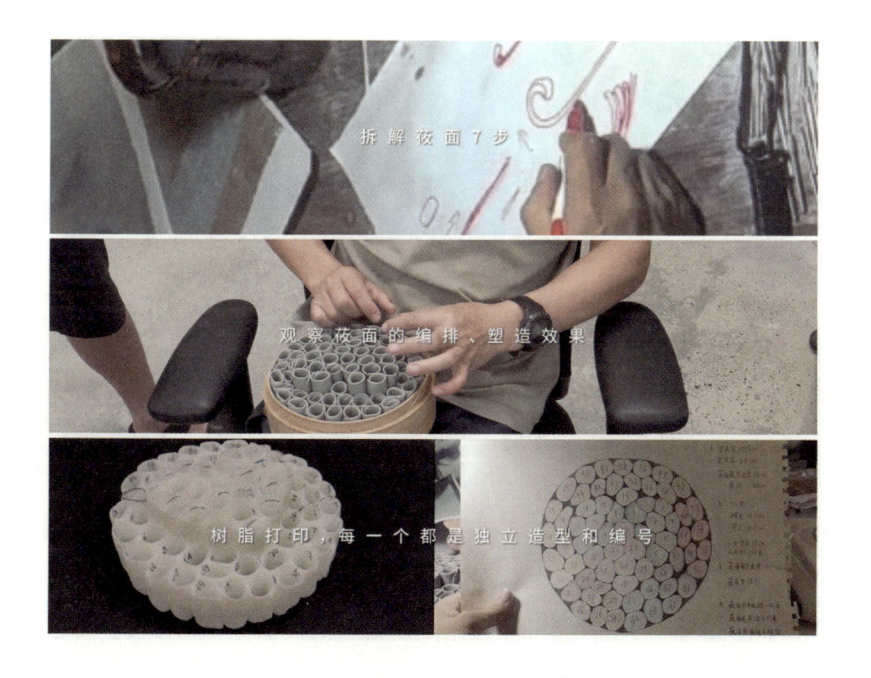

典上，贾总收到这份礼物之后，眼泪几乎夺眶而出，这就是我说的刺激信号的能量越强，则反射越大。不知道今天大家看到制作视频，是不是也受到刺激了？我们用和田玉完全复刻了一笼莜面，一个个莜面卷都是可以拿出来、插回去的。

今天在百万大奖赛上，大家已经见识了华与华的超级符号艺术、插画艺术、印刷工艺，但我觉得华与华超级符号艺术工作室如果再发展下去，其价值应该要相当于十个华与华。

通过以上的例子，大家会发现，当我们这样去梳理自己的品牌资产，并且以积累资产为目的，不断新增品牌资产目标、设计活动时，我们的工作是那么少而又那么有效。

华与华品牌文化理论

最后，我要来讲讲华与华的品牌文化理论。大家总讲品牌文化，那么什么叫"文化"？《现代汉语词典》（第7版）里对文化的定义："人类在社会历史发展过程中所创造的物质财富和精神财富的总和，特指精神财富，如文学、艺术、教育、科学等。"

我把每个行业里的品牌都分为两种，一种是有文化的，另一种是没文化的。比如在茶饮这个行业，蜜雪冰城代表了一种文化，喜茶代表了一种文化，而其他品牌的文化形象就比较模糊了。在餐饮行业，海底捞代表的文化，西贝代表的文化，以及莆田餐厅代表的文化，也是各不相同的。

每个品牌都是物质财富和精神财富的集合，华与华是，如水坚果是，苹果也是。品牌文化是品牌为社会创造的精神财富，那么究竟有哪些精神财富呢？我觉得有三大精神财富，第一是情绪财富，第二是人生财富，第三是知识财富。

情绪财富是品牌的第一财富，情绪财富就是创造愉悦，愉悦是说服的捷径，我们要努力为顾客创造愉悦的情绪。"匡迪保温杯，明天还烫嘴""你爱我，我爱你，蜜雪冰城甜蜜蜜""吃喜多多，喜事多多"……华与华创意的每一句话语，都是为了给顾客创造愉悦的情绪财富，传播就是要愉悦至上。

一、情绪财富
愉悦是说服的捷径

1、普通的道理
2、简单的字词
3、有节奏的句式或押韵
4、使人愉悦

——《修辞学》

第二是人生财富，就是要能融入人的生活，成为他生命的一部分。比如西贝的亲嘴打折节，它就是融入了人的生活，好多人在情人节借用西贝打折的名头亲嘴，这个活动也夺走了很多人的初吻。

之前我也提到，今年西贝的儿童识字菜单，也是我的一个得意之作，这也是一种人生财富，让小朋友把他人生中第一次自己点菜的记忆留在了西贝。这个"识字菜单"的创意也是运用了"识字书"和"菜单"的文化母体，小朋友不仅可以点菜，还可以在用餐后把菜单拿走。这也就是将西贝这个品牌融入了孩子的生活了。

二、人生财富

融入人们的生活，成为生活的一部分
甚至是人生的一部分，生命的一部分

第三是知识财富，企业的最高境界还是经营知识和创造知识。比如西贝莜面村的莜面如果要再上一个台阶，就还得普及"健康抓关键，主食吃莜面"的健康知识。西贝儿童餐，也是一整套儿童饮食的知识体系。

三、知识财富

所有行业都是咨询业
企业是经营知识的机构
是为人类创造新知识的前沿
成为首席知识官、首席发言人、首席答疑人

(图示：梦想 / 知识 / 体验 / 服务 / 产品 —— Service / Experience / Expert / Dream)

而就华与华来说，在学术方面，我今天讲的全都是对大家有用的知识，我认为这是我们之间最根本的联结。所以华与华文库一直笔耕不缀，每年不断出版新书，也都是为了创造知识财富，形成华与华方法的体系，为人类在这个领域的总智慧添砖加瓦。

情绪财富能感化，人生财富能融化，知识财富能教化。当你能够教化天下的时候，就是孟子说的"大而化之之谓圣"，能够"赞天地之化育"，实现天、地、人三合一，这就是"厚德载物"。

所以，在今天演讲的最后，我将横渠四句改成了"华板四句"，明确自己的志向：

为自己立心；

为员工立命；

为全球往圣继绝学；

为华与华客户开太平！

以上就是我 2023 年度的演讲内容。2024 第十一届华与华百万创意大奖赛，我们将在新加坡金沙酒店举行！届时所有参赛选手，包括我的演讲，全部使用英文！We'll all speak English to show we are a global company! Build your brand in China, just look for HUA & HUA! 谢谢大家！

新加坡见!
第十一届华与华百万创意大奖赛
新加坡金沙酒店　2024年12月6日

华与华文库

○ 华与华超级符号序列

《超级符号就是超级创意》（十周年纪念版）
席卷中国市场20年的华与华战略营销创意方法

《超级符号原理》（全新增订版）
只要人类还有眼睛和耳朵，还使用语言，
《超级符号原理》就能教你如何影响人的购买行为

《华与华使用说明书》（全新增订版）
不投标！不比稿！
100%精力服务现有客户，长期坚持就会客如云来

《华与华正道》
走正道，很轻松，一生坚持必成功！

《华与华方法》
企业经营少走弯路、少犯错误的九大原理

《华与华百万大奖赛案例集》
翻开本书，看华与华用14个传奇案例讲透好创意的标准，
手把手教你做出好创意！

《华与华超级符号案例集》
同一个创意套路诞生上百个经典案例，
23年来不断颠覆中国各个行业

《华与华品牌五年计划》
科学规划这五年，跟着华与华做出永续经营的超级品牌！

《华与华文库之设计的目的》
品牌设计、门头设计、包装设计、广告设计、海报设计
都服务于同一目的，就是卖货！立刻卖！持续卖！一直卖！
这需要目标明确的系统性设计解决方案！

○ 华与华国学智慧序列

《华杉讲透〈孙子兵法〉》
通俗通透解读经典战例，
逐字逐句讲透兵法原意！

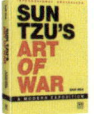

《华杉讲透〈论语〉（全2册）》
逐字逐句讲透《论语》原意，带你重返孔子讲学现场！

《华杉讲透〈孟子〉》
逐字逐句讲透《孟子》原意，无需半点古文基础，
直抵2500年儒学源头！

《华杉讲透〈大学〉〈中庸〉》
不读《大学》，就摸不到儒学的大门；
不读《中庸》，就到不了儒学的高峰！
逐字逐句讲透《大学》《中庸》，由浅入深领悟儒家智慧！

《华杉讲透王阳明〈传习录〉》
逐字逐句讲透《传习录》，无需半点古文基础，
从源头读懂阳明心学。

《华杉讲透〈资治通鉴〉》
通篇大白话，拿起来你就放不下；
古人真智慧，说不定你一看就会。

《牢记〈孙子兵法〉口诀》
牢记99句《孙子兵法》口诀，你就能立人生于不败之地！